GUIDE JURIDIQUE ET FISCAL DE L'ARTISTE

Titres parus dans la collection

Véronique CHAMBAUD, *Guide fiscal et social du créateur d'entreprise*, 2e édition, 2001

Véronique CHAMBAUD, *Guide juridique et fiscal de l'artiste et de l'entreprise artistique*, 2002

Véronique CHAMBAUD, *Créer son activité en solo – Guide du travailleur indépendant*, 2000

Pascal CHAUVIN, *Communiquer avec un petit budget*, 2001

Jean-Marie COURRENT, Sylvie SAMMUT, *Élaborer son dossier financier de création*, 2000

Maldoror DAVIER, *Réussir sa start-up*, 2001

Bérangère DESCHAMPS, Robert PATUREL, *Reprendre une entreprise... saine ou en difficulté*, 2001

Christophe ESTAY, M'hamed MERDJI, *Créer et développer une entreprise artisanale*, 2001

Anne-Emmanuelle DOGNON-RÉMY, *Investir en Bourse avec les clubs d'investissement*, 2001

GREFFE, *Se mettre à son compte*, 4e édition, 2000

GREFFE, *L'entreprise face aux litiges*, 2002

Catherine LÉGER-JARNIOU, *Réaliser l'étude de marché de son projet d'entreprise*, 2000

Carole LOGIEZ, Élisabeth VINAY, *Entreprendre dans les services*, 2001

Claude VALLON, *Associations mode d'emploi – Créer, gérer, animer*, 4e édition, 1999

Véronique Chambaud

GUIDE JURIDIQUE ET FISCAL DE L'ARTISTE

et de l'entreprise artistique

DUNOD

ISBN 2 10 005561 5

Table des matières

Introduction

Pour avoir l'esprit libre pour créer...

Vous peignez, dessinez, photographiez ou sculptez depuis longtemps. Ou vous vous y êtes mis tout récemment. En tout cas, pour vous, l'art est important. Vos œuvres révèlent même un certain talent et rencontrent un succès croissant. Vos proches et vos amis ne tarissent pas d'encouragement et de compliments. Alors vous envisagez de vous consacrer à votre art. Pleinement. Et surtout professionnellement. Pour produire et vendre vos œuvres et en vivre, tout simplement. En d'autres termes, transformer une passion en véritable profession. C'est peut-être pour vous le moment de vous lancer ou de développer votre activité, réaliser vos envies, accomplir votre œuvre, vous faire plaisir, faire plaisir à vos proches et vivre votre vocation d'artiste. Et d'en vivre, pour de bon.

Vous avez raison. Si l'amour de l'art n'a jamais enrichi personne[1], l'art en fait vivre beaucoup. Et il y a une place pour vous.

À condition de trouver vos amateurs et de limiter les risques d'erreur. Il s'agit pour vous, avant tout, de faire les bons choix juridiques, fiscaux et sociaux, d'éviter les accords mal conçus et les engagements mal venus et de bien gérer votre activité, pour préserver intacte votre créativité.

1. Pétrone.

Aujourd'hui, le monde de l'art représente un véritable secteur économique, qui génère plus de 5 milliards € de chiffre d'affaires par an et qui fédère plus de 50 000 entreprises[1]. Il implique les artistes et les autres protagonistes qui en vivent professionnellement ou en profitent occasionnellement. Plus de 11 % des Français[2] confient avoir fait de la peinture ou du dessin dans les douze derniers mois, soit 6,6 millions de personnes. Environ la moitié se reconnaît comme artiste amateur et près d'un tiers a pensé devenir artiste professionnel. C'est dire que, comme vous, nombreux sont ceux qui sont attirés par l'activité artistique et qui souhaitent diffuser leurs œuvres ou vivre de leur art.

Ce n'est d'ailleurs pas une illusion, ni une aberration. Pour vous, c'est peut-être une occasion. Mais en produisant et vendant votre production graphique ou plastique, vous allez développer une entreprise artistique. Et vous le savez, son sort repose sur votre création et sa diffusion mais aussi sur votre organisation et votre gestion. Là vous avez quelque appréhension.

Heureusement pour vous, de toute éternité, les arts sont appréciés. L'artiste est aimé. Et l'artiste est choyé par la société.

Occupant une place atypique dans l'économie, son traitement est organisé avec sympathie. À ce titre, il est soumis à un statut et des régimes particuliers, notamment au plan fiscal ou social. Ceux-ci sont qui intéressants, qui bienveillants. Seulement pour en profiter, vous avez intérêt à recueillir de bonnes informations et à vous entourer de quelques précautions. À chaque fois, il vous faut bien entrer dans la définition spécifiée, respecter les conditions précisées et vous assurer que vous êtes bien un créateur d'œuvres d'art graphiques ou plastiques, au sens fiscal ou social. Parfois, c'est un peu compliqué. Et il y a de quoi être égaré.

1. Avec environ 15 000 artistes affiliés à la Maison des artistes, 15 000 artisans d'art, 15 000 antiquaires et brocanteurs, 3 000 galeristes et 2 000 commissaires-priseurs et experts en art.
2. 7 % pour la peinture, 4 % pour le dessin contre 1 % pour le théâtre. Source Département études et prospective, ministère de la Culture, 2000.

Afin de vous aider à vous y retrouver, cet ouvrage a pour vocation de vous accompagner, que vous décidiez de lancer ou de développer une activité artistique. Pour mettre tous les atouts de votre côté et savoir utiliser toutes les ressources à votre portée. Il vous guide et vous fait profiter de mes savoirs et techniques acquis de ma pratique auprès de créateurs et d'artistes, à chaque étape de votre activité. De la promotion de votre art à la vente de vos œuvres, en passant par la négociation avec les galeries, les relations avec un agent ou un client ou l'exposition dans un salon, il vous aide à trouver les solutions efficaces pour faciliter votre activité et ne pas vous ennuyer avec des problèmes insensés, des choix erronés, des contrats baclés. Il vous donne les repères utiles (juridiques, fiscaux, sociaux) pour connaître les implications de votre statut d'artiste. Ainsi vous réalisez les bons choix pour bénéficier des exonérations, vous garantir toutes les protections et vous offrir les meilleures solutions pour la bonne gestion et la valorisation de votre activité dans des domaines qui ne vous sont pas familiers (impôts, cotisations sociales, comptabilité, assurances, responsabilité, recouvrement des impayés, embauche d'un salarié, exportation, etc.). Il répond aux questions que vous vous posez dans de nombreuses situations, avec des modèles de contrats détaillés, des exemples chiffrés et des témoignages éclairés.

Vous ne manquez ni d'allant, ni de talent. Avec ces nombreux conseils concrets et avisés, vous allez vous organiser et gérer au mieux de vos intérêts. Vous vous installez et travaillez avec toutes les chances pour rencontrer le succès. Soyez donc inspiré. Vous avez l'esprit libre et léger pour créer. À vous donc la vie d'artiste.

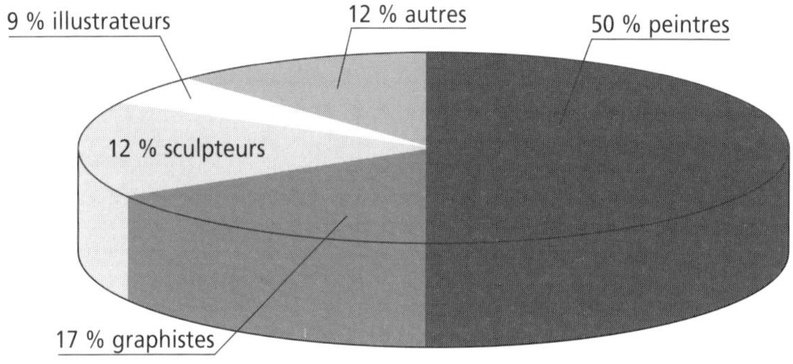

Répartition des artistes affiliés à la Maison des artistes

Chapitre 1
Déterminez quel artiste vous êtes

Autant d'artistes, autant d'expressions esthétiques et de conditions artistiques. La réalité de l'art ne se limite pas aux salles des ventes publiques et leurs enchères astronomiques. Tous les artistes n'empochent pas des millions à chaque transaction, même s'ils souhaitent tous se retrouver dans cette situation. La réalité de l'art, c'est vous, sculpteur, qui vendez bien depuis des années. C'est vous, étudiant aux Beaux-Arts, qui donnez des cours de dessin. C'est vous, professeur, qui exposez vos aquarelles chaque Noël. C'est vous, artisan, qui créez des émaux originaux. C'est vous, retraité, qui participez à une foire d'art tous les étés et diffusez vos marines avec succès. C'est vous, photographe, qui avez obtenu un prix. C'est vous, peintre, qui venez d'être pris pour exposer dans votre première galerie. À chacun sa façon de travailler, à chacun son ambition et les moyens d'y arriver et à chaque situation, une solution adaptée.

Aussi, avant toute autre considération, vous devez vous demander quel artiste vous êtes et ce que vous faîtes. Tout passe par votre création. C'est le critère d'appréciation. Vous allez d'abord vérifier si vous réalisez des œuvres assimilées à des œuvres d'art, au sens juridique et non esthétique. Quelle est votre production ? Ensuite, vous allez apprécier la nature de votre activité principale. Est-elle de nature artistique ou d'une autre nature ? De quoi vivez-vous ? Enfin, en fonction de votre activité principale, vous allez choisir votre statut juridique d'artiste et la forme juridique pour l'exercer. Serez-vous artiste auteur, artiste libéral ou artisan d'art ?

Il est important de bien vous familiariser avec toutes ces notions de droit. Une fois passé ce préalable juridique, vous aurez tous les éléments nécessaires pour déterminer quel artiste vous êtes et effectuer les démarches appropriées pour vous installer facilement et gérer votre activité efficacement. Vous connaîtrez les implications et obligations liées à votre statut juridique. Et vous saurez comment profiter des dispositions et exonérations réservées à l'artiste en activité, que vous diffusiez votre art occasionnellement ou professionnellement.

La définition fiscale de l'œuvre d'art

Vous avez l'âme artiste. Et vous pratiquez une activité artistique. Vous peignez, sculptez ou dessinez. Mais êtes-vous un artiste ? Au sens fiscal. C'est un point fondamental, même s'il vous semble un peu radical. Car seul l'artiste peut prétendre au statut d'artiste, au plan juridique, fiscal et social. Et lui seul a vocation à créer et développer une entreprise artistique.

C'est le droit fiscal, une fois n'est pas coutume, qui apporte la définition qui fait autorité. Elle a le bénéfice de la clarté, éludant toute appréciation sur votre création. Ici aucune place n'est laissée à la subjectivité. En dehors de toute appréciation esthétique ou philosophique, un artiste est un créateur d'œuvres d'art. Et dans les domaines des arts plastiques et graphiques, une œuvre d'art est simplement définie comme l'expression du génie de son auteur, réalisée de sa main en un exemplaire unique, sans but utilitaire et porteuse de sa propre finalité. Ce sont l'originalité et l'unicité qui la caractérisent. Dans cette acception, sont considérés comme des artistes les peintres, sculpteurs, graveurs, photographes et certains illustrateurs ou designers qui réalisent des œuvres uniques et originales.

L'œuvre d'art est l'expression du génie de l'artiste

L'artiste est doué du don de rêver, de créer, d'inventer, d'imaginer. L'œuvre d'art est l'expression de son pouvoir créateur. Elle est le fruit de son inspiration. Pour que votre production artistique soit considérée comme une œuvre d'art, elle doit être une œuvre de l'esprit, une œuvre de votre esprit. La part de création doit être prépondérante.

Ainsi la reproduction d'un tableau de Picasso ou de Turner n'est pas une œuvre de l'esprit. C'est une copie, voire un plagiat, et en aucune manière une œuvre originale. Il est nécessaire de réinterpréter ou ré-exprimer la réalisation du peintre pour créer une œuvre nouvelle[1]. Même si une création peut s'inspirer d'un certain style ou se rattacher à une école ou un mouvement, la véritable œuvre d'art ne ressemble à aucune autre.

L'œuvre d'art est réalisée de la main de l'artiste

L'œuvre d'art est réalisée de la main de l'artiste. Cela implique qu'elle résulte d'une création directe, manuelle, qu'elle que soit la technique utilisée. Elle ne saurait être le résultat d'une production automatisée.

En général, l'artiste intervient seul. Tel est le cas de la peinture ou du dessin. Parfois, l'artiste recourt à l'aide d'artisans ou d'ouvriers d'art. Dans le domaine de la sculpture ou de la gravure, cela est même fréquent. Mais dans cette hypothèse, la création intervient sous le contrôle de l'artiste.

Prolongeant la nécessité de la réalisation manuelle et concluant l'intervention de l'artiste, l'œuvre d'art doit être signée. La signature affirme l'empreinte personnelle de l'artiste. Elle atteste aussi de l'état d'achèvement de l'œuvre. En signant sa création, l'artiste signifie qu'il l'autorise à être diffusée dans le public en tant qu'expression de la plénitude de son art[2]. C'est toute la différence avec les travaux préparatoires tels que les esquisses, les croquis, les ébauches qui n'ont d'ailleurs pas la même valeur.

1. *Cf.* par exemple, l'étude d'après Vélasquez, « Portrait du pape Innocent X » par Francis Bacon en 1953.
2. Piero Manzoni a illustré cette nécessité, en 1961, en transformant les personnes sur lesquelles il apposait sa signature en « Sculptures vivantes ».

L'œuvre d'art est unique

Le principe de l'originalité de l'œuvre d'art implique son unicité. C'est la rareté qui détermine sa qualité. L'œuvre d'art doit donc être réalisée en un exemplaire unique ou produite en un nombre limité d'exemplaires. Le droit admet le tirage limité. Mais le nombre d'exemplaires autorisés est différent selon les disciplines. Il est de :

- huit exemplaires pour les productions de l'art statuaire, les émaux sur cuivre et les tapisseries ;
- quatre exemplaires supplémentaires pour les fontes de sculpture ;
- un exemplaire pour les céramiques ;
- trente exemplaires pour les photographies.

La limitation du nombre d'exemplaires s'accompagne souvent de l'obligation de numérotation des œuvres, voire de leur signature par l'artiste. Pour quantifier la rareté. En ce qui concerne les gravures, les estampes et les lithographies, ces œuvres, compte tenu de leur mode de production, peuvent être tirées à un plus grand nombre d'exemplaires. Le nombre du tirage résulte des usages, sans qu'il puisse être précisé[1]. Et les photographies, qui par essence peuvent être reproduites sans limite, sont considérées comme des œuvres d'art si les conditions suivantes sont réunies :

- les épreuves photographiques sont exécutées par l'artiste ou sous son contrôle ;
- leur nombre est limité à trente exemplaires ;
- les épreuves sont numérotées ;
- les épreuves sont signées par l'artiste.

Mais l'inspiration et la destination des œuvres sont également déterminantes. Il peut être jugé que l'exploitation commerciale d'un sujet lui fait perdre sa vocation artistique.

L'idée d'une œuvre d'art unique et irremplaçable a été largement consacrée par le romantisme. Elle est fortement ancrée dans les mentalités. Et il faut l'avouer, la rareté fait flamber les

---

1. Des tirages de lithographies ont été admis entre 3 000 et 8 000 exemplaires, tout en conservant le caractère d'œuvres d'art originales.

prix. Le nombre limité des œuvres a souvent pour effet de stimuler le marché. Un type d'œuvres reproduit à un grand nombre d'exemplaires par un artiste qui ne sait pas se renouveler, va être décoté. Un artiste doit savoir s'imposer pour se faire apprécier, sans se répéter, pour ne pas lasser son public, ni saturer son marché. Ainsi Pierre Soulages se plaît-il à dire qu'il n'a, de toute sa vie, produit que six cents œuvres.

L'œuvre d'art poursuit une quête esthétique

Toute œuvre d'art constitue l'intégrale solution de la question posée par la quête esthétique[1]. De cette définition, ressortent deux points essentiels. D'une part, l'art est le fruit d'une quête, acquiert ainsi sa dimension métaphysique et puise en lui-même sa finalité. D'autre part, il s'inscrit dans une démarche esthétique, c'est-à-dire une démarche dans laquelle l'ordre du beau l'emporte. Quel que soit le sujet. Du peintre de natures mortes au sculpteur sur bois brûlé. Du photographe animalier au plasticien abstrait. Ainsi l'œuvre d'art est porteuse de sa propre finalité. Elle ne sert à rien d'autre qu'à exprimer une relation particulière au monde offerte par un artiste au travers de son esthétique. Elle n'est pas utilitaire, dans sa fonction première (même si elle peut servir à décorer). Ainsi la création d'œuvres ou d'objets que l'on peut utiliser ne relève pas de l'art mais de l'artisanat d'art, bien qu'ils soient souvent très plaisants. Les vases, les bijoux, les verres, les luminaires ne sont pas des œuvres d'art mais des objets d'artisanat d'art. Et leur auteur n'est pas un artiste mais un artisan d'art, soumis à un statut fiscal et social différent[2]. Le Conseil d'État a néanmoins jugé que, sous certaines conditions, l'artisan d'art peut être assimilé à un artiste (et notamment être exonéré de TVA) lorsque :

- il réalise une œuvre dans une intention artistique ;
- l'œuvre ou l'objet d'art est réalisé en un exemplaire unique ou produit en nombre très limité ;

1. *Cf.* Eric Dabmach, *L'hyperréalisme abstrait*, Synerscience édition, 2000.
2. *Cf.* infra, le statut d'artisan d'art.

- la création comporte une part prépondérante d'imagination et de travail personnel[1].

Par exception, les objets utilitaires par nature (vaisselle, tissus, mobilier, accessoires ménagers, etc.) ne sont considérés comme des œuvres d'art originales qu'à la condition d'être le support d'une création artistique authentique, sans aucune vocation à être utilisées en fonction de leurs caractéristiques apparentes[2]. Mais la bijouterie, l'orfèvrerie et la joaillerie relèvent toujours de l'artisanat d'art.

Vous l'avez compris, si vous réalisez des œuvres originales et poursuivez une quête esthétique, vous vous rangez sous la bannière artistique et profitez des avantages qu'elle peut vous procurer. Mais pour connaître quel va être votre statut, ses implications et obligations, vous devez aussi faire le point sur votre situation professionnelle actuelle et réfléchir à la nature juridique de votre activité.

La nature de votre activité

Votre art, vos tableaux, vos dessins ou vos sculptures sont des créations originales et peuvent être assimilées à des œuvres d'art. Vous allez maintenant vous demander quelle est (ou va être) votre activité, du moins la principale, c'est-à-dire celle dont vous envisagez tirer le principal de votre revenu (ou chiffre d'affaires). Un revenu est considéré comme principal lorsqu'il vous procure plus des trois quarts de vos moyens de subsistance. Il est considéré comme accessoire lorsqu'il représente moins du quart de vos ressources. Votre situation va donc dépendre de la nature de votre activité, la façon dont vous l'exercez et des revenus qu'elle vous procure.

Il existe des tas de façons de vivre de sa création. Tous les artistes ne vivent pas de leur art à plein temps, en attendant des jours plus souriants, pour forcer un succès résistant ou compléter un

1. CE 4 décembre 1989, n° 90-993, Girardeau. RJF, 2/1990, n° 124.
2. Par exemple l'urinoir devenu « Fountain » de Marcel Duchamp en 1917.

revenu contrariant. Dans les situations les plus fréquentes, votre activité peut être artistique, libérale ou artisanale. Vous pouvez tout à fait cumuler plusieurs activités et être soumis à plusieurs statuts. Mais en général, c'est l'activité principale, celle qui vous rapporte votre revenu principal, qui l'emporte.

Votre activité est artistique

Vous êtes peintre, sculpteur, graveur ou photographe. Vous réalisez et vendez des œuvres d'art originales. Votre activité est considérée comme artistique lorsque votre art vous procure le principal de votre revenu, à la condition que vos œuvres soient uniques ou produites en nombre limité et qu'elles appartiennent à l'une des catégories définies par le CGI[1] :

- tableaux, collages, peintures, dessins, aquarelles, gouaches, pastels, monotypes (entièrement exécutés de la main de l'artiste), à l'exclusion des dessins d'architecte, d'ingénieurs et autres dessins industriels, commerciaux, topographiques ou autres, des toiles peintes par exemple pour les décors de théâtre ;
- gravures, estampes et lithographies (tirées en nombre limité directement de planches entièrement exécutées à la main par l'artiste, quelle que soit la matière employée, à l'exception de tout procédé mécanique ou photomécanique) ;
- productions en toutes matières de l'art statuaire ou de la sculpture et assemblages (dès lors que ces productions et assemblages sont exécutés entièrement de la main de l'artiste) ;
- fontes de sculpture (à tirage limité à huit exemplaires et contrôlé par l'artiste) ;
- tapisseries tissées entièrement à la main, (sur métier de haute ou de basse lisse, ou exécutées à l'aiguille, d'après maquettes ou cartons d'artistes et dont le tirage, limité à huit exemplaires, est contrôlé par l'artiste) ;
- céramiques en exemplaire unique, entièrement exécutées de la main de l'artiste et signées par lui ;

1. CGI, ann. III art. 98 A II.

- émaux sur cuivre, entièrement exécutés à la main, dans la limite de huit exemplaires numérotés et comportant la signature de l'artiste ou de l'atelier d'art ;
- maquettes de fresques, mosaïques et vitraux dont la réalisation est effectuée par l'artiste ou sous sa direction ;
- réalisations de plasticien (installations, art vidéo…) ;
- créations de graphistes concepteurs d'images destinées à transmettre un message visuel dans les domaines de la vie économique, sociale et culturelle ;
- photographies prises par l'artiste, tirées par lui ou sous son contrôle, dans la limite de trente exemplaires numérotés et comportant la signature de l'artiste.

Si vous produisez des œuvres d'art, au sens du droit fiscal, si vous les vendez vous-même[1] ou les faites vendre par un intermédiaire (agent, galeriste), de sorte que votre art vous procure un revenu substantiel, vous exercez une activité artistique. Vous êtes un artiste et, dans ce cas, soumis au statut de l'artiste auteur[2]. S'il vous arrive de donner des cours ou d'organiser des stages ou des séminaires dans votre atelier, sans que ce revenu dépasse le quart de votre chiffre d'affaires, vous ne perdez pas votre qualité d'artiste. Votre activité d'enseignement demeure accessoire. Votre activité principale demeure artistique. Mais si vous donnez des cours auprès d'établissements publics ou privés, votre activité est libérale.

Votre activité est libérale

Vous réalisez bien des œuvres d'art mais vous êtes aussi conseil, consultant, formateur, enseignant ou expert, dans le domaine artistique. Et vous en percevez l'essentiel de vos revenus. Votre activité est considérée comme libérale. Sa caractéristique est d'être à prépondérance intellectuelle. Cela se traduit par la prati-

1. Vous ne devenez pas pour autant commerçant, même s'il s'agit d'un acte de commerce. En revanche, si vous vendez les œuvres d'un ami artiste, vous vous transformez en commerçant et êtes dans l'obligation de vous déclarer en tant que tel, ce qui n'est pas forcément très avantageux. Vous êtes, par exemple, assujetti à la TVA au premier euro.
2. Et vous dépendez de la Maison des artistes.

que personnelle d'un art ou d'une science, exercée de manière indépendante, tant dans le choix des clients que le choix des conseils ou des actes dispensés[1]. Vous faites alors profession de prestations de nature intellectuelle ou artistique, c'est-à-dire de prestations de services immatériels au sens large du terme.

Ainsi les cours de peinture, de dessin, de sculpture ou de photographie dispensés dans des établissements publics ou privés, les conférences sur l'art, les stages ou les animations artistiques hors atelier, les activités de direction ou conseil artistique appartiennent à la catégorie des activités libérales. Ce ne sont pas des activités artistiques. Tant que votre art ne vous procure qu'un revenu accessoire ou si vous organisez des stages artistiques ou dispensez un enseignement dans un établissement public ou privé, votre activité demeure libérale. Et vous êtes soumis au statut d'artiste libéral[2]. Votre activité ne devient artistique que lorsque le produit de votre création artistique devient conséquent et prépondérant.

Votre activité est artisanale

Vous exercez une activité de production, de transformation, de réparation dans le domaine artistique (travail du verre ou des céramiques, fabrication d'objets d'art utilitaires, réparation d'instruments de musique, etc.). Vous êtes le créateur d'œuvres que vous produisez en petites séries (à plus de huit exemplaires). Vous créez des articles de bijouterie, d'orfèvrerie ou de joaillerie. Votre activité est considérée comme artisanale.

Si vous produisez des œuvres d'art, au sens fiscal, mais que vous art ne vous procure pas le principal de vos ressources et que pour le compléter vous fabriquez vous-même des produits ou objets, vous transformez des objets, vous réparez du matériel ou restaurez des œuvres ou objets d'art, votre activité est artisanale. Vous êtes artisan d'art et soumis au statut d'artisan[3].

1. *Cf.* Véronique Chambaud, *Créer son activité en solo, guide du travailleur indépendant*, Dunod, 2000.
2. Et vous dépendez de l'Urssaf.
3. Et vous dépendez de la Chambre de métiers.

Vous le voyez, c'est la nature de votre activité principale qui détermine quel va être votre statut juridique. Dans la mesure du possible, il est recommandé de ne pas vous éparpiller. Car en cumulant les activités, vous renforcez les difficultés, vous multipliez les formalités et en définitive, vous diminuez votre créativité.

La détermination de votre statut juridique

Votre activité principale conditionne le statut juridique que vous allez choisir, la réglementation que vous devez connaître et respecter, les formalités et démarches à accomplir, les impôts et les charges sociales à payer et les tribunaux compétents pour les litiges auxquels vous pouvez être confronté. Selon l'activité que vous exercez et la façon dont vous l'exercez, vous avez donc le choix entre le statut d'artiste auteur, d'artiste libéral ou d'artisan d'art.

Le statut d'artiste auteur

Vous êtes l'auteur d'œuvres d'art originales, au sens de l'article 98 A du Code général des impôts. Et leur vente vous procure l'essentiel de vos revenus. Vous êtes soumis au statut d'artiste auteur. Vous allez bénéficier du régime social et fiscal des artistes. Il est assez intéressant. Car vous cumulez les avantages de l'indépendant et du salarié.

Au plan social, vous êtes rattaché au régime général de la Sécurité sociale, celui des salariés. Bien que n'étant pas employé, ni en état de subordination par rapport à un employeur, vous avez droit aux prestations sociales des salariés. C'est là une particularité. Et vous acquittez un montant de cotisations sociales limité[1]. Auteur d'œuvres graphiques ou plastiques[2], vous dépendez de la Maison des artistes, ou photographe de l'Agessa, pour votre

---

1. Il correspond à la part salariale des cotisations maladie, maternité, veuvage plus les CSG et CRDS.
2. Peintre, dessinateur, graveur, sculpteur, plasticien, etc.

immatriculation en tant qu'artiste auteur et votre affiliation au régime général de la Sécurité sociale. Immatriculation et affiliation sont deux procédures distinctes. La première est réalisée dès le commencement de votre activité artistique, auprès de la Maison des artistes ou de l'Agessa. La deuxième n'intervient que l'année suivante, au vu de vos revenus artistiques. Car pour être affilié, il faut justifier d'un revenu artistique égal ou supérieur à 1200 fois la VMHS (valeur moyenne horaire du Smic)[1].

Au plan fiscal, vous êtes soumis à un régime dérogatoire. Son application ne dépend pas de votre affiliation à la Maison des artistes ou à l'Agessa. Elle est automatique dès lors que vous réalisez et vendez des œuvres d'art originales. Vous bénéficiez notamment de la franchise de TVA (pour un chiffre d'affaires inférieur à 3 400 € (245 000 F)), du taux réduit de TVA à 5,5 %, de l'étalement de l'imposition de vos bénéfices, de l'exonération de taxe professionnelle sur votre atelier, etc. Autant de dispositions pour encourager votre création.

Le statut d'artiste libéral

Vous exercez ou commencez une activité libérale de formation, d'enseignement ou de conseil artistique. Et vous allez développer votre activité artistique. Vous ne répondez pas encore à la définition fiscale de l'artiste auteur, tant que la part représentant la vente d'œuvres d'art originales reste pour vous marginale (du moins dans votre chiffre d'affaires). C'est une situation assez fréquente pour les artistes. Tant que votre art ne rapporte pas suffisamment, vous pouvez consacrer un peu de temps à de l'enseignement. Pour vous faire quelque argent. Dans ce cas, vous êtes soumis au statut d'artiste libéral, autrement appelé d'artiste libre, rattaché en de nombreux points à celui des professions libérales. Pour vos formalités, vous dépendez de l'Urssaf. Vous vous y inscrivez en tant qu'artiste libéral. Cela vous permet de bénéficier de la couverture sociale des travailleurs non salariés (TNS). En même temps, vous vous immatriculez à la Maison des

1. Soit 8 004 € (52 502 F) en 2001.

artistes, même si vous n'êtes pas affilié au régime général, pour attester de votre double activité.

Au plan fiscal, vous êtes concerné par certaines exonérations, en votre qualité d'artiste, sur vos revenus artistiques. Il s'agit notamment de la franchise de TVA et du taux réduit de TVA sur la vente de votre art. Vos bénéfices sont ventilés entre vos revenus artistiques et vos revenus libéraux et imposés ensemble à l'impôt sur le revenu (IR) dans la catégorie des bénéfices non commerciaux (BNC). Le statut d'artiste libéral est plus compliqué à gérer du fait de votre double activité (artistique et libérale). Mais il reste très avantageux pour peu que vous sachiez bien l'utiliser.

Le statut d'artisan d'art

Vous réalisez des objets d'art dont le dessein est utilitaire, des objets manufacturés ou des œuvres d'art en nombre (plus de huit exemplaires). Vous créez des articles de bijouterie, d'orfèvrerie ou de joaillerie. Et vous exercez cette activité de façon permanente, comme activité principale. Votre activité artistique est accessoire. Vous êtes soumis au statut d'artisan d'art. Vous dépendez, pour vos formalités, de la Chambre de métiers. Et vous êtes inscrit au répertoire des métiers.

Au plan social, vous relevez du régime social des travailleurs non salariés (TNS). Et vous devez vous immatriculer à la Maison des artistes, si vous avez une double activité artisanale et artistique. Au plan fiscal, vous bénéficiez des exonérations accordées à l'artiste, sur le produit de la vente de vos œuvres d'art (franchise de TVA, taux réduit de TVA, etc.). De la même façon, vos bénéfices sont ventilés entre vos revenus artisanaux et vos revenus artistiques et imposés ensemble à l'impôt sur le revenu (IR) dans la catégorie des bénéfices industriels et commerciaux (BIC).

Pour bénéficier du titre d'artisan, vous devez remplir les conditions suivantes[1] :

- posséder un CAP (certificat d'aptitude professionnelle) ou un BEP (brevet d'études professionnelles), dans votre domaine d'activité ;

---

1. Loi n° 96-603 du 5 juillet 1996.

- ou avoir six ans d'expérience professionnelle et d'immatriculation (au répertoire des métiers ou au registre du commerce et des sociétés) dans votre métier. Et pour obtenir le titre de maître-artisan, vous devez remplir deux conditions supplémentaires :
  - avoir deux années de pratique professionnelle ;
  - être titulaire du brevet de maîtrise, d'un diplôme équivalent (brevet professionnel, brevet de technicien, brevet des métiers d'art) ou du titre de meilleur ouvrier de France. Le titre de maître-artisan est attribué par le président de la Chambre de métiers. Il est possible de l'obtenir sans détenir les diplômes requis, à la condition d'être immatriculé depuis plus de six ans.

Si vous avez suivi une formation artistique et non pas professionnelle ou si vous n'avez pas les diplômes requis pour avoir la qualité d'artisan ou de maître-artisan, vous pouvez néanmoins être inscrit au répertoire des métiers et exercer votre activité[1]. Mais les œuvres que vous produisez ne pourront pas avoir l'appellation d'objet artisanal. Si vous le souhaitez, vous avez la possibilité de faire appel à la Commission régionale des qualifications. C'est elle qui est compétente en la matière et qui peut vous attribuer l'un ou l'autre de ces titres. Vous pouvez la solliciter si vous justifiez de connaissances en gestion et en psychopédagogie[2] et si vous bénéficiez d'une certaine notoriété dans votre branche d'activité ou si vous détenez un savoir-faire particulier et reconnu dans votre profession.

Vous le voyez, les possibilités sont variées. D'autres cas de figure peuvent se présenter. Ainsi, certains d'entre vous sont salariés ou pensionnés. Ils ressortissent du statut d'artiste auteur et doivent s'immatriculer à la Maison des artistes dès lors que leur activité artistique devient lucrative. L'important est de bien déterminer la nature de votre activité principale pour identifier le statut juridique qui va vous être appliqué. Vous pourrez ainsi choisir la forme juridique la plus appropriée pour exercer votre activité.

---

1. Décret n° 98-247 du 2 avril 1998.
2. Car les artisans ont la responsabilité de former les apprentis.

La forme juridique pour exercer votre activité

La question de votre forme juridique est la dernière décision à envisager. Vous savez quelle est la nature de votre activité. Alors vous pouvez déterminer la forme adéquate pour l'exercer. Celle-ci est en partie conditionnée par votre statut juridique, selon que vous êtes artiste auteur, artiste libéral ou artisan d'art. Vous avez deux possibilités pour pratiquer votre activité : l'entreprise individuelle ou la société.

La majorité des artistes exercent en entreprise individuelle, c'est-à-dire en nom propre. Mais la société peut être une opportunité si vous souhaitez protéger votre patrimoine personnel, si vous envisagez de vous associer avec d'autres artistes ou si vous voulez profiter de certains avantages réservés aux sociétés (économies d'impôts, facilités sociales, possibilités d'investissement, etc.). Vous allez choisir ce qui vous convient le mieux, à la lumière de vos priorités, en fonction de votre activité et de sa complexité. La meilleure solution est celle qui vous permet de travailler au moindre coût de transaction, le plus facilement et efficacement possible. En la matière, vous devez toujours privilégier la simplicité. C'est une assurance de sécurité. Ce n'est pas parce que vous créez une entreprise artistique que vous devez déroger aux plus élémentaires lois de rentabilité et de sérénité.

La simplicité de l'entreprise individuelle

C'est la forme juridique d'exercice choisie par la majorité des artistes. Elle constitue la solution la plus simple et facile pour commencer une activité. Elle implique peu de contraintes, peu de formalités, pas de capitaux à mobiliser. Vous la choisissez que vous soyez artiste auteur, artiste libéral ou artisan d'art.

C'est une structure très pratique. Les trois quarts des entreprises existantes fonctionnent d'ailleurs sous cette forme. Cela vous permet d'exercer votre activité professionnelle sous votre nom[1]

1. Ou un pseudonyme de votre choix.

et pour votre propre compte. L'avantage de l'entreprise individuelle est sa grande simplicité pour s'installer et travailler. Pour démarrer, les démarches obligatoires à accomplir sont particulièrement simplifiées. Vous devez seulement vous déclarer, dans les quinze jours du début de votre activité, auprès de votre CFE (Centre de formalités des entreprises). Il s'agit pour l'artiste auteur du Centre des impôts, pour l'artiste libéral des bureaux de l'Urssaf et pour l'artisan d'art de la Chambre de métiers[1]. Ensuite, puisque vous êtes seul à exercer, vous n'avez de compte à rendre à personne. Vous êtes libre de conduire votre activité comme vous l'entendez. Vos seules obligations sont de tenir une comptabilité de vos recettes et vos dépenses, déclarer votre bénéfice, payer vos impôts et vos charges sociales.

Mais cette simplicité a un revers. Dans le jeu de la transparence et de la facilité, l'identité et la personnalité de l'entreprise se confondent avec celles de l'entrepreneur. Autrement dit, vous ne faites qu'un avec votre entreprise. L'entrepreneur est l'entreprise. Il n'y a pas d'écran juridique entre les deux. Cela signifie que vous êtes directement et entièrement responsable de tous les engagements pris à titre professionnel. Cela présente un danger, en cas de mauvaise fortune ou d'incident financier. Car vous êtes personnellement et indéfiniment responsable des éventuelles dettes de votre activité sur votre patrimoine privé. Et il n'est pas évident de prévoir ou d'éviter tous les incidents, comme la perte de revenus consécutive à une maladie ou le revers de fortune d'un client.

Il est toujours permis de transformer une entreprise individuelle en société, pour tenter de réduire le risque inhérent à la responsabilité financière illimitée. Mais pour vous artiste, les possibilités sont limitées. Et la transformation juridique a un coût fiscal non négligeable, avec la taxation de la plus-value dégagée à l'occasion de la cessation (juridique) de votre entreprise individuelle. C'est donc une opération délicate à réaliser qu'il vous faut bien préparer.

1. L'artisan d'art doit en plus suivre un stage d'initiation à la gestion d'une durée de quatre jours à la Chambre de métiers.

Max ou la structure en alliage léger

Max sculpte l'aluminium. Il le tord, plie, compresse pour créer des œuvres monumentales. Quand il s'est installé, il a choisi la structure de l'entreprise individuelle. C'était le moins compliqué. Le plus léger. Son activité s'est développée. Il a dû changer d'atelier. Et il s'est endetté. Son banquier n'a accepté de lui prêter qu'à la condition qu'il se porte caution, à titre personnel, et qu'il hypothèque son local. Le coup fatal lui a été porté lorsqu'une entreprise lui a demandé une sculpture d'un format un peu démesuré pour elle. Changement de direction, modification d'orientation. Le client renonce à son projet. Entre temps, Max a commencé. Il a acheté l'aluminium. Il lui faut le payer. Et il a des charges, des impôts à acquitter, son emprunt à rembourser. Il choisit de sacrifier son banquier. Bien mal lui en a pris. Son banquier n'était pas amateur d'art. Et très vite, il s'est retrouvé dépossédé de son atelier, son aluminium bradé au prix de la ferraille et son matériel dispersé. Car en plus du capital, il y avait les intérêts et les pénalités à payer. Depuis, Max s'est remonté. Il avait ses amateurs. Avec l'un d'eux, il a créé une société. Cela lui assure une meilleure trésorerie et lui offre des garanties. Et il s'est associé avec des fabricants d'aluminium qui lui servent de caution et de mécène. Tout ça est un peu plus lourd à gérer mais lui procure davantage de sécurité.

La possibilité d'une société

Vous souhaitez vous installer en société. Pour les artistes, la solution n'est pas courante mais la possibilité existe. Pour les artisans d'art, l'installation en société est plus fréquente. Car, c'est vrai, la responsabilité illimitée découlant de l'exercice en entreprise individuelle a tout lieu de vous inquiéter si vous avez d'importants investissements à réaliser. Alors vous voulez y remédier. Ou vous envisagez de partager un atelier avec d'autres artistes. L'exercice en société peut s'avérer parfois une intéressante opportunité.

La SCM (société civile de moyens)

Cette société est réservée aux artistes libéraux. Elle a pour objet d'offrir des prestations de services ou de fournir des moyens à ses membres exerçant une activité civile (libérale ou artistique) et de faciliter l'exercice de l'activité de chaque associé[1]. Il n'y a pas de partage de bénéfice, ni de clientèle. Chaque membre contribue aux frais communs de la société. Mais il conserve toute son indépendance dans l'exercice de sa profession.

L'avantage de la SCM réside dans sa constitution. Les règles qui régissent son fonctionnement sont assez libres et aucun capital minimum n'est exigé lors de la création. Celui-ci peut être constitué par des apports en numéraire ou en nature. L'inconvénient majeur de cette structure est que tous les associés sont indéfiniment et conjointement responsables à l'égard des tiers. Cela signifie que vous répondez indéfiniment des dettes de la SCM, sur vos biens personnels, à proportion de votre participation dans le capital social. Mais la SCM peut être un moyen pour partager un atelier entre plusieurs artistes.

L'EURL (entreprise unipersonnelle à responsabilité limitée)

C'est une société commerciale. Mais vous avez le droit, si vous êtes libéral exerçant une activité non réglementée, d'en former une pour exercer votre activité artistique. Car la SEL (société d'exercice libéral) ne vous est pas accessible. En effet, elle est réservée aux professions libérales soumises à un statut législatif ou réglementaire ou dont le titre est protégé[2]. Si vous êtes artisan d'art travaillant en solo, l'EURL vous est tout aussi appropriée.

L'EURL permet d'éluder une partie des difficultés induites par le statut d'entreprise individuelle ou par la SCM, à savoir la responsabilité financière illimitée ou solidaire. Avec une EURL, votre responsabilité est limitée au montant de votre engagement initial, c'est-à-dire vos apports, sauf en cas de caution personnelle et de redressement ou de liquidation judiciaire dû à une faute personnelle de gestion. Vous séparez ainsi votre patrimoine personnel du patrimoine de votre société et vous limitez vos

---

1. Secrétariat, locaux, moyens de transport, matériel, mobilier…
2. Il est notamment permis aux professionnels suivants de constituer une SEL : administrateur judiciaire, architecte, avocat, chirurgien-dentiste, commissaire aux comptes, commissaire-priseur, expert comptable, géomètre, huissier de justice, notaire, pharmacien, professions paramédicales (infirmier, kinésithérapeute, orthophoniste, diététicien), vétérinaire. *Cf.* Véronique Chambaud, *Créer son activité en solo*, Dunod, 2000.

risques financiers. Seulement, en optant pour une société pour exercer votre activité, vous allez, d'une part, effectuer des démarches plus importantes à la création et, d'autre part, être soumis à davantage de contraintes en cours d'activité. Vous devez faire rédiger des statuts, en précisant bien l'objet civil de votre activité si vous êtes artiste libéral ou son objet artisanal si vous êtes artisan d'art. Vous devez aussi réunir un capital. Il vous en coûte 7 500 € dès le début, plus les frais annexes[1]. Ensuite, vous conservez une totale indépendance de gestion puisque vous êtes l'unique associé. Mais vous avez l'obligation de tenir une comptabilité commerciale et de publier vos comptes. Vous êtes imposé à l'IR, dans la catégorie des BNC (bénéfices non commerciaux) si vous êtes artiste libéral et dans la catégorie des BIC (bénéfices industriels et commerciaux) si vous êtes artisan d'art. Et votre régime social est celui des travailleurs non salariés, en votre qualité d'associé unique.

Si vous souhaitez vous associer et travailler à plusieurs, vous allez constituer une SARL. C'est une structure juridique idéale lorsque le nombre d'associés est restreint.

La SARL (société à responsabilité limitée)

La SARL est une société commerciale qui réunit au moins deux associés et au maximum cinquante. Vous pouvez créer une SARL si vous êtes artisan d'art et souhaitez vous associer avec des partenaires pour développer votre activité. En revanche, l'exercice d'une activité essentiellement artistique n'est pas très approprié. La solution n'est pas aisée. Et vous risquez de perdre un certain nombre d'avantages fiscaux ou sociaux en créant une société commerciale. Et cela peut brouiller la lisibilité de votre art et remettre en cause son originalité. Car une société est davantage destinée à vendre un produit commercial que des œuvres d'art originales. À vous de juger de son opportunité.

Dans une SARL, tous les associés peuvent devenir gérants, à condition qu'il s'agisse de professionnels exerçant leur activité artisanale au sein de la société. Le gérant n'est révocable que

1. Approximativement 500 € pour les frais de publication d'un avis de constitution dans un journal d'annonces légales, la déclaration au CFE et l'immatriculation au RCS, sans compter les honoraires pour la rédaction des statuts.

pour de justes motifs. Le capital social de la SARL est au minimum de 7 500 €[1], apportés en espèces, en nature ou en industrie. Il est réparti entre tous les associés, en parts sociales. Chacun est responsable des dettes de la société à hauteur de sa participation dans le capital, si aucune caution ni garantie supplémentaire n'a été exigée par les créanciers. Cela permet donc de se prémunir en cas de mauvaises affaires[2].

La gérance est dite majoritaire lorsque le gérant détient avec son conjoint, ses enfants ou ses ascendants plus de la moitié du capital social (50 % plus une part). Sinon elle est minoritaire (moins de 50 %) ou égalitaire (50 %). Le type de gérance a principalement des conséquences au plan social. En effet, le gérant majoritaire est considéré comme un travailleur non salarié tandis que le gérant minoritaire peut opter pour le statut social de salarié. Ce dernier lui permet d'être affilié au régime général de la Sécurité sociale et de bénéficier de l'ensemble de ses prestations, notamment les indemnités en cas de chômage. En revanche, le gérant majoritaire n'en profite pas.

Pour l'imposition des bénéfices, il vous est possible de choisir entre l'impôt sur le revenu (avec un taux progressif maximum de 52,5 %) et l'impôt sur les sociétés (au taux 15 % sur les 38 000 premiers euros de bénéfice et de 33,33 % au-delà). Ensuite votre rémunération est taxée à l'impôt sur le revenu. Mais l'exercice en société offre des possibilités de gestion étendues qui vous permettent, par exemple, de réduire votre imposition en vous distribuant des dividendes ou en constituant des réserves.

Il existe bien entendu d'autres types de sociétés (SA, SNC, SAS, etc.)[3] Mais elles ne sont pas, à notre sens, indiquées à l'exercice d'une activité artistique, sauf à créer une multinationale de l'art. Mais c'est une autre histoire.

---

1. Vous pouvez aussi constituer une SARL avec seulement 1 500 € (soit 20 % du capital libérés) en prenant l'engagement d'apporter le solde dans le délai de cinq ans. *Cf.* loi n° 2001-420 du 15 mai 2001.

2. Mais la responsabilité financière peut être étendue en cas de fraude ou de faute. De la même façon, la responsabilité pénale peut être engagée en cas de fraude ou d'illégalité. Vous risquez par ailleurs de vous voir condamner à une interdiction d'exercer toute activité commerciale pendant un temps plus ou moins long selon la gravité des faits qui vous sont reprochés.

3. *Cf.* Véronique Chambaud, *Guide fiscal et social du créateur d'entreprise*, Dunod, 2001.

Statut juridique	*Activité principale*	*Structure d'exercice*	*Régime fiscal*	*Statut social*
Artiste auteur	activité artistique	entreprise individuelle	BNC	salarié
Artiste libéral	activité libérale	entreprise individuelle / EURL / SARL	BNC	travailleur non salarié*
Artisan d'art	activité artisanale	entreprise individuelle / EURL /SARL	BIC	travailleur non salarié*

* Si vous exercez en entreprise individuelle ou si vous êtes associé unique d'EURL ou associé majoritaire de SARL.

Chapitre 2
Organisez votre installation

Vous avez décidé de lancer ou de développer votre activité artistique. Vos œuvres sont appréciées et commencent à bien se diffuser. C'est maintenant le moment d'organiser ou de réorganiser votre installation. Pour travailler en toute tranquillité. Que vous envisagiez de compléter une autre activité ou de vous consacrer à votre art en totalité, il va vous falloir procéder à quelques démarches, réaliser la déclaration de votre activité et l'installation de votre atelier. Vos obligations et formalités vont dépendre du statut pour lequel vous avez opté (artiste auteur, artiste libéral ou artisan d'art) et de l'activité principale que vous exercez. C'est une étape un peu fastidieuse mais qui peut se révéler fructueuse. Vous avez tout à y gagner : facilité pour trouver un atelier, possibilité d'obtenir des soutiens particuliers, opportunités pour vous exposer, faculté de bénéficier de régimes sociaux et fiscaux dérogatoires ou exonératoires. Et passée cette difficulté, vous pourrez vous vouer tout entier à votre art.

La déclaration de votre activité

Vous n'avez l'obligation de vous déclarer auprès des administrations concernées qu'au moment où vous allez vendre votre création ou proposer vos prestations. Tant que vous peignez, sculptez, dessinez ou photographiez dans votre atelier et que vous diffusez votre création à titre gracieux, vous n'avez aucune obligation. Nul ne peut venir vous le reprocher. Ce n'est que lorsque cela devient onéreux, que vous vendez vos œuvres et encaissez leur prix que vous devez songer à vous déclarer. Car vous vous en doutez, la déclaration de votre activité n'est pas un acte sans effet. Mieux vaut vous y préparer. Vous allez être soumis à un certain nombre d'obligations. Et sachez que la date que vous choisissez pour commencer est importante. Par exemple, en matière sociale, l'appel de cotisations est trimestriel. Et tout trimestre commencé est dû. Aussi est-il recommandé de démarrer et se déclarer en début de trimestre plutôt qu'à la fin. Ainsi vous ne payez pas plus que ce que vous devez. De la même façon, pour éviter les complications et profiter de toutes les exonérations, vous avez plutôt intérêt à commencer en début d'année.

Les formalités que vous avez à effectuer sont différentes selon la nature de votre activité principale (celle qui vous procure le principal de vos ressources) et le statut que vous adoptez. Plusieurs cas peuvent se présenter selon que vous commencez une activité artistique, une activité libérale ou une activité artisanale ou exercez déjà une activité.

Vous commencez une activité artistique

Votre activité artistique va représenter l'essentiel de vos ressources. Vous n'avez pas d'autre activité. Vous choisissez le statut d'artiste auteur. Vous devez vous rendre à la Maison des artistes[1] si vous êtes auteur d'œuvres graphiques ou plastiques ou à l'Agessa[2] si vous êtes photographe, illustrateur d'œuvres littéraires ou scientifiques ou auteur d'œuvres audiovisuelles[3]. Vous allez remplir un formulaire de « début d'activité créatrice d'œuvres originales » et obtenir un numéro d'identification auprès de l'un ou l'autre de ces organismes. Vous devez ensuite vous rendre au Centre des impôts de votre domicile pour remplir un autre formulaire de déclaration d'activité artistique (liasse « Po »). Cela a pour effet d'enregistrer la création de votre entreprise, de vous attribuer un numéro Siret et un code APE corres-

---

1. Maison des artistes, 90 avenue de Flandre, 75019 Paris.
2. Agessa, 21 bis rue de Bruxelles, 75009 Paris.
3. Vous pouvez aussi réaliser ces formalités par courrier.

pondant à la classe des activités artistiques (923 A). Ces numéros vont figurer sur tous vos documents professionnels (plaquette publicitaire, devis, facture, note d'honoraires, note de droits d'auteur, etc.). Ils vous permettent d'exercer votre activité en toute légalité et tranquillité. Au plan social, lorsque vous êtes affilié à la Maison des artistes ou à l'Agessa[1], vous êtes soumis au régime général de la Sécurité sociale.

Vous commencez une activité libérale

Et l'activité artistique est accessoire. Vous choisissez le statut d'artiste libéral. Vous devez vous rendre aux bureaux de l'Urssaf de votre département, CFE (Centre de formalités des entreprises) pour les libéraux. Vous allez remplir un formulaire de déclaration de début d'activité non salariée (liasse « Po ») en précisant que vous exercez plusieurs activités (par exemple formation et création artistique). Le CFE se charge ensuite de répercuter votre déclaration auprès des différentes administrations : Urssaf, caisse de maladie, caisse de retraite, services fiscaux, etc. Au plan social, vous devenez TNS (travailleur non salarié) et êtes affilié auprès des caisses des indépendants. Vous allez ensuite vous déclarer à la Maison des artistes si vous êtes auteur d'œuvres graphiques ou plastiques ou à l'Agessa si vous êtes photographe pour obtenir votre numéro d'identification en tant qu'artiste.

Vous commencez une activité artisanale

Et l'activité artistique est accessoire. Vous choisissez le statut d'artisan d'art. Vous devez vous rendre à la Chambre de métiers du département où vous envisagez de domicilier votre activité, et prendre rendez-vous avec le CFE (Centre de formalités des entreprises). Vous y remplissez un formulaire de déclaration de début d'activité non salariée (liasse « Po ») et devez suivre un stage de préparation à l'installation. Vous précisez bien que vous allez exercer plusieurs activités (par exemple restauration de tableaux et création artistique). Le CFE se charge ensuite de répercuter

1. Si vos revenus artistiques sont supérieurs à 1 200 fois la VHMS.

votre déclaration auprès des différentes administrations : Urssaf, caisse de maladie, caisse de retraite, services fiscaux, etc. Au plan social, vous devenez TNS (travailleur non salarié) et êtes affilié auprès des caisses des indépendants. Il vous faut ensuite vous déclarer à la Maison des artistes si vous êtes auteur d'œuvres graphiques ou plastiques ou à l'Agessa si vous êtes photographe pour obtenir votre numéro d'identification en tant qu'artiste.

Vous exercez déjà une activité

Vous exercez déjà une activité libérale ou artisanale. Et vous commencez une activité artistique. Vous êtes déjà recensé auprès de l'Insee et disposez de votre numéro Siret pour travailler. Il s'agit pour vous de vous rendre soit à l'Urssaf, soit à la Chambre de métiers, selon que votre activité principale est libérale ou artisanale, pour notifier cette modification d'activité. Puis vous devez déclarer le début de votre activité artistique à la Maison des artistes si vous êtes auteur d'œuvres graphiques ou plastiques ou à l'Agessa si vous êtes photographe. Vous obtiendrez ainsi votre numéro d'identification en tant qu'artiste.

Vous exercez déjà une activité salariée. Ou vous êtes pensionné. Et vous commencez une activité artistique. Vous devez seulement vous rendre à la Maison des artistes si vous êtes auteur d'œuvres graphiques ou plastiques ou à l'Agessa si vous êtes photographe pour déclarer cette nouvelle activité. Vous allez obtenir votre numéro d'identification en tant qu'artiste. Et vous acquittez des cotisations sociales sur vos revenus artistiques. Cela n'a pas de conséquences sur le salaire ou la pension que vous percevez.

Vous cumulez plusieurs activités

Vous avez tout à fait la liberté de cumuler plusieurs activités. Ainsi, vous pouvez vendre vos œuvres et enseigner, fabriquer des objets d'art ou organiser des stages. Mais à chaque fois, vous avez l'obligation de déclarer l'activité auprès du CFE concerné. Car si vous exercez plusieurs activités, vous devez cotiser à plusieurs caisses de Sécurité sociale (à la Maison des artistes ou à l'Agessa sur vos revenus artistiques et à l'Urssaf sur vos revenus libéraux ou artisanaux). Et vous déclarez vos revenus au fisc dans plusieurs catégories : BNC pour les revenus artistiques ou libéraux, BIC pour les revenus artisanaux, traitements et salaires pour les salaires.

Il n'y a que les activités annexes, dérivant directement de votre activité artistique, qui n'ont pas à être déclarées séparément. Elles peuvent être rattachées à votre activité artistique et intégrées dans votre revenu artistique lorsqu'elles sont considérées comme accessoires, c'est-à-dire directement liées à votre activité artistique et en constituant strictement le prolongement. C'est à vous d'apprécier si vous y avez intérêt. Sont ainsi accessoires l'encadrement de vos tableaux, la confection de socles de sculpture, l'organisation de cours dans votre atelier.

La sollicitation d'aides à la création

Pour vous aider à commencer votre activité artistique, vous pouvez solliciter soit des aides à la création d'entreprise, soit des aides à la création artistique. Les premières sont à demander en votre qualité de chef d'entreprise, les secondes en votre qualité d'artiste. Les deux vous apportent un soutien financier momentané. Il serait sot de ne pas en profiter. Mais songez à ne pas en abuser. Votre ambition est de faire prospérer votre activité, non de devenir assisté.

Les aides à la création d'entreprise

Dispositions ou exonérations existent en matière sociale pour faciliter votre démarrage. Ces aides peuvent vous être attribuées en votre qualité de chef d'entreprise (artistique). Les connaître et en profiter vous donne un soutien financier. Et augmente vos chances de succès. Elles permettent une exonération de cotisations sociales et le maintien de vos allocations chômage, si vous êtes allocataire. Et si vous êtes salarié, vous pouvez prendre un congé pour création d'entreprise afin de concrétiser votre projet et vous lancer en toute sécurité.

L'Accre (aide aux chômeurs créateurs ou repreneurs d'entreprise)

L'Accre vous accorde une exonération de cotisations sociales. Elle peut être attribuée à l'artiste libéral et à l'artisan d'art[1]. Pour l'artiste auteur, son intérêt est plus limité[2]. Si vous êtes à la recherche d'un emploi et que vous décidez de créer le vôtre, vous êtes exonéré pendant vos douze premiers mois d'activité (ou quatre trimestres). Cette exonération concerne, dans leur intégralité, les cotisations d'assurance maladie, maternité, veuvage, de retraite de base et d'allocations familiales pour les chômeurs indemnisés. Si vous n'êtes pas indemnisé ou si vous percevez le RMI, l'exonération n'est valable que dans la limite de 120 % du Smic.

Mais l'exonération n'est pas automatique. Il vous faut la solliciter auprès de la DDTEFP (Direction départementale du travail, de l'emploi et de la formation professionnelle) en complétant un dossier de demande spécifique. La demande d'exonération est à effectuer avant la déclaration de votre début d'activité. Cela est obligatoire. Si vous la demandez après avoir démarré, vous n'êtes plus considéré comme demandeur d'emploi, ni créateur d'entreprise. Vous êtes entrepreneur.

Lorsque votre demande est acceptée, que votre projet est jugé pertinent (au plan financier et non au plan artistique), vous restez redevable de la cotisation retraite complémentaire, de la CSG et de la CRDS. Mais l'exonération présente néanmoins un allégement conséquent. Elle vous permet de souffler pendant une année. L'Accre peut être assortie du dispositif Eden[3] ou d'un prêt à la création d'entreprise[4].

---

1. À condition d'être demandeur d'emploi indemnisé ou indemnisable ou demandeur d'emploi non indemnisé mais inscrit à l'ANPE depuis plus de six mois ou allocataire du RMI ou d'un CES (contrat emploi solidarité). *Cf.* CSS, art. L. 161-1.
2. Car l'artiste auteur n'acquitte ses cotisations sociales sur ses revenus artistiques que l'année suivante.
3. Qui consiste en une avance remboursable à taux zéro d'un montant maximum de 6 000 €, accordée dans les mêmes conditions que l'Accre.
4. Accordé par la BDPME.

Le droit à la conservation des allocations chômage

Vous pouvez continuer à percevoir vos allocations chômage si vous êtes en train de vous installer. Ce droit a été reconnu pour aider à créer son activité, qu'elle soit artistique, libérale ou artisanale. Vous n'êtes ainsi pas obligé de trancher entre votre projet et vos indemnités.

Si vous bénéficiez de l'allocation spécifique de solidarité ou du RMI, vous continuez à percevoir votre indemnité en totalité pendant les six premiers mois de la création de votre entreprise[1], puis de manière dégressive.

Si vous êtes demandeur d'emploi, les démarches réalisées en vue de la création de votre entreprise sont assimilées à des « actes positifs de recherche d'emploi »[2]. Et concrètement, l'Assedic accepte de maintenir le versement des allocations chômage jusqu'à votre début d'activité. Une circulaire[3] précise néanmoins que vous devez « justifier, par tout moyen, que votre activité n'a pas démarré » pour continuer à bénéficier des allocations. En fait, la commission paritaire locale de l'Assedic examine si votre installation vous laisse suffisamment de temps pour rechercher un emploi et si vous êtes toujours disponible, au sens du droit du travail. Ainsi par exemple, la déclaration de début d'activité à l'Urssaf ne suffit pas à démontrer que vous ne recherchez plus un emploi. Pour perdre votre statut de demandeur d'emploi, vous devez avoir véritablement démarré votre activité. Parmi les indices qui présument fortement votre début d'activité, l'administration retient la conclusion d'un bail professionnel, l'acquisition de matériel indispensable à votre activité, la prise de commandes fermes ou l'encaissement d'honoraires.

Si, après avoir commencé, votre activité reste néanmoins très réduite, vous pouvez tenter de faire prolonger le versement de vos indemnités. Quand les revenus provenant de votre nouvelle activité représentent moins de 70 % de votre rémunération précédente, l'Assedic peut notamment considérer que votre début d'activité équivaut à une activité salariée à temps partiel.

---

1. À certaines conditions de ressources, *Cf.* D 98-1070 du 27 novembre 1998.
2. Cass. soc., 18 mars 1997.
3. Circulaire SS n° 98-16 du 16 novembre 1998.

Dans cette hypothèse, elle vous verse la différence entre votre rémunération actuelle et vos allocations chômage. Et les jours non indemnisés viennent s'ajouter à votre durée totale d'indemnisation. Cependant, l'Assedic examine votre disponibilité à chercher un emploi. Il ne vous est ainsi pas possible de travailler plus de 136 heures par mois. Mais c'est difficile à vérifier pour un créateur. Ce régime de faveur lié à votre activité réduite est limité à une période de dix-huit mois[1]. Mais si vous exercez votre nouvelle activité tout en continuant à percevoir intégralement vos allocations, sans en avertir l'Assedic, vous serez condamné à rembourser le trop indûment perçu, avec parfois même des pénalités.

En cas d'échec, c'est-à-dire si vous déclarez la cessation de votre nouvelle activité, vous retrouvez le bénéfice des droits aux allocations chômage acquis à la date de la création de votre activité. Mais il est indispensable que le délai de réouverture de ces droits ne soit pas écoulé[2]. Et si vous avez démissionné d'un emploi salarié pour vous installer, vous avez droit à être admis au bénéfice de l'indemnisation si votre projet échoue dans un délai de trois ans[3].

Le congé pour création d'entreprise

Il n'est nul besoin de tout quitter pour créer son entreprise, fut-elle artistique. Si vous êtes salarié depuis plus de trente-six mois, vous pouvez profiter d'un congé d'une année[4]. Il s'agit d'un congé non rémunéré, renouvelable une fois, soit deux années consacrées à votre projet. À ce terme, si vous le désirez, si les choses ne se sont pas réalisées comme vous le souhaitiez, vous réintégrez votre entreprise, à des conditions de poste et de rémunération équivalentes[5]. En revanche, si votre affaire prospère, vous n'aurez qu'à avertir votre employeur de votre intention de

1. Sauf si vous avez plus de 50 ans.
2. C. trav., art. L. 351-24, circ. CDE 1er août 1996. Le temps écoulé depuis la date d'admission à l'indemnisation ne doit pas être supérieur à la durée de cette période augmentée de trois ans, de date à date.
3. *Cf.* art. 5 convention Unedic du 1er janvier 2001 relative à l'aide au retour à l'emploi et à l'indemnisation du chômage.
4. C. trav., art. L. 122-32.12.
5. C. trav., art. L. 122-32.16.

ne pas reprendre votre travail, par lettre recommandée, trois mois avant le terme de votre congé. Il n'a pas le droit de s'opposer à votre décision. En contrepartie, vous ne pouvez prétendre à aucune indemnité de départ. Et pour cause, c'est vous qui partez.

Pour bénéficier du congé à la création d'entreprise, vous devez en faire la demande à votre employeur, par lettre recommandée, trois mois au moins avant la date choisie pour votre départ en congé. Vous lui précisez la durée du congé envisagé ainsi que l'activité que vous prévoyez de créer. Votre employeur peut alors soit accepter, soit différer, soit refuser votre demande. Quelle que soit sa réponse, il doit vous en informer par lettre recommandée avec accusé de réception dans un délai de trente jours à compter de votre demande. Le défaut de réponse vaut son accord. Mais le report est de droit pour l'employeur. Il peut différer votre congé dans la limite de six mois, à compter de votre demande[1]. Si vous travaillez dans une entreprise comptant moins de deux cents salariés, votre employeur a aussi la possibilité de s'opposer à votre départ en congé, invoquant d'éventuelles conséquences préjudiciables pour l'entreprise.

Si vous ne souhaitez pas informer votre employeur de la nature de votre future activité, il vous reste à profiter d'un simple congé sabbatique. Il s'obtient dans les mêmes conditions mais se limite à douze mois. Vous devez justifier de six années d'ancienneté et ne pas avoir bénéficié d'un autre congé sabbatique, d'un congé pour création d'entreprise ou d'un congé de formation d'une durée d'au moins six mois au cours des six années précédentes. Pendant votre congé sabbatique, vous restez tenu à une obligation de loyauté et de non-concurrence envers votre employeur. Car votre contrat de travail n'est pas rompu mais suspendu.

Les aides à la création artistique

Vous avez juste commencé votre activité artistique. Les aides à la création artistique peuvent vous être accordées en votre qualité

1. La loi autorise à limiter le nombre des congés pour création d'entreprise ou sabbatique à un quota de 2 % de l'effectif de l'entreprise ou du nombre de jours travaillés, selon que l'entreprise compte plus ou moins deux cents salariés.

d'artiste. L'aide individuelle à la création a vocation à vous permettre de travailler sur un projet artistique particulier et l'allocation de recherche à développer une recherche en France ou à l'étranger.

L'aide individuelle à la création

L'aide individuelle à la création vous permet de vous installer en tant qu'artiste. Elle est destinée à aider à mener à bien un projet ou une réalisation dans les domaines des arts plastiques ou photographiques. Vous pouvez donc la solliciter si vous envisagez de réaliser une peinture, une sculpture ou une installation particulière, à condition que le lieu de réalisation soit localisé en France. Mais il ne doit s'agir ni d'une exposition, ni de l'édition d'un ouvrage. Vous ne pouvez vous porter candidat que si vous êtes artiste en activité et non pas étudiant en cours de scolarité. Vous devez aussi impérativement être de nationalité française ou résider en France.

Le montant de la subvention attribuée varie en fonction de la nature du projet présenté et des dépenses envisagées. La demande, qui ne peut dépasser la somme de 7 622 € (50 000 F), est à adresser à la Drac (Direction régionale des affaires culturelles)[1] de votre région de résidence, à l'attention du conseiller pour les arts plastiques. Elle comporte la description du projet et une note de motivation. Elle doit être accompagnée d'une documentation artistique sur votre travail[2]. La date limite de dépôt des dossiers est fixée à la fin mars de chaque année.

L'allocation de recherche en France et à l'étranger

L'allocation de recherche vous permet de réaliser un projet artistique, en France ou à l'étranger. Les domaines concernés sont les arts plastiques et photographiques (exclusivement à l'étranger), la vidéo, les nouveaux media, les arts décoratifs, le design, le graphisme ou la bande dessinée. La durée du projet peut atteindre jusqu'à une année. Vous pouvez être candidat si vous êtes

---

1. *Cf.* Carnet d'adresses.
2. Ainsi que cinq diapositives (au format 24 x 36 mm) destinées à la projection des travaux en commission.

créateur ou chercheur dans les disciplines désignées, à condition d'être en activité, d'avoir achevé votre scolarité. L'allocation est plus particulièrement réservée aux personnes qui souhaitent approfondir leur recherche artistique.

L'allocation de recherche est attribuée par le Centre national des arts plastiques de la DAP (Délégation aux arts plastiques) sur proposition de la commission nationale consultative du Fiacre[1]. Son montant est calculé en fonction de la nature du projet présenté, du lieu et de la durée du séjour, qu'il soit en France ou à l'étranger. Mais il ne peut excéder 15 245 € (100 000 F). Et il ne peut être cumulé avec une aide individuelle à la création[2]. La date limite de dépôt des dossiers est fixée au début avril de chaque année, auprès du Fiacre.

Outre cette aide, la DAP attribue des bourses de recherche à l'Académie de France à Rome (villa Médicis) par voie de concours, à de jeunes artistes ou chercheurs[3], pour une durée maximale de deux ans[4].

L'installation de votre atelier

Vous avez besoin d'un atelier. Chacun est un peu conditionné par la façon dont il crée. D'aucuns veulent de l'espace ou de la lumière, d'autres de la tranquillité. D'aucuns travaillent sur chevalet ou sur métier, d'autres à même le sol, sur un mur, à l'extérieur, avec un poste à soudure, un ordinateur... Mais tous ont besoin d'un lieu pour travailler et pour domicilier leur activité. L'installation ou la réorganisation de votre atelier est un élément clé. Vous devez retenir les solutions les mieux adaptées (au plan juridique et financier) pour être installé en toute facilité

1. *Cf.* Carnet d'adresses.
2. Le Centre national des arts plastiques attribue également des allocations de recherche en matière de restauration et de conservation d'œuvres d'art contemporain. Ces allocations ont vocation à financer une recherche spécifique, en France ou à l'étranger, pendant une durée de six mois éventuellement renouvelable.
3. Agés de moins de 35 ans.
4. Vous vous renseignez auprès de la Villa Médicis : viale Trinita dei Monti, 100 187 Rome. www.villamedici.it

et sécurité. Et les possibilités dépendent de vos moyens financiers et de votre statut particulier, selon que vous êtes artiste auteur, artiste libéral ou artisan d'art.

Le choix de votre atelier

Pour bien travailler, vous devez choisir avec soin la situation de votre atelier. Outre le fait qu'il est impératif de vous y sentir bien pour créer, il est important de vous installer dans un local facile d'accès et juridiquement adapté. Car vous ne pouvez pas exercer votre activité n'importe où, ni n'importe comment. En effet, il n'est possible de transformer un local à usage d'habitation en local à usage professionnel sans autorisation, ni sans respecter certaines conditions.

L'installation dans un local d'habitation

Si vous êtes artiste auteur ou artiste libéral, vous avez la faculté d'installer votre atelier dans votre local d'habitation, au lieu de votre résidence habituelle. Si vous êtes artisan d'art, vous aurez plus de difficulté.

Artiste, la loi vous autorise à exercer votre activité à domicile, sans décision préfectorale particulière[1], que vous habitiez un appartement ou une maison individuelle. Cette faculté vaut pour la création d'activité. Il faut en profiter dès le début, au moment où vous démarrez.

L'autorisation de travailler chez soi est assortie de plusieurs conditions. Il est indispensable que vous habitiez réellement votre logement. Et une partie seulement de votre local d'habitation peut être affectée à votre activité professionnelle[2]. Vous devez y exercer une activité compatible avec la destination des lieux. Impossible de souder, scier ou poncer. Votre activité ne doit pas non plus entraîner un passage intensif de clientèle et un stockage excessif de marchandise. Vous devez également respecter votre voisinage et n'émettre ni bruit, ni odeur, ni nuisance

---

1. Loi n° 98-546 du 2 juillet 1998. Pour l'exercice d'une activité sous le statut d'entreprise individuelle.
2. Inférieure à un tiers de la surface.

susceptible de provoquer une plainte de votre entourage. Et votre atelier doit rester un lieu où vous seul travaillez. Vous ne pouvez pas l'ouvrir au public et le transformer en atelier-galerie[1].

José ou l'atelier rêvé

José est peintre. Il vit sur un port, dans une île de la Méditerranée. Sa maison est située au bord de l'eau, accrochée aux rochers, avec une grande terrasse qui court, tout autour. Et il y a installé son atelier, à l'ombre des pins, des fleurs et des palmiers, au milieu de son sujet. C'est un endroit rêvé. De là, il surplombe toute la baie. Il en a peint les moindres aspects, avec les voiliers ancrés, les criques ensoleillées, la végétation tourmentée. Son sujet préféré, c'est l'Île du Roi. Au soleil levant, elle est baignée d'un ocre qui n'a nulle part son pareil et qu'il ne se lasse pas d'admirer et de tenter d'exprimer.

Pour l'artisan d'art, toutes ces conditions sont rarement remplies. Aussi l'installation de votre atelier dans votre local d'habitation reste soumise à autorisation préfectorale ou municipale dans les communes comptant plus de 10 000 habitants[2]. Vous avez toute les chances de l'obtenir si :

- vos locaux sont affectés à un usage mixte, c'est-à-dire habitation et profession ;
- votre atelier ne dépasse pas une certaine surface (variable selon les communes) ;
- votre activité ne cause aucune gêne de voisinage.

Votre demande ne sera pas traitée de la même façon si vous êtes joaillier, peaussier, restaurateur de tableaux, réparateur de violon, taxidermiste ou ferronnier d'art, si vous travaillez chez vous ou à l'extérieur, si vous recevez vos clients ou vendez vos œuvres en galerie. Vous avez donc tout intérêt à argumenter et défendre votre dossier.

1. Vous avez besoin pour cela d'un local commercial.
2. Et à Paris et dans les communes situées dans un rayon de 50 kilomètres.

Et si vous habitez en collectivité, l'installation de votre atelier doit également être permise par le règlement de copropriété et autorisée par votre propriétaire (si vous êtes locataire)[1]. Si vous êtes propriétaire, il faut la notifier à votre syndic, qui n'a pas le droit de s'y opposer.

Prénom Nom
Adresse
Code postal Ville
N° Maison des artistes

Nom Syndic
Adresse
Code postal Ville

Ville, le

Objet : domiciliation d'activité
LRAR

Madame, Monsieur,

J'ai l'honneur de vous informer, en votre qualité de syndic, de mon intention d'établir le siège de mon activité à mon domicile personnel sis (...).
Cette domiciliation est effectuée pour une durée indéterminée, et cela conformément à la loi du 2 juillet 1998 qui m'y autorise.

Je vous prie d'agréer, Madame, Monsieur, l'expression de mes salutations distinguées.

Signature

Lettre de notification de domiciliation d'activité

Lors de l'installation à domicile de votre activité, les services fiscaux vous demandent de leur indiquer les surfaces de votre

1. Si votre bail ne prévoit pas l'usage mixte ou s'il interdit toute activité professionnelle, il est risqué de travailler à votre domicile. Car le non-respect des termes de votre contrat est un motif de résiliation.

logement que vous consacrez respectivement à l'usage d'habitation et à l'usage professionnel. Car au plan fiscal, vous avez la possibilité de déduire de vos bénéfices un pourcentage de charges liées à votre local (électricité, téléphone, assurance, loyer…) correspondant au pourcentage de surface que vous occupez[1]. Si vous utilisez 20 % de l'espace, vous déduisez 20 % de ces charges. Et vous obtenez aussi une réduction de votre taxe d'habitation.

L'installation dans un local professionnel

Toutes ces contraintes peuvent être dépassées si vous choisissez d'installer votre atelier dans un local professionnel, dont vous êtes locataire ou propriétaire. Cela est beaucoup plus aisé. Il faut néanmoins distinguer dans la catégorie des locaux à usage professionnel les locaux destinés à une activité civile (artistique ou libérale) et ceux destinés à une activité artisanale ou commerciale. Les premiers sont qualifiés de « professionnels » au sens strict et les seconds de « commerciaux ». C'est à vous de vous renseigner sur la destination du local. Et vous devez apprécier vos besoins au regard de votre activité. Si vous êtes artiste auteur ou artiste libéral, un local professionnel vous suffit. Il peut faire l'objet d'un bail professionnel. Si vous êtes artisan d'art, un local commercial est requis. Ce local devient alors un élément du fonds artisanal que vous développez[2]. Et il peut faire l'objet d'un bail commercial. Mais si vous êtes inscrit à la Maison des artistes, vous pouvez également bénéficier des dispositions favorables du bail commercial. Si vous n'avez pas trouvé de lieu pour vous installer, vous avez enfin la possibilité de solliciter l'attribution d'un atelier d'artiste.

L'attribution d'un atelier d'artiste

Certaines municipalités (dont Paris) et le ministère de la Culture sont réservataires d'un parc d'ateliers d'artiste[3]. Il s'agit soit

1. Sans dépasser 33 %.
2. Le fonds artisanal se compose notamment de la clientèle, le nom commercial, l'enseigne, le droit au bail (droit d'occuper les lieux où s'exerce l'activité), les licences et autorisations administratives, les contrats, créances et dettes. Et il donne lieu à la plupart des avantages du fonds de commerce pour le commerçant. Il peut être cédé, loué ou nanti.
3. 1210 ateliers pour Paris et 882 pour le ministère de la Culture.

d'ateliers de travail, soit d'ateliers de travail et logement. Ils sont réservés aux artistes auteurs d'œuvres graphiques ou plastiques admis à cotiser (identifiés) à la Maison des artistes et disposant de ressources réduites. Votre demande est à adresser auprès de la Drac dont vous dépendez ou du service culturel de votre mairie (hors Paris). Les candidatures sont examinées par la commission régionale placée sous l'autorité de région. Si vous êtes retenu, votre demande est ensuite transmise aux organismes d'HLM gestionnaires et propriétaires des ateliers. Ils sont chargés de vérifier leur recevabilité (eu égard à vos ressources) et d'établir le contrat de location.

Si vous ne satisfaites pas aux conditions de ressources, vous pouvez chercher un atelier en résidences d'artistes ou en pépinières[1]. Vous devez être âgé de moins de trente ans et pouvez être hébergé pendant une durée de trois à neuf mois. Une quarantaine de résidences est ainsi répartie dans de nombreuses villes en France et à l'étranger. Certaines nécessitent que vous soyez invité, d'autres acceptent les candidatures spontanées. Si vous présentez un bon projet, vous avez toutes les chances d'être accepté.

La comparaison de l'achat et de la location

Vous avez le choix entre l'achat et la location de votre atelier. Tout va dépendre de vos moyens financiers et de votre intérêt à acheter ou à louer. Et si la perspective d'achat reste pour vous éloignée, vous pouvez toujours y songer.

Si vous décidez d'acheter votre atelier, vous avez deux possibilités : l'acheter à titre professionnel ou l'acheter à titre personnel. Dans les deux cas, c'est un bien affecté à votre activité si vous l'utilisez pour travailler. En cas d'achat professionnel, les locaux sont inscrits à votre bilan. Ils deviennent un actif de votre entreprise, que vous exerciez en individuel ou en société. L'avantage est que cela peut vous faciliter l'obtention de financement. Car ils constituent une garantie pour vos créanciers. À court

1. Renseignez-vous auprès du PEJA (Pépinières européennes pour jeunes artistes), *cf.* Carnet d'adresses.

terme, vous bénéficiez de substantiels avantages fiscaux puisque les droits d'enregistrement, les frais de notaire, la taxe foncière et les amortissements sont des charges déductibles. En cas d'achat personnel, tous ces frais ne peuvent être passés en dépenses déductibles. Mais vous avez la possibilité de vous louer votre atelier. C'est une solution qui peut avoir son intérêt.

Mais l'achat n'a pas que des avantages. Si vous vendez votre atelier, vous acquittez l'impôt sur une éventuelle plus value de cession. En cas de plus value à court terme (moins de deux ans), elle est intégrée dans vos résultats et imposés à l'IR (impôt sur le revenu). En cas de plus value à long terme (plus de deux ans), elle est soumise à un prélèvement de 16 %, plus les prélèvements sociaux (10 %).

Il vous reste la possibilité de louer votre atelier. C'est moins cher, moins risqué et vous laisse une plus grande facilité pour déménager. En location, il existe plusieurs types de baux, des baux précaires (de deux ans maximum) aux baux commerciaux (de neuf ans) avec tacite reconduction. Que le local soit professionnel, mixte ou commercial, l'avantage est que le loyer et les charges acquittés sont intégralement déductibles de votre bénéfice imposable[1]. Mais vous devez personnellement veiller à ce que les locaux que vous allez utiliser correspondent bien à un usage professionnel. C'est en principe au propriétaire d'obtenir les autorisations et garanties requises mais c'est vous qui serez sanctionné si vous avez illégalement changé la destination d'un local.

Le détail de votre bail

Vous avez trouvé un atelier et vous avez décidé de le louer. Pour héberger votre activité, vous avez besoin d'un local professionnel ou d'un local mixte, assorti d'un bail correspondant si vous êtes artiste libéral. Vous devez signer un bail commercial si vous êtes artiste auteur[2] ou artisan d'art. Et dans ce cas, vous bénéficiez des dispositions de location qui sont très favorables. Au moment de

1. Seulement la part correspondant à l'usage professionnel pour le bail mixte.
2. Identifié à la Maison des artistes.

signer ou de renouveler votre bail, certaines précautions sont à envisager pour éviter les difficultés.

Signer un bail professionnel

Le bail professionnel porte sur des locaux permettant l'exercice d'une activité non commerciale et non artisanale. Il convient à l'artiste libéral.

Le *bail professionnel* est exclusivement réservé à votre activité. Le bail mixte vous permet à la fois de travailler et de vous loger. Le bail professionnel est un contrat assez libre n'ayant pour exigence que d'être écrit et d'avoir une durée au moins égale à six ans. Mais le montant du loyer peut être fixé et révisé librement. La résiliation du bail intervient à tout moment si l'une ou l'autre des parties ne respecte pas ses engagements. Dans des conditions normales de location, pendant toute la durée du bail, le propriétaire ne peut donner congé au locataire. Et vous pouvez quitter les lieux, en informant le bailleur avec un préavis de six mois. Mais l'inconvénient de ce type de bail est que le locataire n'a pas droit au renouvellement automatique de son bail à l'échéance.

Le *bail mixte* (d'habitation et professionnel) se rapproche d'un bail d'habitation et réserve davantage de garanties au locataire. Il mentionne, obligatoirement par écrit, la description des lieux, le montant du loyer, les modalités de paiement et les conditions de révision de celui-ci, la durée du contrat (au minimum de trois ans). Le montant du loyer est librement fixé mais sa révision ne saurait excéder la variation de l'indice Insee du coût de la construction. À son terme, le bail est reconduit sauf si le bailleur prouve une faute du locataire[1], désire vendre le local ou le reprendre pour son compte ou celui de sa famille[2]. Si vous n'êtes pas inscrit à la Maison des artistes, le loyer peut être librement révisé par le propriétaire. Si vous êtes en désaccord avec le nouveau loyer demandé, vous n'avez aucune garantie et vous êtes obligé de quitter les lieux. Car le bail professionnel n'est pas protégé. Aussi vaut-il mieux pouvoir signer un bail commercial.

---

1. Le non-paiement du loyer ou l'absence d'assurance du local, par exemple.
2. Avec un congé de six mois avant l'échéance du bail.

Signer un bail commercial

À l'origine, seuls l'artisan d'art[1] et le commerçant (galeriste, négociant en œuvres d'art, etc.)[2] pouvaient signer un bail commercial. Depuis 1988[3], il profite aussi à l'artiste, à la condition qu'il soit auteur d'œuvres graphiques et plastiques et identifié[4] à la Maison des artistes.

Les avantages du *bail commercial* sont nombreux. La durée minimale de location est de neuf ans. Et à l'échéance, vous avez droit au renouvellement du bail (pour une nouvelle durée de neuf ans, aux clauses et conditions du bail expiré) ou à une indemnité d'éviction[5]. Votre congé ne peut vous être donné, avec un préavis de six mois, que pour motif grave (non-paiement du loyer) ou pour récupérer les locaux pour habiter ou les vendre. Encore faut-il dans ce cas, que le propriétaire vous fasse une proposition d'achat, aux conditions normales du marché immobilier. À défaut de congé, le bail est tacitement reconduit. L'autre particularité du bail commercial est que l'augmentation de son loyer est encadrée. Si la fixation du montant est libre, sa révision triennale est limitée par la variation de l'indice Insee du coût de la construction. Et au renouvellement du bail, cette limitation demeure en application. En cas de désaccord avec votre propriétaire, le montant du loyer peut être fixé par le tribunal d'instance, après avis de la commission départementale de conciliation. Enfin, vous avez le droit de céder votre bail, moyennant le paiement d'un droit au bail, de le sous-louer, si aucune clause de votre contrat ne s'y oppose ou de le résilier à la fin de chaque période triennale, avec un préavis de six mois[6].

Dès que vous êtes inscrit à la Maison des artistes, votre bail d'atelier d'artiste, même non identifié en tant que tel, est automatiquement soumis à la législation des baux commerciaux. Sauf

1. Inscrit au répertoire des métiers.
2. Inscrit au registre du commerce et des sociétés.
3. Loi n° 88-18 du 5 janvier 1988.
4. « artiste admis à cotiser », art. 3.
5. Dont le versement ne peut être refusé qu'en cas de fautes graves commises par le locataire.
6. Si vous résiliez votre bail hors ces échéances, vous restez redevable du loyer jusqu'à l'expiration de la période.

s'il s'agit d'un bail précaire d'une durée inférieure à deux ans. Dans ce cas, vous n'avez pas droit au maintien dans les lieux, ni au renouvellement de votre bail, ni à une indemnité d'éviction.

Karl ou la location restaurée

Karl est restaurateur de tableaux. Et il a horreur des situations délabrées. Il est locataire de son atelier et à l'échéance des neuf années, son propriétaire ne s'est pas manifesté. Il pensait sans doute pouvoir l'évincer. Karl lui a, par écrit, demandé de renouveler son bail, comme il en avait le droit. Son propriétaire ne lui a pas répondu. Mais par cette démarche Karl s'est protégé. Car le propriétaire dispose de trois mois pour répondre. À défaut de réponse, il est censé avoir accepté. Et donc le bail est renouvelé.

L'allocation d'installation

Vous avez trouvé votre atelier. Mais il faut un peu l'aménager pour que vous puissiez travailler. Pour vous aider à l'installer, s'il nécessite des travaux particuliers ou pour acheter du matériel, vous pouvez solliciter une aide à l'installation. La demande est à effectuer auprès de la Drac dont vous dépendez. Cette allocation est réservée aux artistes auteurs d'œuvres plastiques ou graphiques. Elle vise à aider au financement des travaux d'aménagement de votre atelier, à la condition que vous soyez propriétaire ou locataire en titre des locaux concernés. Elle peut aussi être consacrée à l'achat de matériel lourd nécessaire à l'exercice de votre activité artistique (four, échafaudage, matériel informatique, vidéo, photographique, presse à gravure, etc.). L'allocation demandée ne peut dépasser la moitié des dépenses engagées. Elle est plafonnée à 7 622 € (50 000 F). La demande doit également être adressée à votre Drac. La date limite de dépôt des dossiers est fixée à la fin juillet de chaque année.

Vous voici installé au mieux pour travailler et créer. Vous pouvez songer à la promotion de votre art pour commencer votre sortie d'atelier.

Chapitre 3
Réussissez la promotion de votre art

Vivre de votre art implique que votre création plaise à un public. Il vous faut trouver vos amateurs. Votre public. Pas un public hypothétique sorti de nulle part, par enchantement ou hasard. Un public actuel. Réel. Des amateurs d'art éclairés. Des collectionneurs avisés. Des connaisseurs passionnés. Des curieux de beauté. Des gens qui savent vous apprécier vont acheter vos œuvres et vous encourager dans la durée.

Et pour rencontrer votre public et le garder, pour trouver vos amateurs, vous devez vous faire connaître et réussir la promotion de votre art. Savoir-faire et faire savoir sont deux secrets d'artiste. Ensuite présenter vos œuvres ne sera qu'une formalité.

Trouvez vos amateurs

En art, sortent du lot ceux qui savent s'organiser habilement et développer leur activité avec entendement. C'est assez éloigné de l'image de l'artiste détaché, miséreux, ombrageux, travaillant dans un atelier délabré, en quête d'un idéal artistique dévorant, se consacrant à l'art pour l'art et faisant fi de toute compromission et rémunération. Aujourd'hui, l'activité artistique peut être appréhendée comme toute autre activité économique. Et décider de vivre de son art, c'est créer une entreprise (presque) comme les autres. Cela implique de se plier aux mêmes nécessités de rentabilité. L'artiste doit trouver ses amateurs (ses clients) et développer son marché, au même titre que n'importe quelle entreprise. Sans renoncer à sa vocation, ni accepter toutes les transactions. Être artiste, c'est être doué d'un don. Ce don, il est essentiel de le partager. Pour répandre et faire partager sa création, ses convictions, ses émotions, sa vision du monde.

C'est pour ces raisons qu'il est important de vous soucier de l'accueil de vos œuvres, au-delà du simple acte d'achat. Vous ne devez négliger ni les encouragements, ni les jugements. Et en cas de critique, évitez de penser qu'une œuvre ne plaît pas parce que le public n'a pas de goût. À coup sûr, les gens, sans qu'ils soient forcément des amateurs d'art avertis, ont souvent un goût bien senti. Et ils savent reconnaître ce qui est fort et ce qui ne l'est pas. Alors essayez plutôt de comprendre pourquoi une œuvre est mal reçue. Cela est parfois d'un profit plus grand que si vous l'aviez vendue.

Il ne s'agit ni d'être naïf, ni autosatisfait. Vous ne créez pas pour la postérité, ni pour être reconnu au siècle prochain. Vous créez pour vos contemporains. Vous créez pour vous et pour les autres. Trop d'artistes en font fi et interprètent le signe de ne pas vendre comme une garantie de génie. S'il est vrai qu'une œuvre qui plaît n'est pas obligatoirement d'une grande recherche artistique, cela ne signifie pas qu'une œuvre ne plaît pas soit obligatoirement d'une grande qualité. Et les « génies méconnus » sont d'ailleurs fort suspects[1]. La seule certitude est que les expressions des artistes sont aussi diverses que les goûts des amateurs d'art. Il convient alors à chacun de trouver son public éclairé et de développer son marché.

« En art, il n'y a pas de problèmes. Il n'existe que des solutions, c'est-à-dire des démonstrations nécessaires pour convaincre le public.[2] » Alors il vous reste à bien communiquer pour vous faire connaître et apprécier. Car si la conviction de l'artiste est déterminante, les amateurs d'art exigent une argumentation convaincante[3].

---

1. Ils sont souvent « à la recherche d'une apaisante explication d'eux-mêmes. » Carl G. Jung, *L'âme et la vie*, Buchet Chastel, 1995, p. 227.
2. *Cf.* Yves Klein, *International Klein Blue*, Tashen, 2001.
3. À ce sujet, Denys Riout, *Qu'est-ce que l'art moderne ?*, Gallimard, 2000.

Manuel ou l'invitation au voyage

Manuel est un plasticien voyageur. Dès qu'il en a l'occasion, il part autour du monde en quête d'émotions et de matériaux chargés de vie et d'envies. Du bois de Crète, du bronze d'Ukraine, du chanvre du Bengale, de la terre de l'Atlas, du corail d'Australie. De retour dans son atelier, il assemble ces présents de la terre. Chacune de ses œuvres a le don de transporter vers l'horizon lointain qui l'a inspirée et façonnée. Et Manuel a su imposer son inspiration vagabonde. Il connaît d'ailleurs un joli succès. Car son art invite à voyager.

Communiquez avec art

Pour réussir votre sortie d'atelier, il s'agit de communiquer avec efficacité. Il n'est pas question de vous gaspiller. Mais vous ne devez négliger aucun moyen pour exister, artistiquement s'entend. Une communication pertinente emprunte des voies très variées. Le plus important est toujours de veiller à vous présenter sous votre meilleur jour et, quoi qu'il advienne vous montrer EXTRAPRO, pour susciter l'envie de l'art autant que de l'artiste.

Faites-vous connaître

Dans le monde de l'art, il est bon d'avoir de bonnes fréquentations pour diffuser sa production. Mais l'expérience prouve que ce n'est pas suffisant. Un cercle de relations est souvent vite saturé et vos amis rassasiés. Alors pour commencer, de façon professionnelle, vous devez vous faire connaître. Les pistes sont diversifiées. Et même si vos moyens sont limités (par vos finances), vous ne devez en négliger aucune.

Tout va dépendre de votre création et de la cible visée. Vous n'allez pas procéder de la même façon si vous êtes spécialisé dans le portrait ou l'abstrait, si vous peignez des marines ou des figurines, si vous sculptez l'acier ou réalisez des collages en papier. Dans tous les cas, il ne faut pas hésiter à miser sur la proximité puis à compter sur l'originalité.

Votre première opération va être de vous signaler auprès des services de l'annuaire téléphonique, sous la rubrique correspondant à votre activité (artiste peintre, sculpteur, photographe, etc.). La simplicité de la démarche ne doit pas vous dérouter. On n'a encore rien inventé de mieux pour toucher une cible large et mélangée. Cela peut vous rapporter. Et lorsque vous donnez rendez-vous à votre atelier, un amateur d'art initié aura tôt fait de vérifier la rubrique sous laquelle vous vous êtes identifié. Cela ne prouve rien mais permet de rassurer.

La seconde démarche, qui n'est guère plus compliquée, va consister à vous inscrire dans les annuaires d'art. Leur nombre est limité, leur intérêt nuancé. Vous les choisissez en fonction de votre spécialité. Pour leur version imprimée, la parution est souvent gratuite pour votre identité et payante si vous souhaitez faire figurer une reproduction de votre travail. Ces annuaires ont une vocation professionnelle. Ils permettent avant tout de vous faire connaître dans la profession, afin d'être contacté par une galerie ou un agent. Ils servent moins à se présenter auprès des amateurs d'art et d'éventuels clients qu'à constituer un gage de probité. Mais les galeristes avouent ne pas les apprécier. Car les artistes ont ainsi la possibilité d'être contactés directement par leurs clients. Cela ne pose de réelles difficultés que lorsque vous êtes lié par un contrat d'exclusivité. Sinon vous avez toute liberté de vendre à qui vous souhaitez.

Vous avez aussi accès aux annuaires développés sur l'Internet. Les retombées ne sont pas toujours vérifiées. À vous de sélectionner les sites et les annuaires qui proposent des artistes dont le travail vous plaît. L'avantage reste que ces media présentent vos œuvres pour un coût limité, en direction d'un public potentiel illimité.

Ensuite, vous pouvez faire de la publicité. Mais son intérêt est à la fois aléatoire et relatif. S'il s'agit d'accroître votre notoriété, c'est une démarche sensée. Quant à prospecter par ce biais, c'est beaucoup plus risqué. Il existe deux manières de faire de la publicité : la douce en écrivant un article, la forte en publiant un encart ou une annonce. En général, les revues d'art sont dévoreuses de feuillets et demandeuses d'articles. Pour peu que votre style de création plaise au rédacteur en chef, vous pouvez devenir

Olga ou l'exposition permanente

Olga peint des natures mortes. Au début, pour gagner sa vie, elle a été obligée de donner des cours de peinture. Et pour se faire connaître, elle a installé son atelier en boutique et s'est mise à peindre en vitrine. C'était assez surprenant, de la voir à toute heure de la journée penchée sur son chevalet. Et puis certains se sont surpris à surveiller l'avancement de ses œuvres, en allant acheter le pain ou promener le chien. Enfin ils ont été conquis. Car c'était vraiment joli. Et surtout, chacun avait l'impression d'avoir participé. C'était suffisant pour entrer et acheter. Tant et si bien qu'aujourd'hui elle a déménagé, pour s'installer dans un endroit plus isolé. Mais ses amateurs sont accrochés et, par chance, ils la poursuivent dans les lieux les plus reculés.

chroniqueur. Mais sachez apprécier les retombées de vos interventions. Les revues d'art sont plus souvent ciblées sur les artistes que sur les amateurs d'art. Alors tout va dépendre de ce que vous produisez et de la clientèle que vous voulez cibler. Si le but est de vous faire connaître auprès des artistes et des professionnels, c'est un moyen assuré. Si vous voulez vous manifester dans un endroit très localisé, vous avez plutôt intérêt de faire paraître une annonce ou négocier un article avec un journaliste dans la presse de proximité (presse locale, régionale...). Mais ce n'est intéressant que lorsque vous avez un événement à présenter. À vous de le créer. Et de susciter l'intérêt chez votre interlocuteur, en lui promettant qui une lithographie, qui une photographie. En art comme en toute chose, il faut savoir donner pour recevoir.

Enfin, ne négligez pas d'assister ou de participer à tous les salons, expositions, exhibitions, foires d'art ou vernissages qui sont organisés. C'est l'occasion d'y distribuer votre carte de visite, de rencontrer d'éventuels amateurs, de vous faire des amis et de croiser un public averti. Pour vous faire connaître, il y a aussi toutes les façons que vous pouvez inventer et tous les moyens que vous avez expérimentés. Cela dépend de votre technique et de votre ambition artistique.

Paul ou l'intégration au paysage

Paul est peintre. Et pour vivre de son art, il joint l'utile à l'agréable. En quête de paysage, il voyage de sites touristiques en curiosités. Et il travaille les vues les plus enviées. Il a un art parfait pour s'intégrer au paysage. Dans un endroit (assez) passant, il sort son chevalet et se met à peindre un sujet réputé, du style qui plaît. In situ. Tour Eiffel ou Louvre à Noël, la Croisette pendant le festival de Cannes, Mont-St-Michel à Pâques, remparts de St-Malo l'été, Sacré-Cœur à la Pentecôte… Et les amateurs ne tardent pas à s'arrêter, s'intéresser et à acheter. Quand il a gagné de quoi plier son chevalet, il range ses pinceaux et ses tableaux et part pour un autre lieu bien fréquenté.

Soignez votre image. Soyez EXTRAPRO

La rigueur que vous mettez dans votre art doit être aussi placée dans votre communication. Ne livrez pas votre apparence au hasard. Souvent l'artiste se voit attacher une image dilettante et décalée. Et cela est mauvais. Vous faites bien d'éviter de tomber dans ce piège aisé. Car les artistes qui réussissent agissent tout à l'opposé. Ils sont EXTRAPRO[1]. Comme eux, vous devez apprendre à développer et conjuguer trois figures pour vous imposer : EXpliquer, TRAvailler et être PROfessionnel, c'est-à-dire :

- savoir **EX**pliquer votre démarche artistique. Que vous soyez peintre figuratif, plasticien abstrait, sculpteur sur béton armé ou photographe de lichens desséché, vous devez être en mesure de présenter et d'expliquer votre œuvre, vos motivations, ou du moins la passion qui vous anime. C'est très important. Ça rend l'amateur intelligent.
- **TRA**vailler beaucoup. Un artiste produit. Énormément. Des œuvres en nombre impressionnant. Si vous recevez un amateur d'art ou un galeriste dans votre atelier, vous devez pouvoir lui présenter une grande quantité d'œuvres, pour qu'il se fasse une idée de votre style et de votre opiniâtreté et

1. *Cf.* Véronique Chambaud, *Soyez EXTRAPRO*, IDP, 2001.

surtout pour qu'il puisse faire son choix et trouver une œuvre qui lui plaise.

- avoir un sens **PRO**fessionnel développé. Contrairement à une idée reçue, l'époque des artistes fantasques est révolue. Jouer l'éthéré n'impressionne que l'amateur d'art non éclairé. Il est notamment très important de respecter vos engagements, être ponctuel, honorer votre calendrier d'exposition, vos commandes. Vous devez aussi surveiller votre cote, suivre l'activité de vos marchands et galeristes, veiller à toujours établir des contrats formalisés pour les opérations que vous réalisez. Mais il n'y a pas que la maîtrise de votre être qui soit déterminante. La maîtrise de votre paraître est aussi signifiante.

Qu'on s'en réjouisse ou le déplore, c'est également sur votre apparence que le sentiment d'autrui se cristallise. En l'absence d'autres informations, c'est un élément pour vous juger et se faire une opinion. Chaque activité a ses codes pour s'habiller. C'est avoir le sens EXTRAPRO que de le respecter ou d'en jouer. Chez les artistes, la tenue décontractée ou stylée semble la plus prisée. Mais c'est sans compter avec votre personnalité. Et surtout avec votre créativité. L'essentiel est de vous faire remarquer mais surtout de vous valoriser. Avec l'amateur d'art, vous êtes dans une relation de charme informelle. Vous sortirez vainqueur si vous jouez subtilement la carte du mimétisme, en provoquant tout en séduisant. N'en faites surtout ni trop, ni trop peu. En soignant votre image, vous faites le premier pas pour entrer en connivence. Ensuite, il faut jouer avec intelligence.

David ou l'art du dépouillement

David est sculpteur minimaliste. Il travaille le déchet en plastique. Son style est assez dépouillé. Et il a su mettre son look en accord avec son art. Il vit et travaille au Danemark et présente l'originalité de ne porter, été comme hiver, que des souliers ajourés. Cela lui donne un air assez détaché. Surtout dans la neige. Mais c'est efficace pour le faire remarquer.

À cela, d'aucuns ajoutent que la chance doit être de la partie. Il ne faut pas se le cacher. Par l'art, il y a beaucoup d'appelés. Mais la chance peut parfois se provoquer, si vous savez ou apprenez à vous valoriser.

Mettez votre création en valeur

Pour vous présenter, il vous faut un CA (curriculum arte) ou tout document approprié. Il n'y a pas de techniques imposées, seulement quelques erreurs à éviter. Avant de commencer, vous devez vous demander quel objectif vous poursuivez. Un document pour démarcher les galeries n'est pas rédigé comme un feuillet à remettre à vos prospects. Le but est de présenter votre œuvre et de la mettre en valeur. La seule difficulté est qu'artiste débutant, vous n'avez pas grand-chose à dire. Et artiste expérimenté, vous avez trop de chose à dire. Pour résumer, il vous est recommandé de faire efficace et clair. Vous devez en toute simplicité indiquer votre discipline (peinture, sculpture, dessin, etc.), votre style (abstrait, figuratif, etc.), votre technique (aquarelle, acrylique, technique mixte, huile, etc.), les principales expositions auxquelles vous avez participé (individuelles, collectives) et éventuellement les références des ouvrages que vous avez rédigés ou dans lesquels vous figurez. Vous pouvez y ajouter une ou deux reproductions de vos œuvres. L'art est visuel. Autant en profiter. Avec les nouvelles techniques de scannage et d'impression, c'est chose aisée. Et vous ne devez pas omettre de mentionner vos coordonnées, pour que l'on puisse vous joindre. C'est un détail mais il est souvent oublié.

Si vous avez remporté des prix, vous les indiquez. Mais il n'est pas utile de tous les citer. À trop vouloir prouver, on en fait douter. Si vous avez suivi un cursus artistique, vous pouvez le préciser. Mais si vous êtes autodidacte, ce n'est pas la peine d'en parler. L'essentiel est ce que vous produisez. Aujourd'hui. Qu'importe la façon dont vous y êtes arrivé. D'une manière générale, n'indiquez rien qui puisse vous dévaloriser. Si vous avez peu exposé mais bien diffusé votre création auprès de votre famille et vos amis, faites état de votre présence « dans de nombreuses collections en France (ou à l'étranger) ». Cela présente bien. On se dit que votre art est apprécié. Si vous êtes inscrit à la Maison des artistes, c'est vous qui jugez si vous devez le signaler. Dans le milieu artistique, on se comprend. Mais dès que vous en sortez, c'est indifférent. Et à l'étranger, c'est insignifiant.

Enfin si vous commencez (professionnellement), que votre carrière est dépouillée, vos apparitions publiques clairsemées, positivez et transformez votre handicap en avantage. Et prévoyez un petit texte d'explication sur votre création, votre démarche artistique, ce que vous recherchez, comment vous travaillez. Cela fait de l'effet et donne une bonne impression.

Pour accompagner votre CA, vous devez aussi réaliser un book de vos œuvres. Pour le présenter si vous démarchez des galeries, des organisateurs d'expositions ou de réunions. Et pour conserver une trace de votre création.

Vous créez, par essence, des œuvres originales et uniques. C'est la raison pour laquelle vous devez en garder mémoire. Pour cela, il est essentiel que vous pensiez à photographier toutes les pièces qui sortent de votre atelier. En deux ou trois exemplaires. Parce que certaines photos peuvent être manquées, les négatifs s'abîmer ou les photos s'égarer. Quant à la technique employée, entre ekta, diapo ou photo papier, c'est vous qui voyez. Et avec l'arrivée du numérique, tout cela est un peu dépassé. La plupart du temps, vous transmettez un fichier. Mais une bonne photo papier est toujours préférable à une mauvaise diapo. L'important est que vous ayez un bon document à exploiter.

Le book de vos œuvres va vous servir pour présenter votre production mais aussi pour éditer un catalogue, publier une monographie, authentifier votre création, et éventuellement pour combattre les copies ou le plagiat. Alors vous devez l'actualiser régulièrement. C'est important. Vous y trouverez même de l'agrément à suivre l'évolution de votre inspiration.

Fidélisez vos amateurs

Vous avez cerné votre public. Vous avez identifié vos amateurs. Et certains sont sur le point de se décider ou vous ont déjà acheté. Vous devez d'ores et déjà veiller à les fidéliser, dès le premier contact. L'amateur d'art se fidélise. Car garder un client coûte

Bien photographier un tableau

Quelques conseils vous éviteront de gaspiller des pellicules en vain ou de recourir aux services d'un professionnel, si vous n'en avez pas les moyens. Pour réussir la prise, veillez à ce que le tableau soit bien droit, perpendiculaire au sol (et non incliné sur le chevalet) et parallèle au film photographique. Évitez de photographier avec le cadre. Si vous êtes un peu de biais, vous ne pourrez pas retoucher votre photo. Mais la difficulté est souvent de pouvoir reproduire les couleurs fidèlement. Autant que faire ce peut, assurez-vous d'un éclairage suffisant mais pas trop violent. Votre flash ne doit pas se déclencher, à peine de faire des reflets. Surtout si vous utilisez des vernis ou des glacis. Une solution consiste à réaliser la prise en extérieur, de préférence le matin, quand il fait beau mais que le soleil est caché par un nuage (truc garanti d'artiste). De toutes les façons, il vous faut admettre que les couleurs reproduites ne peuvent pas exactement être celles de la réalité. Tout va dépendre aussi de la sensibilité de votre pellicule et du bain utilisé par votre laboratoire de développement. Une charte de couleurs insérée dans votre prise de vue permet au développeur de rectifier les couleurs de votre tirage. Mais dites-vous bien que cela ne sera jamais identique à votre original. L'important est que toutes vos œuvres soient prises de la même façon pour que le résultat soit homogène. Et qu'il donne une image flatteuse de votre œuvre.

moins cher que d'en trouver un nouveau. Aussi il est primordial de renforcer l'intensité de la relation qui vous unit pour transformer les clients potentiels occasionnels en inconditionnels. La meilleure façon est de traiter chacun comme s'il était unique pour éviter qu'il s'égare ou s'évapore. Pour cela, il ne faut pas lésiner sur les moyens. Vous gagnerez leur fidélité en jouant la disponibilité. Cela passe par la souplesse d'exécution, votre rapidité à agir et à produire ou votre capacité à faire du sur-mesure. Ensuite, pour garder le contact, vous pouvez leur envoyer un billet d'humeur sur des évènements artistiques (par exemple par e-mail) ou les inviter régulièrement à venir vous rencontrer dans votre atelier. Organisez des évènements (à votre mesure). Vous pouvez trouver des tas de possibilités. Gardez aussi le sens des opportunités. Il ne s'agit pas d'importuner ou de lasser. Mais l'important est de cultiver et développer une véritable relation de confiance, presque une relation d'amitié. Fidéliser ses clients, ce n'est pas miser sur la séduction à tout prix. C'est tisser des liens au quotidien et les renforcer dans la durée, savoir se remettre en question et ponctuer la relation de petites attentions. Donner une petite reproduction. Vous le comprenez bien, l'essentiel est d'apprécier vos clients. Ce qu'ils aiment chez vous est ce que vous aimez chez eux. Si vous les appréciez, ils vous apprécieront en retour et auront plaisir à venir choisir une toile ou une sculpture dans votre atelier, joie à la ramener chez eux et fierté à la montrer à leurs amis. Donnez et vous recevrez. Telle est une loi du succès.

Présentez vos œuvres

Vous avez entrepris de communiquer avec efficacité. Cela commence à produire son effet. Reste maintenant à vous exposer. Ce n'est pas une obligation mais c'est une bonne solution. Alors il vous faut trouver une galerie. C'est une des voies que vous pouvez emprunter pour présenter vos œuvres[1]. A priori quand on veut acheter du pain, on va dans une boulangerie. Quand on cherche une œuvre d'art, on va dans une galerie. Mais il existe d'autres moyens pour la présentation de votre création, de l'exposition dans un salon à la participation à un concours, en passant par l'organisation d'évènements informels ou virtuels.

Trouver une galerie

Trouver une galerie pour présenter vos œuvres n'est pas toujours chose aisée. Il faut beaucoup prospecter. Et démarcher. Argumenter et négocier. Sinon vous pouvez toujours créer votre propre lieu pour vous exposer. C'est une solution qui en tente beaucoup mais qui n'a pas que des atouts.

1. Sur tous les artistes en activité (amateurs et professionnels), 18 % ont exposé, 68 % ont montré leurs œuvres à leur famille, 19 % à des amateurs d'art et 5 % à des professionnels. Source Département études et prospective, ministère de la Culture, 2000.

La prospection des galeries

C'est une entreprise laborieuse et hasardeuse. Mais il ne faut pas vous décourager. Comme il existe un public pour chaque création, il existe une galerie pour chaque artiste. Le seul problème est de la trouver. Compte tenu du nombre de galeries (2 000 en France, Belgique et Suisse), des plus prestigieuses aux plus insolites, vous devriez dénicher celle qui va vous héberger.

La première question que vous devez vous poser est celle de la sélection de votre champ d'investigation. Chaque galerie est spécialisée, dans un style, une époque, un courant. N'allez pas proposer vos dessins de nus à une galerie abstraite, vos sculptures d'époxy à un spécialiste de natures mortes. Renseignez-vous sur les expositions déjà réalisées. Choisissez les galeries qui présentent des artistes que vous connaissez, que vous appréciez ou qui ont une même sensibilité. Essayez de vous faire recommander (bien que cela puisse se révéler à double tranchant). Quant à la méthode à employer, il n'y a pas de règles généralisées. Cela va dépendre de votre personnalité. Certains vont faire du porte-à-porte, tableaux et CA sous le bras. D'autres vont s'appliquer à réaliser un bon mailing ciblé. Une seule certitude : au premier abord, vous allez vous faire jeter dehors. Avec les trois réponses possibles : « Cela ne correspond pas à ma clientèle » ou « Mon programme est complet sur trois ans » Et l'imparable « Envoyez-moi un dossier ». À ce stade, comme vous n'êtes ni masochiste, ni défaitiste, vous avez deux solutions. Le contact a été bon. Alors vous persévérez et relancez. Le contact n'a pas été bon. Alors vous abandonnez. Inutile de vous épuiser à essayer de persuader une personne fermée. Vous n'êtes pas maudit. Il vous suffit de recibler votre sélection et de recommencer, ailleurs, avec une personne mieux disposée.

On s'étonne de l'accueil parfois très frileux de certaines galeries. Alors que pour développer le marché, elles pourraient tenter de diversifier les œuvres exposées. D'autant qu'une galerie fonctionne la plupart du temps sur le principe du dépôt-vente. Elle ne prend pas un risque énorme. Elle n'a pas de gros frais, hormis la location du local dans un bon emplacement et l'installation de quelques cimaises. Vous y déposez vos œuvres. Et en cas de vente, vous percevez 50 % si vous vous défendez, 60 % si vous êtes un peu côté. Elle a donc tout à gagner.

Si au premier contact, un galeriste vous dit qu'il aime ce que vous faites et qu'il a un client qui pourrait être intéressé, ne lui laissez surtout pas une œuvre sans formalité. Vous devez impérativement lui faire signer un contrat de dépôt. Sinon vous êtes assuré d'avoir quelque difficulté à récupérer votre toile ou votre sculpture[1], si elle n'a pas été achetée. Mieux vaut vous protéger. Alors face à toutes ces difficultés, vous vous demandez si vous n'avez pas intérêt à créer votre propre galerie.

La création de sa propre galerie

Vous avez aussi la possibilité de vous installer dans un atelier-galerie ou de créer une galerie. La vente de ses œuvres par un artiste n'est pas un acte de commerce. Elle ne vous transforme pas en commerçant. Cela n'a aucune incidence sur votre statut juridique. Mais avant de prendre une telle décision, vous ne devez pas vous focaliser sur la simple perspective de récupérer votre commission. Vendre est un travail de marchand qui nécessite du talent. Alors que le travail d'un artiste est d'être inspiré et de créer. Vous risquez de vous disperser. Et de ne pas vous y retrouver. En temps et en argent.

Si vous montez votre galerie, il vous faut trouver des locaux bien placés, assez fréquentés (et bien fréquentés), les mettre en état, les installer pour accrocher ou disposer vos œuvres et les assurer. Puis vous devez être présent (ou louer les services d'un vendeur) et prévoir les frais de fonctionnement (location des murs, téléphone, électricité, etc.). Et si les ventes ne sont pas aussi nombreuses qu'escomptées, les impayés vont s'accumuler, avec les difficultés. Car la vente est un véritable métier. Il n'est pas évident de s'improviser créateur et vendeur. Et encore moins de se vendre soi-même. Il faut savoir s'imposer, louvoyer et résister. À la critique, à la négociation et au découragement. À moins que vous comptiez dans votre entourage une personne dévouée qui puisse s'y consacrer, votre galerie risque de vivoter. Ici encore, tout va dépendre de votre production. Si votre création est facile

1. Modèle de contrat de dépôt, *Cf.* infra, chapitre 4 :Vendez vos œuvres.

d'accès et que vos prix sont modérés, vous n'aurez pas de difficultés si vous ouvrez une galerie dans un lieu passager. Si vos œuvres sont plus difficiles, si vous êtes un peu côté, vous ne vous vendrez que dans une galerie nationale voire internationale. Et à ce niveau, plus question de la tenir vous-même, à peine de devenir galeriste, pas de rester artiste. Vous n'en aurez plus ni le plaisir, ni le loisir.

André ou l'art en famille

André peint les ports, calanques, bateaux et plages de son pays, la Côte d'azur. Pendant longtemps, tous les étés, il a exposé dans la salle des fêtes de sa ville. Mais la formule était mal aisée. Alors il a décidé de monter sa propre galerie. Il a trouvé un emplacement bien situé, sur le port. Il est difficile de le manquer. Il a écrit « Galerie » en lettres majuscules sur la devanture. Et il y a accroché ses toiles. Sa femme tient la galerie toute l'année. Cela a bien augmenté ses ventes et sa notoriété. Et sa fille, elle aussi peintre, vient en renfort exposer et vendre la production familiale pendant l'été.

Une solution peut être d'exposer à plusieurs artistes pour élargir l'offre et répartir les risques. Mais dans ce cas, le montage doit être étudié avec soin. Car il y a de nombreuses occasions de ne pas rentrer dans vos fonds. Si la galerie vous appartient (à titre de propriétaire ou de locataire), vous avez tout à fait le droit d'exposer gratuitement les œuvres d'autres artistes (qui vont les vendre directement). Sans incidence pour vous, vous pouvez aussi leur demander une participation aux frais, si vous organisez un vernissage, un événement. Mais la participation doit être strictement limitée aux frais réellement justifiés. En revanche, si vous demandez un loyer pour les murs ou une commission sur les ventes, vous ajoutez une activité commerciale à votre activité artistique avec les conséquences induites au plan social et fiscal. Cela peut marquer les limites de l'intérêt du projet.

L'aide à la première exposition

Vous avez trouvé une galerie pour vous exposer, elle a la ressource de solliciter l'aide à la première exposition. Pour en bénéficier, il est nécessaire que vous n'ayez pas réalisé d'expositions personnelles depuis cinq ans et que vous travailliez dans les domaines des arts plastiques, du graphisme, de la photographie, du design, des arts décoratifs, de la vidéo ou des nouvelles technologies. La galerie concernée doit être une galerie professionnelle, déclarée en tant que telle. Son activité principale doit être la promotion et la diffusion d'œuvres d'art contemporain.

Si la galerie vous appartient, vous pouvez aussi demander cette aide, à la condition qu'il s'agisse de votre première exposition ou du moins la première intervenant depuis cinq ans. De la même façon, la galerie doit avoir pour activité la promotion, la diffusion et la commercialisation d'œuvres d'art contemporain et disposer d'un lieu permettant l'exposition des œuvres de manière professionnelle.

La subvention est à demander au Fiacre (Fonds d'incitation à la création)[1]. Elle peut atteindre jusqu'à la moitié du coût total des dépenses engagées. La date limite de dépôt des dossiers est fixée à la fin juin et à la fin novembre de chaque année.

Exposer dans une foire d'art ou un salon

Exposer dans une foire d'art, un salon, un festival ou une biennale peut s'avérer une bonne opération. Mais de la même façon que pour les galeries, vous devez faire la sélection. Toutes les manifestations n'ont pas la même vocation, ni la même ambition. Pour présenter vos œuvres, un salon ou un festival régional bien visité peut être plus intéressant qu'une foire nationale ou une biennale internationale galvaudée. Il n'est pas forcément besoin d'exposer à la Fiac, au Palm Beach art fair ou à l'Arte contemporaneo à Turin pour faire des affaires. Des exhibitions d'envergure plus modestes peuvent vous apporter beaucoup de satisfaction, de nombreux contacts et des transactions.

1. *Cf.* Carnet d'adresses.

Le choix du lieu d'exposition

Il existe une distinction réglementaire entre les foires, les salons et les expositions. Les foires sont des manifestations annuelles qui ont pour objet d'exposer des échantillons de marchandises, en vue d'en faire connaître les qualités et d'en provoquer l'acquisition. Les salons sont dédiés à un type de produits particuliers (par exemple l'art contemporain, les antiquités)[1]. Ils sont autorisés par le préfet et (en général) agréés par le ministre chargé du commerce[2]. Les manifestations, qui sont autorisées non par le préfet mais par le maire, sont de simples expositions. En pratique, la différence se manifeste dans les moyens mis en œuvre par les organisateurs et l'accessibilité de la manifestation. Un salon est plus prisé et davantage convoité. Une exposition va être plus facile d'accès. Excepté quelques foires consacrées à l'artisanat d'art, ce sont plutôt les salons spécialisés ou les expositions qui vont vous intéresser. Vous pouvez trouver leur description et modalités d'accès dans les revues et publications artistiques[3].

L'organisation de l'exposition

Quand vous aurez fait votre choix du lieu où vous souhaitez exposer, sachez que chaque manifestation a ses propres procédures de sélection. Certaines sont réservées aux galeries, d'autres sont ouvertes ou réservées aux artistes. En général, il y a un comité qui examine les candidatures et qui choisit les artistes invités. Lorsque vous êtes sélectionné, vous aurez des droits de participation, d'adhésion ou d'accrochage à acquitter, plus éventuellement une contribution pour la parution dans le catalogue de l'exposition. Même en cas de gratuité, il y a souvent des frais à payer. Et si vous vendez une œuvre sur le salon, un pourcentage peut être prélevé. Son taux oscille en général entre 10 et 20 %.

---

1. *Cf.* ordonnance n° 45-2088 du 11 septembre 1945.
2. L'agrément est une garantie pour l'exposant. C'est un label de qualité et un gage d'honorabilité. C'est un avantage pour les organisateurs. Les droits d'entrée ne sont assujettis à la TVA qu'au taux réduit de 5,5 % et les recettes sont exonérées d'impôt sur les sociétés lorsqu'il s'agit d'une association à but non lucratif (au lieu des 34 % normalement applicable). Et le salon bénéficie d'une publicité dans le calendrier officiel des foires et des salons, ce qui lui assure une notoriété renforcée.
3. Comme par exemple l'annuaire édité par le CNAP, « Les salons, biennales et festivals à Paris, Ile de France et province ».

Avant de vous engager, vous avez intérêt à bien étudier les conditions d'exposition. Et lorsque vous décidez de participer, vous devez toujours étudier le règlement intérieur de la manifestation, la liste des prestations et leur tarification. Sachez que le dossier d'admission est en fait un véritable contrat, qui détermine vos obligations et celles de l'organisateur. Si aucune forme n'est imposée, il doit comporter un certain nombre d'indications telles que :

- l'identification de l'organisateur de la manifestation (nom ou raison sociale, adresse, n° Siret, etc.),
- l'identification de l'exposant (vos nom, adresse, n° Siret et n° Maison des artistes, etc.),
- les œuvres présentées (description, prix) et accompagnées éventuellement de photos,
- le lieu d'exposition (description du lieu ou du stand), dimension et prestations (électricité, téléphone, gardiennage, etc.),
- les droits (ou frais) d'inscription, avec le détail des prestations (exposition, inscription au catalogue, ligne téléphonique, attribution de cartons d'invitation, envoi d'invitations, etc.),
- les assurances en cas de vol, destruction, responsabilité civile (et les possibilités de recours contre les autres exposants en cas de sinistre),
- l'acompte (entre le quart et le tiers du montant total).

Un règlement intérieur (guide de l'exposant) ainsi que le détail des animations (évènements publicitaires, concours) doivent aussi être envoyés en même temps que le dossier d'admission. Vous devez être vigilant et bien les étudier. Votre attention doit se porter plus particulièrement à la rubrique « assurances ». Elle indique la procédure à suivre en cas de sinistre (vol ou détérioration)[1] quand l'organisateur propose une assurance.

Exposer dans un salon est souvent une action de promotion opportune. Même si cela a un coût, il faut l'envisager comme un investissement. À vous d'apprécier si cela vaut la peine de consacrer 100, 500 ou 2 000 € (ou parfois plus) pour présenter et

1. Plainte au commissariat de police et notification écrite à l'organisateur.

vendre vos œuvres. Pour vous en faire une idée, allez à la rencontre d'artistes qui exposent déjà dans un salon où vous envisagez de participer. Assurément, les artistes choisissent cette option parce que ce sont en général de profitables opérations. Et si cela ne vous rapporte pas autant que vous l'espériez, c'est peut-être que votre choix était erroné. Tous les salons ne sont pas bons. À vous de faire le tri et de ne participer qu'à ceux qui sont susceptibles de vous rapporter, en termes de notoriété et sur le plan financier.

Participer à un concours

Les foires ou les salons organisent souvent des concours. Et si vous y exposez vos œuvres, vous concourez bien entendu d'office. C'est un excellent moyen de gagner un prix et d'attirer l'attention sur votre création. D'un coup, vos œuvres accèdent à la renommée. Ce qui ne peut que vous profiter.

Bart ou le lot décalé

Bart est peintre réaliste. Et par un concours organisé au Japon, il s'est fait un peu piéger. Pour participer, il devait réaliser une toile. Mais entre pieds, pouces et langue, il s'est emmêlé les pinceaux. Il était assez loin de la réalité. Pour finir, il n'a pas gagné. Et il a dû abandonner une œuvre à la taille surdimensionnée. En consolation, il a découvert le Japon et les charmes nippons. Mais surtout, il a rencontré un galeriste qui peut-être va l'exposer à Kyoto. Cela vaut bien le plus gros des lots.

Vous pouvez participer à d'autres concours organisés par les centres d'art, les musées ou les municipalités. L'intérêt médiatique de ses évènements est toujours authentique. Encore faut-il gagner. Pour que sur vous les projecteurs du succès soient braqués. La seule difficulté est que souvent l'œuvre ou les œuvres que vous réalisez pour concourir restent à la disposition des organisateurs. Il vous faut bien étudier les conditions générales du concours et évaluer son intérêt. La perspective de gagner mille euros ne doit pas occulter l'obligation de travailler plusieurs mois et de réaliser une toile ou une sculpture de grand format. Encore, c'est un moindre mal si vous la gardez. Mais si vous devez la laisser, l'intérêt est diminué.

Organiser des évènements informels ou virtuels

Pour améliorer votre promotion et augmenter votre diffusion, vous avez la ressource d'organiser des évènements informels ou virtuels. Hors les galeries d'art, une grande diversité d'opérations de communication est possible. Cela suppose de rechercher des partenaires qui vont organiser des évènements informels d'exposition. Car pour trouver des amateurs de votre art, il vous faut trouver des prescripteurs. Comme il n'est pas de meilleur client qu'un ancien client, il n'est pas de meilleur prospect que la personne auprès de laquelle vous avez été recommandé. Elle est presque acquise. Elle ne demande qu'à être conquise.

Ces prescripteurs peuvent être des restaurants, des hôtels, des salons de thé, des cafés ou tout autre lieu qui reçoit du public. Pas forcément un public averti. Mais un public réceptif, par le simple fait qu'il se trouve dans un lieu propice à la détente. Vous devez seulement veiller à ce que l'image du lieu ne brouille votre propre image, que le nombre de personnes passant chaque jour soit suffisant, sans être excessif, et que la disponibilité de ces personnes soit réelle. Ne proposez pas vos scènes de chasse à un club végétarien. N'exposez pas vos marines dans un restaurant d'altitude.

Si le maître (ou la maîtresse) des lieux apprécie votre création, si vous savez l'associer à la vente de vos œuvres (en le rétribuant avec un pourcentage), vous ne manquerez pas d'augmenter votre diffusion et votre promotion. D'autant que ces endroits sont idéaux pour organiser des réunions ou une présentation de votre création, sous la forme d'une petite conférence, d'un thé-débat ou d'un café-discussion. Votre hôte décore ses murs, se fait une bonne réputation d'amateur d'art et perçoit à l'occasion un pourcentage sur les ventes réalisées par son intermédiaire. Et vous vous faites connaître et vous vendez votre création. Tout le monde y trouve en principe son intérêt.

Après avoir trouvé des lieux d'exposition informelle, vous pouvez aussi organiser des évènements informels pour présenter vos œuvres : un apéritif dînatoire dans votre atelier que vous ouvrez pour l'occasion, un week-end culturel dans votre maison de campagne ou celle d'un ami, une art-party dans un lieu prestigieux avec buffet, bons vins et mets fins (que vous tentez de payer avec une œuvre). L'important réside bien sûr dans la sélection des participants et de leur intérêt pour l'art (et leur pouvoir d'achat) pour que l'opération soit réussie.

Pierre ou l'amateur consumé

Pierre est sculpteur sur bois brûlé. Il vit à la campagne, dans un endroit assez isolé. Et il n'est pas facile de l'approcher. Mais tous les ans, il sacrifie à un rite bien établi. Il ouvre son atelier à ses amis et ses meilleurs clients. C'est toujours un moment émouvant que ses amateurs savent apprécier. Pénétrer dans le lieu investi par le bois et le feu, s'enivrer de l'odeur du brûlé, découvrir ses nouvelles œuvres et les acheter, comme à la dérobée, avant qu'elles ne soient exposées.

Enfin, pour présenter vos œuvres, si vous souhaitez dépasser la réalité, vous pouvez vous lancer dans la virtualité. Vous avez ainsi la ressource d'exposer dans une galerie électronique hébergée sur l'Internet. Pour un coût souvent réduit, une galerie virtuelle vous permet d'atteindre potentiellement plus de trois millions d'amateurs d'art, de collectionneurs et de professionnels de l'art (art dealers, galeristes, conservateurs de musées, etc.), de tous les coins de la planète, 24 heures sur 24, sept jours sur sept. Pour peu que le site ait un positionnement artistique tranché, une visibilité soignée, qu'il soit bien organisé, bien référencé et bien connecté, qu'il fasse suffisamment de publicité, vous avez tout à y gagner.

Marie ou la virtualité figurée

Marie est portraitiste. Et elle travaille d'une façon originale. Elle expose et vend ses œuvres dans une galerie virtuelle. Son activité a d'ailleurs explosé depuis qu'elle est entrée dans la virtualité. Car elle a pu étendre son marché et proposer un art du portrait bien cadré. On lui envoie une photo et elle en réalise une composition, dans le décor de son pays, la Provence. Le résultat est un tantinet suranné mais il ne manque pas d'authenticité. En tout cas, sa renommée ne cesse d'augmenter et son activité de se développer.

Vous le voyez, les moyens de réaliser la promotion de votre art sont nombreux. Vous devez les adapter à votre cas particulier, selon que votre création se destine à une diffusion confidentielle ou virtuelle, sélective ou massive. Il ne vous reste plus qu'à vendre.

Chapitre 4
Vendez vos œuvres

Vos investigations ont payé. Vos opérations de promotion ont porté. Une exposition de vos œuvres est organisée. Vous allez maintenant vendre votre art. Cette tâche est confiée à un galeriste si vous exposez en galerie. Vous avez aussi la possibilité de vendre vos œuvres sans intermédiaire, si vous disposez des relations et de l'entregent nécessaires.

Les conditions de réalisation de la vente vont être différentes selon la diffusion choisie. Et vous devez prendre certaines précautions pour ne pas être lésé sur votre création. L'œuvre d'art est un produit particulier. Elle suscite parfois de la part des intermédiaires des comportements singuliers. À vous de vous en défier et de vous en protéger. Il faut savoir esprit garder.

Avant d'atteindre des enchères époustouflantes ou de réaliser des transactions stupéfiantes[1], votre ambition est de bien vendre vos œuvres et de vivre de votre art. Et de concilier passion, vocation et raison. Au préalable, vous devez déterminer le prix de vente de vos œuvres. Cela vous permettra d'évaluer la rentabilité de votre activité et de juger de la validité économique de votre projet.

---

1. Vous connaissez sans doute les enchères exceptionnelles atteintes par des œuvres d'art anciennes, avec les prix fabuleux de 59 millions € (53,9 millions $) pour les « Iris » de Van Gogh, 46 millions € (300 millions FF) pour « Les noces de Pierrette » de Picasso, 44 millions € (38,5 millions $) pour « La montagne Sainte-Victoire » de Paul Cézanne, 17 millions € (16 millions $) pour le « False star » de Jasper Johns ou 10 millions € pour le « White, yellow, red on yellow » de Mark Rothko.

La détermination du prix de vente

L'argent est une question prétendument tabou, tant pour l'artiste que pour l'amateur d'art. Et certains se plaisent à passer sous silence la question de la rémunération de l'art et de l'artiste. Mais pour éviter que le premier ne soit envisagé comme un objet, le second est transformé en assisté. Certes, l'artiste vit une passion. Il poursuit une vocation. Est-ce pour autant qu'il ne puisse prétendre à aucune rétribution ? Non. Si vous vous installez en tant qu'artiste, c'est pour vivre de votre art.

L'art et ses œuvres sont de véritables biens économiques. Ils ont une valeur déterminée, bien qu'elle ne soit pas toujours facile à fixer. Mais lorsqu'ils sont de qualité, ils savent trouver leurs amateurs pour les acheter. Et pour ceux qui savent s'y prendre, il est possible de vivre de sa création. Et de bien en vivre. Loin des œuvres d'art qui restent hors de portée de la plupart des amateurs[1], l'art contemporain est plus accessible. Même si l'offre d'œuvres est abondante, les prix demeurent soutenus et l'engouement des collectionneurs continu[2]. Dans un marché de l'art vivant et stimulant, l'amateur d'art réalise trois sortes d'achat : l'achat pulsion pour la décoration, l'achat passion pour la collection et l'achat spéculation pour la rémunération.

Vous allez devoir fixer le prix de vente de votre création. Toute œuvre d'art a un prix, même s'il est difficile à cerner compte tenu de ses caractéristiques intrinsèques d'originalité et d'unicité. Elle a une valeur économique qu'il est possible d'approcher par le prix de revient, la valeur artistique et la valeur d'échange. Il s'agit d'une approche puisque chaque œuvre n'a ni équivalent, ni concurrent.

Le prix de revient

Dans une acception classique, les facteurs de production (le travail et le capital) constituent un premier indicateur pour

1. Et qui ne concernent que des biens d'occasion.
2. En France, le prix moyen d'acquisition du Fnac s'élève à 8 000 € (52 000 FF) et le montant moyen des enchères atteint 750 € (5 000 FF).

déterminer le prix d'une œuvre d'art. D'une part, le capital correspond aux matières premières employées pour réaliser votre création : toile, terre, pierres, bois, papier, métaux, peinture, colle, etc. Plus le capital est important, plus l'artiste recourt à des matériaux précieux et coûteux et plus le prix est élevé. À vous d'en tenir la comptabilité. D'autre part, le travail peut être évalué par rapport au temps passé. Une toile mesurant dix mètres sur trois et représentant six mois de réalisation a théoriquement une valeur supérieure à une toile de dimension réduite exécutée en une semaine, si on s'en tient à la stricte valeur découlant des coûts de production. Cette méthode vous permet d'appréhender le prix de revient. Elle n'est déterminante que lorsque la qualité de l'œuvre dépend de la qualité du matériau utilisé et de la durée du temps de travail passée. Elle est surtout employée pour la détermination de la première valeur d'échange, en cas de commande. Vous pouvez aussi vous référer à une valeur « au point ». Cela permet de fixer le prix des œuvres en fonction de leurs dimensions et de leur genre. Cette méthode est la bienvenue pour les jeunes artistes. Vous pouvez l'appliquer à toutes les dimensions créées. La valeur du point n'est pas figée. Elle augmente avec votre notoriété. Si une de vos œuvres est vendue aux enchères à un prix supérieur à sa valeur estimée, votre point va être revalorisé. C'est une méthode de calcul un peu désuète mais efficace[1].

Mesure des formats proportionnels

Points	*Figure*	*Paysage*	*Marine*
0	18 x 14	18 x 12	18 x 10
1	22 x 16	22 x 14	22 x 12
2	24 x 19	24 x 16	24 x 14
3	27 x 22	27 x 19	27 x 16
4	33 x 24	33 x 22	33 x 19
5	35 x 27	35 x 24	35 x 22
6	41 x 33	41 x 27	41 x 24
8	46 x 38	46 x 33	46 x 27
10	55 x 46	55 x 38	55 x 33
12	61 x 50	61 x 46	61 x 38

1. La valeur du point pour un peintre débutant est estimée entre 10 et 20 €.

Mesure des formats proportionnels (suite)

15	65 x 54	65 x 50	65 x 46
20	73 x 60	73 x 54	73 x 50
25	81 x 65	81 x 60	81 x 54
30	92 x 73	92 x 65	92 x 60
40	100 x 81	100 x 73	100 x 65
50	116 x 89	116 x 81	116 x 73
60	130 x 97	130 x 89	130 x 81
80	146 x 114	146 x 97	146 x 89
100	162 x 130	162 x 114	162 x 97
120	195 x 130	195 x 114	195 x 97

Le prix de revient de vos œuvres se dilue ensuite dans la valeur artistique.

La valeur artistique

La valeur artistique d'une œuvre d'art comporte une grande marge d'incertitude. Les critères objectifs d'évaluation n'existent pas. En définitive, comme aimait à l'affirmer Marcel Duchamp[1], c'est la rareté qui donne le certificat artistique.

Traditionnellement dans l'art contemporain, on distingue l'art figuratif et l'art abstrait. L'art figuratif intéresse une clientèle régionale ou locale. Sa valeur décorative est déterminante. L'art abstrait intéresse une clientèle régionale, nationale et internationale. Sa valeur est fonction de sa position dans l'évolution artistique. Elle tend à se situer au plus près de l'universel. Elle est davantage spéculative que décorative, au sens esthétique et financier.

Mais si la valeur artistique est entendue comme la capacité à s'inscrire dans une historicité, elle est difficile à évaluer au moment de la création de l'œuvre d'art. Il ne peut s'agir que d'une anticipation. Avec ses possibles divagations. L'engouement pour le Pop'Art, la vidéo ou les installations est-il une réalité durable ou l'expression d'un enthousiasme éphémère pour une mode déjà dépassée ?

1. Inventeur du Ready-made.

Concrètement, des annuaires mesurent et comparent la valeur artistique des œuvres d'art contemporain. Ils établissent des cotes qui souvent sont fondées sur les prix des enchères. Elles peuvent être corrigées par la créativité de l'artiste, sa notoriété, le nombre d'expositions, le nombre de prix, l'appartenance à une école ou un courant, la capacité à appréhender plusieurs techniques (peinture, sculpture, photographie, etc.), l'abondance ou la rareté de sa production. Par nature imprécise et subjective, elle se confond le plus souvent avec la valeur d'échange, c'est-à-dire la valeur constituée par la rencontre de l'offre et de la demande.

La valeur d'échange

La valeur d'échange varie en fonction de l'offre et de la demande d'œuvres d'art. L'offre est liée à la quantité d'œuvres disponibles à la vente. Et la demande à l'engouement des amateurs.

L'offre est en principe limitée. Quand l'artiste est mort, le nombre d'œuvres ne peut plus changer. Tant que vous êtes vivant, il peut varier mais dans des proportions mesurées. Car vous êtes conditionné par votre capacité à travailler et à être inspiré. Et même si un galeriste décide de constituer un stock en s'attachant l'exclusivité d'un artiste, cela a rarement l'effet d'augmenter l'offre mais plutôt d'augmenter le monopole et de maintenir la rareté. Et comme la valeur augmente avec la rareté, dans les deux cas, elle est assurée. Mais si vous le pouvez, vous avez tout intérêt à vous faire désirer.

La demande des amateurs d'art fluctue en fonction de considérations esthétiques et financières. Plus de la moitié des amateurs d'art avoue justifier son achat par la recherche d'un profit à moyen ou long terme. L'achat d'art est alors envisagé comme un placement, au même titre que les actions ou les obligations. La rentabilité est difficile à évaluer. Et compte tenu des risques inhérents au marché de l'art (vols, copies, dégradations, destructions et phénomènes de mode), elle n'est pas meilleure que celle d'un placement réalisé sur le marché financier. Mais les enchères qui s'affolent font rêver et laissent espérer des plus-values élevées. Parfois la mise est sensée. Aussi en la matière, il est préférable de se laisser guider par la valeur esthétique d'une œuvre. Que l'amateur d'art suive une pulsion ou assouvisse une passion, il agit toujours en raison.

Si la valeur est parfois orientée par les médiateurs artistiques, les amateurs d'art suivent difficilement les tendances initiées sans qu'elles soient véritablement validées. Et ils interviennent même pour les corriger. Ainsi, dans les années 90, les prix de l'art se sont effondrés. Les acheteurs ont remis en cause les palmarès élaborés par quelques autorités culturelles. Ils ont su réajuster l'échelle de leurs valeurs artistiques.

En définitive, une œuvre d'art offre à son détenteur une rémunération esthétique (plaisir à regarder), une rémunération sociale (prestige et distinction) et une rémunération financière (attente d'une plus value en cas de revente). Et la valeur d'échange de vos œuvres va se situer au prix que vos amateurs sont disposés à payer pour l'acquisition de votre création[1].

La rentabilité de votre activité

Vous avez déterminé ou réajusté le prix auquel vous allez proposer vos œuvres. Il vous est désormais possible d'évaluer la rentabilité de votre activité. Il est important de bien jauger la viabilité de votre entreprise artistique à court et long terme, à peine de rencontrer de sérieuses difficultés et de voir votre projet s'étioler dans votre atelier ou écorné par la réalité.

Votre seuil de rentabilité est la limite de chiffre d'affaires que vous devez atteindre pour ne pas perdre d'argent. À ce stade, vous ne réalisez ni bénéfice, ni perte. Vous équilibrez vos dépenses. Vous couvrez vos frais. Mais vous ne vous rémunérez pas. La méthode la plus aisée pour calculer votre seuil de rentabilité est d'additionner les charges et les dépenses que vous prévoyez pour exercer. Celles-ci sont de deux natures différentes : les charges fixes (que vous payez même sans travailler, par exemple votre loyer) et les charges variables (qui varient avec votre activité, par exemple vos achats de matériel ou de fournitures). La somme de vos dépenses annuelles – qui n'inclut pas votre rémunération

1. Elle exprime essentiellement la cote de l'artiste. *Cf.* Philippe Vergnaud, *Les droits du peintre sur son œuvre*, JCP, 1966, I 1975.

personnelle – constitue votre seuil de rentabilité. C'est la limite au-delà de laquelle vous gagnez réellement de l'argent.

Votre budget prévisionnel

Dépenses		Recettes	
Achats		**Vente d'œuvres**	.....
Équipement	.....		
Fournitures	.....	**Honoraires**	.....
Matériel	.....		
Autres	.....	**Droits d'auteur**	.....
Charges externes			
Loyer	.....		
Entretien	.....		
Électricité, chauffage	.....		
Téléphone, frais postaux	.....		
Primes d'assurance	.....		
Documentation	.....		
Honoraires	.....		
Publicité	.....		
Frais de véhicule	.....		
Frais de transport	.....		
Impôts et taxes*			
TVA	.....		
Taxe professionnelle	.....		
Autres impôts	.....		
Charges sociales			
Cotisations sociales	.....		
CSG	.....		
Charges financières			
Emprunt	.....		
Autres charges	.....		
Charges exceptionnelles	.....		
Total dépenses	....	**Total recettes**	....
Solde débiteur	....	Solde créditeur	....

* Pour connaître les impôts et les charges sociales à payer, reportez-vous aux chapitres 5 et 6.

En déduisant vos dépenses prévisionnelles de vos recettes prévisionnelles, vous obtenez la rémunération que vous pouvez espérer. Concrètement, l'important est que vous estimiez combien d'œuvres vous devez vendre pour que votre activité dégage un bénéfice.

La réalisation de la vente

La vente de vos œuvres intervient principalement par deux moyens : la vente directe et la vente en galerie. Elle est réalisée soit par vous, soit par un galeriste. Le mode de vente va déterminer les formalités à exécuter et les précautions à envisager.

La vente directe

La vente directe de vos œuvres est la vente que vous réalisez personnellement. Elle ne présente pas grandes difficultés, mise à part celle de trouver des clients. Vous me direz qu'à ce point, ce n'est plus une difficulté. Car si vous envisagez un tel type de diffusion, c'est que vous avez des relations. Il vous en faut beaucoup, pour développer votre activité dans la durée. Sinon, il vous reste à vous constituer un bon fichier de prospection ou de participer à des salons.

La prospection

Tout va dépendre de votre genre de création, selon que vous produisez de l'abstraction ou de la figuration, des œuvres d'un accès aisé ou d'un abord exigeant. Votre prospection peut être systématisée ou aléatoire. Misant sur l'aléa, vous allez créer un fichier pour prospecter. Mais vous vous en doutez, il n'existe pas de fichier d'amateurs d'art patentés ou de collectionneurs fortunés. Cela se saurait. Et vous vous heurtez à un obstacle de taille, en la légitime discrétion des acheteurs. Alors, où les trouver ? Il existe plusieurs pistes à explorer : abonnés des revues d'art, membres de clubs très fermés, propriétaires de villas de luxe, détenteurs de voitures à grosses cylindrées, dirigeants de sociétés, etc. La plupart relève un peu du cliché. Mais si vous avez du temps et de l'énergie à y consacrer, vous pouvez obtenir un résultat concret. Mais rien n'est assuré. Car quand vous touchez quelqu'un de fortuné, rien n'indique qu'il soit amateur d'art éclairé, qu'ensuite, il apprécie votre talent et qu'enfin, il soit disposé à acheter une de vos œuvres. Aussi, la meilleure méthode reste celle du virus artistique. Il s'agit, lorsque vous invitez une personne de votre connaissance à vous visiter dans votre atelier (ou à participer à un vernissage), de lui proposer de venir avec un(e) ami(e) ou de lui demander des adresses de personnes susceptibles d'être intéressées.

Pour pallier ces difficultés, vous pouvez vous engager dans une prospection plus systématisée. Ainsi, vous avez la ressource de participer à des expositions ou des salons. Là, les amateurs d'art viennent à vous. Vous n'avez pas besoin d'aller à eux. La sélection est réalisée par l'organisateur de la manifestation. Encore faut-il que vous ayez bien choisi votre exposition. Il est indispensable que votre création s'accorde avec le ton du salon pour que les visiteurs ne soient pas déroutés et qu'ils soient intéressés. Si vous participez à un salon d'art abstrait, n'arrivez pas avec vos portraits.

Que vous prospectiez sur fichier ou sur exposition, les choses peuvent prendre du temps. Alors labourez, semez et attendez. Il faut du temps pour récolter. Il se passe parfois plusieurs semaines voire des mois entre le moment où vous rencontrez une personne intéressée et le moment où elle vous achète une œuvre, le moment où quelqu'un vous promet de venir voir vos œuvres dans votre atelier et le moment où la visite est réalisée. Et alors tout n'est pas encore gagné.

Une fois l'amateur d'art trouvé, la relation bien engagée, il est préférable que la négociation se déroule dans votre atelier. Ne démarchez pas vos clients à leur domicile car vous tombez sous le coup de la réglementation des ventes à domicile[1].

La négociation

Assez fréquemment, lorsque l'amateur est intéressé, il tente de négocier. Il discute l'œuvre et le prix. Dans la moitié des cas, il vous demande une faveur financière (rabais ou crédit). C'est à vous à argumenter vos conditions et à défendre votre création. Mais soyez-en sûr, vous ne pouvez vous brader. Un client regardant n'est pas intéressant. Il ne saura vous apporter que le même type de gens. Et s'il est une chose à laquelle il ne faut pas déroger,

1. Loi n° 93-949 du 26 juillet 1993 qui prévoit notamment que le client a la faculté de renoncer à son achat dans un délai de sept jours.

Sur vingt personnes qui viennent dans votre atelier[1] *:*

– sept vont trouver vos œuvres formidables (sans rien acheter) ;
– quatre prétendent qu'elles vont en parler à un(e) ami(e) amateur (seule une va le faire) ;
– deux vont vous critiquer et profondément vous irriter ;
– une va émettre des remarques désobligeantes et vous démoraliser ;
– une va vous indisposer avant même de passer la porte de votre atelier et vous n'aurez de cesse de l'évacuer ;
– une va réfléchir (et ne jamais vous rappeler) ;
– une va repartir sans rien vous dire et va vous commander une œuvre dans le format désiré après un délai indéterminé[2] ;
– une va acheter sans discuter ;
– deux vont être intéressées mais il vous faudra longuement et rudement négocier.

1. Enquête réalisée sur un échantillon d'une cinquantaine d'artistes peintres, sculpteurs et photographes.
2. La commande ne doit pas être trop précise pour que vous conserviez votre liberté d'exécution et que votre œuvre conserve ses caractéristiques d'œuvre d'art. En cas de commande, vous avez seulement une obligation de moyens. Vous n'êtes pas tenu à un résultat. Si la commande a été officialisée par un écrit, votre client est obligé de vous payer, quelle que soit l'œuvre réalisée.

c'est le refus catégorique de faire crédit. Sauf sur des œuvres de taille et prix importants. Encore est-il nécessaire de prendre des garanties, avec un contrat de vente signé, un engagement de paiement ou des chèques échelonnés. Une œuvre ne doit jamais quitter votre atelier sans être payée, sous quelque motif que ce soit. Car si elle n'est pas payée, soit elle revient rapidement et vous en êtes très content, soit elle ne revient pas et vous n'en recevez jamais le paiement.

Dans les autres cas, l'amateur intéressé invoque son indécision sur l'œuvre pour négocier. Il réclame à voir la toile ou la sculpture en situation, dans son salon. Alors vous devez apporter les œuvres convoitées pour que votre client se fasse une meilleure idée. S'il ne se décide encore et vous les réclame à l'essai, il est indispensable de lui faire signer un contrat de dépôt[1] et de lui demander un chèque de caution d'un montant équivalent au

Enzo ou la tapisserie envolée

Enzo est tapissier d'art. Un jour, dans son atelier, une amatrice est tombée en admiration devant une œuvre de belle dimension. Contemplation. Négociation. Indécision. Réflexion. Finalement, elle est intéressée et s'engage à revenir l'acheter la semaine suivante. Mais avant de partir, elle avise une petite réalisation qu'elle dit vouloir montrer à une amie, susceptible de l'acheter. Sans scrupule particulier, elle demande à Enzo de lui confier. Elle promet de lui rapporter en venant chercher sa tapisserie. Enzo ne l'a jamais revue. Son œuvre s'est envolée. Il s'est bien juré de ne plus rien prêter sans intérêt.

prix de l'œuvre déposée. C'est une formalité diversement appréciée mais qui a son efficacité. La plupart du temps, l'œuvre est achetée. Ménagez la susceptibilité de votre client en lui offrant la faculté d'échanger l'œuvre si d'aventure il venait à changer d'idée. Et si vous ne souhaitez pas vous soucier de la commercialisation, vous la confiez à un ou une galeriste dont c'est l'occupation.

La vente en galerie

La vente en galerie est le mode de commercialisation de la production artistique le plus coutumier. La galerie d'art est d'ailleurs le lieu privilégié de diffusion de l'art contemporain. Car l'amateur d'art ou le collectionneur n'a que peu de possibilités de rencontrer des artistes, s'il n'en connaît pas personnellement. Aussi tout naturellement va-t-il s'adresser à une galerie s'il cherche à acquérir de l'art d'aujourd'hui. Alors, il vous faut trouver un lieu d'exposition. Et pour convaincre un galeriste de vous accrocher, vous devrez faire preuve de conviction. Et de toutes les façons, vous avez intérêt à ne vous engager qu'avec une personne parfaitement enthousiaste et amatrice de votre production.

1. *Cf.* modèle infra.

Sinon vous allez perdre en diffusion. Un bon galeriste ne vend bien que ce qu'il aime.

En travaillant avec une galerie, vous bénéficiez d'un lieu d'exposition, d'un fichier potentiel de clients intéressés et d'un professionnel qui s'occupe de la promotion, de la négociation et de la transaction. Trois formules sont généralement pratiquées. Soit la galerie vous loue ses cimaises et vous assumez personnellement tous les frais de l'exposition[1]. Soit la galerie agit comme mandataire, vous déposez vos œuvres et le galeriste les vend pour votre compte. Soit la galerie vous achète vos œuvres et les revend pour son propre compte. Mais lorsque vous diffusez votre art par l'intermédiaire d'un galeriste, il est très rare que celui-ci vous achète vos œuvres. Ne comptez donc pas sur cette formule pour obtenir de l'argent rapidement. C'est souvent la formule du dépôt-vente qui est employée car c'est la moins risquée.

L'organisation du dépôt-vente

Lorsqu'il accepte d'organiser une exposition, le galeriste va vous demander de lui confier vos œuvres en dépôt pour les accrocher et les présenter[2]. La stratégie du dépôt-vente peut se révéler intéressante. Vous apportez vos œuvres à la galerie et elle se charge de tenter de les vendre. L'intérêt est que la vente est réalisée par la galerie et vous n'avez pas à vous en occuper. En contrepartie, vous allez le commissionner. Et si aucune transaction n'est réalisée, vous récupérez ce que vous avez déposé.

D'un point de vue juridique, le dépôt-vente n'existe pas. Il s'agit en fait de la succession de deux opérations : le dépôt et la vente. Et chacune doit faire l'objet d'un contrat pour vous protéger. Que vous apportiez une ou plusieurs œuvres, quel qu'en soit le prix, vous devez signer un contrat de dépôt. Il ne s'agit pas de laisser la valeur de plusieurs milliers d'euros sans formalités. Vous devez aussi signer un mandat de vente. Dans la pratique, celui-ci se confond souvent avec le contrat de mise en dépôt. Il prévoit soit la restitution des œuvres, soit leur paiement.

---

1. Publicité, vernissage, édition du catalogue, etc.
2. Si vous exposez dans une galerie réelle. Si vous exposez dans une galerie virtuelle, sur l'Internet, vous gardez la disposition de vos œuvres et vous confiez seulement des fichiers les représentant.

Le contrat de dépôt est conclu entre le déposant (l'artiste) et le dépositaire (la galerie d'art). Il doit notamment préciser :

- la description des œuvres déposées,
- le prix demandé,
- la durée du dépôt et les modalités de restitution,
- la rémunération du dépositaire et du déposant en cas de vente (commissionnement) et les modalités de paiement.

Il est important de noter que vous restez propriétaire des œuvres déposées[1]. Vous en conservez la propriété tant que le prix demandé n'est pas payé. Vous pouvez, en théorie, les reprendre à tout moment. En pratique, vous n'y avez pas intérêt. Mais le galeriste est tenu de prendre toutes les dispositions en vue de la bonne conservation et du respect de l'intégrité des œuvres qui lui sont confiées. Et il doit vous les restituer, si la vente n'est pas réalisée, au terme du délai de dépôt expiré.

Si vous vous trouvez en désaccord avec le galeriste, votre recours reste conditionné par la preuve du dépôt. Seul le contrat de dépôt constitue cette preuve. Et lui seul peut vous permettre de saisir le tribunal en cas de différend.

Lorsque vous êtes présenté par une galerie, cela se limite le plus souvent à une exposition, assortie de quelques opérations de promotion. Il peut vous être demandé une contribution, sous la forme du don d'une toile, d'une statue ou d'une réalisation. Mais dans la mesure où le galeriste ne s'engage pas davantage qu'à prendre vos œuvres en dépôt, il est recommandé d'éviter de signer tout contrat d'exclusivité. Il ne s'agit pas pour vous d'aller proposer votre création à la galerie d'à-côté mais seulement de ne pas trop vous lier. D'ailleurs, la loi vous le défend. La cession globale des œuvres futures est nulle[2]. Vous ne pouvez céder, avant de les avoir réalisées, que les œuvres suffisamment déterminées[3]. Tout cela tend à vous protéger et défendre vos intérêts.

1. Mais en cas de vol ou de destruction, le galeriste dépositaire est responsable, sauf en cas de force majeure. Il doit vous indemniser au prix convenu dans le contrat de dépôt. Aussi, il est important de vous assurer que les objets déposés sont bien couverts par une assurance.
2. *Cf.* art. 33, loi n° 57-298 du 11 mars 1957.
3. *Cf.* art. 19, loi n° 57-298 du 11 mars 1957.

Entre les soussignés,
(votre nom, prénom), demeurant (votre adresse), et immatriculé(e) à la Maison des artistes sous le numéro (numéro), dénommé(e) ci-après « l'artiste », et la galerie (nom), située (adresse), représentée par (nom, prénom), en sa qualité de (qualité), immatriculée au registre du tribunal de commerce de (lieu) sous le numéro (numéro), dénommée ci-après « la galerie », a été convenu ce qui suit :

1- Les œuvres d'art dont les caractéristiques sont les suivantes : (titre, support, format, technique, etc.) sont placées en dépôt par l'artiste le (date) à (heures) auprès de la galerie.

2- La mise en dépôt est consentie pour une durée de (nombre) jours, à compter de ce jour, soit jusqu'au (date). L'artiste peut retirer son dépôt à tout moment, passé le délai de dépôt de (nombre) jours.

3- Le prix de vente est fixé à la somme de (somme en lettres), toutes taxes comprises.
En cas de vente, il revient à l'artiste (pourcentage) du prix convenu.
En cas de remise consentie par la galerie à l'acheteur, elle est répercutée de la manière suivante : (rayer les mentions inutiles)
- 100 % de la remise sur la part de la galerie.
- 100 % de la remise sur la part de l'artiste.
- 50 % de la remise sur la part de l'artiste et de la galerie.

L'artiste est payé au plus tard : (rayer les mentions inutiles)
- le jour prévu pour la restitution.
- dans un délai de (nombre) jours après la date prévue pour la restitution.

4- L'artiste n'a aucun frais, ni caution à payer pour le dépôt. Seuls les frais de livraison à la galerie sont à sa charge.

5- En cas d'essai de démonstration chez un acheteur organisé par la galerie, la galerie remet un chèque de caution à l'artiste d'un montant équivalent à sa part en cas de vente.

6- La galerie déclare être titulaire d'une police d'assurance « Responsabilité civile » et s'engage à assurer l'œuvre, à ses frais, pour la valeur indiquée au présent contrat, jusqu'à sa restitution à l'artiste.

7- L'œuvre d'art reste l'entière propriété de l'artiste tant que ce dernier n'a pas reçu le règlement de la part lui revenant. Il incombe à l'artiste de s'informer du sort de son dépôt.

8- En cas de litige, les tribunaux du domicile de l'artiste sont seuls compétents.

Fait à (lieu), le (date)
en deux exemplaires.

Signature de l'artiste (avec la mention manuscrite : lu et approuvé, bon pour acceptation de mise en dépôt)
Signature de la galerie (avec la mention manuscrite : lu et approuvé, bon pour acceptation de prise en dépôt)

Contrat de mise en dépôt

L'exposition

Lorsque la galerie vous loue ses cimaises ou lorsque la galerie prend vos œuvres en dépôt-vente mais vous demande une participation, il est préférable de signer un contrat d'exposition. Cela ne vous dispense pas de la signature d'un contrat de dépôt.

Le contrat d'exposition a vocation à déterminer toutes les modalités de la collaboration. Il prévoit notamment le lieu et la durée de l'exposition, le montant de la location des cimaises, les conditions de la prospection (publicité, mailing, impression des cartons d'invitation, vernissage, etc.), l'assurance et les conditions des transactions.

Le vernissage est l'événement clé de votre exposition. C'est la présentation de votre production à un public choisi et aux journalistes avertis. Vous avez tout intérêt à laisser votre galerie s'en occuper. Mais vous pouvez aussi l'aider. Pour qu'il soit réussi, il est recommandé de choisir une date et des horaires compatibles avec les occupations de chacun. Évitez les vacances scolaires, les ponts, les veilles de week-end, les soirées de grandes manifestations sportives. Traditionnellement, les mardi et jeudi sont appréciés. Quant à l'horaire, il est d'usage de convier ses invités à partir de dix-neuf heures. Pour boire une coupe de champagne et déguster un petit four, c'est tout à fait prisé.

Et si vous souhaitez faire galerie comble, vous avez intérêt à organiser un évènement (comme le tirage au sort d'une lithographie ou la dédicace d'affiches choisies). Un vernissage bien organisé, ce sont des ventes assurées. Aussi, c'est un moment que vous devez privilégier. L'enjeu est de vous faire remarquer, de donner aux journalistes matière à rédiger et à l'amateur d'art l'envie d'acheter.

Entre les soussignés,
(votre nom, prénom), demeurant (votre adresse), et immatriculé(e) à la Maison des artistes sous le numéro (numéro), dénommé(e) ci-après « l'artiste », et la galerie (nom), située (adresse), représentée par (nom, prénom), en sa qualité de (qualité), immatriculée au registre du tribunal de commerce de (lieu) sous le numéro (numéro), dénommée ci-après « la galerie », a été convenu ce qui suit :

1- La galerie organise une exposition pour présenter les œuvres de l'artiste, intitulée (intitulé de l'exposition) et comportant (nombre) œuvres.

2- L'exposition est prévue pour une durée de (nombre) jours, du (date) au (date). Les jours et heures d'ouverture sont les (jours) de (heure) à (heure). L'exposition a lieu à l'adresse suivante : (adresse).

3- L'artiste doit apporter ses œuvres au plus tard le (date). Il participe (ne participe pas) à leur accrochage.
Un avenant est joint au présent contrat et est établi au moment de la mise en dépôt des œuvres de l'artiste.

4- L'exposition est réalisée selon les modalités suivantes :
– affiches : elles sont réalisées par (la galerie/l'artiste). Elles sont payées par (la galerie/l'artiste) pour un prix forfaitaire de (prix) pour un nombre de (nombre) exemplaires.
– invitations : elles sont réalisées par (la galerie/l'artiste). Elles sont payées par (la galerie/l'artiste) pour un prix forfaitaire de (prix) pour un nombre de (nombre) exemplaires.
– publicité : elle est organisée par (la galerie/l'artiste). Elle est payée par (la galerie/l'artiste) pour un prix forfaitaire de (prix) pour les prestations suivantes (description).
– mailing : il est réalisé par (la galerie/l'artiste) sur son fichier. Il est payé par (la galerie/l'artiste) pour un prix forfaitaire de (prix) pour un nombre d'envois de (nombre).
– vernissage : il est organisé (la galerie/l'artiste) et payé par (la galerie/ l'artiste) pour un prix forfaitaire de (prix) correspondant aux prestations suivantes (description).
– location-participation : l'artiste participe aux frais de la galerie pour un montant de (montant) euros.

5- La galerie déclare être titulaire d'une police d'assurance « Responsabilité civile » et s'engage à assurer les œuvres, à ses frais, pour la valeur indiquée dans l'avenant de dépôt-vente, jusqu'à sa restitution à l'artiste.

6- En cas de litige, les tribunaux du domicile de l'artiste sont seuls compétents.

Fait à (lieu), le (date),
en deux exemplaires.

Signature de l'artiste (avec la mention manuscrite : lu et approuvé, bon pour acceptation d'exposition)
Signature de la galerie (avec la mention manuscrite : lu et approuvé, bon pour acceptation d'exposition)

Contrat d'exposition

La vente

Vous allez vous en remettre à la galerie pour tout ce qui est de la vente de votre création déposée. C'est elle qui connaît ses clients et sait promouvoir votre talent. Néanmoins, il ne s'agit pas de la laisser sans la surveiller. Vous devez venir vérifier de temps en temps si vos œuvres déposées sont bien exposées, si les conditions de vente sont bien respectées et si des transactions ont été réalisées.

En cas de vol ou de destruction, le galeriste dépositaire est tenu pour responsable, sauf en cas de force majeure. Il doit vous indemniser, au prix convenu dans le contrat de dépôt, pour la part qui vous est attribuée.

À l'expiration du délai de dépôt, vous percevez le règlement pour les œuvres vendues et vous récupérez les œuvres invendues. Du moins dans l'absolu. Dans la pratique, les choses sont rarement aussi évidentes. Car les galeristes utilisent parfois quelques arguties pour différer soit le paiement, soit la restitution. Et il n'est pas toujours facile pour un artiste de faire valoir ses droits, s'il n'a pas pris suffisamment de précautions.

Lorsque la vente est réalisée, la galerie dépositaire se rémunère en prélevant une commission. Son montant est déterminé dans le contrat de dépôt ou le mandat de vente, d'un commun accord entre l'artiste et le galeriste. Le plus souvent, c'est un taux de 50 % du prix de vente qui est pratiqué. Mais il peut varier entre 20 et 70 %, selon les galeries et les conditions d'exposition envisagées. Au mieux, votre règlement doit être effectué dès la réalisation de la vente.

Mais quoi qu'il en soit, que vos œuvres aient été achetées ou qu'elles vous soient restituées, vous avez intérêt à établir un contrat de fin de mise en dépôt. Cela clôt votre relation et élude les contestations.

Sarah ou la restitution différée

Sarah sculpte la résine. Un jour, elle rencontre un galeriste. Enthousiaste, il lui propose de prendre une œuvre en dépôt, à l'essai, pendant deux mois pour une exposition en cours. Un contrat en bonne et due forme prévoit soit le paiement, soit le remboursement de l'œuvre. Passés deux mois, Sarah retourne à la galerie. La statue a disparu. Le galeriste la conserve chez lui. Il est en négociation avec un amateur intéressé. Il lui demande de repasser. Une semaine plus tard, rien n'est fait. L'amateur est en vacances. Mais dans une quinzaine, il sera fixé. Et une éventuelle exposition est envisagée. Quand elle revient, la galerie est fermée et plus personne n'apparaît. Passent les vacances. Sarah téléphone et on lui fixe un rendez-vous. Le jour dit, seule la femme de ménage est présente. Elle lui apprend que la galerie est fermée pour cause de maladie. Les semaines passent. Sarah envisage bien une démarche plus musclée, sur la foi de son contrat de dépôt qui n'est pas respecté. Mais elle se dit qu'elle peut alors abandonner son projet d'exposition. Il n'y a plus qu'à patienter et relancer avec régularité. À la fin, Sarah a réussi à récupérer sa statue. D'amateur d'art, il n'y avait jamais eu. Le galeriste a seulement fait montre de désinvolture et d'impolitesse incongrues. Elle en a conclu que dorénavant elle éviterait de traiter avec de tels individus.

Entre les soussignés,
(votre nom, prénom), demeurant (votre adresse), et immatriculé(e) à la Maison des artistes sous le numéro (numéro), dénommé(e) ci-après « l'artiste », et la galerie (nom), située (adresse), représentée par (nom, prénom), en sa qualité de (qualité), immatriculée au registre du tribunal de commerce de (lieu) sous le numéro (numéro), dénommée ci-après « la galerie », ont cessé d'être mises en dépôt et ont été restituées les œuvres d'art suivantes :
(description)

Fait à (lieu), le (date),
en deux exemplaires.

Signature de l'artiste (avec la mention manuscrite : lu et approuvé, bon pour acceptation de fin de mise en dépôt et de restitution des œuvres susmentionnées/bon pour réception du paiement des œuvres vendues)
Signature de la galerie (avec la mention manuscrite : lu et approuvé, bon pour acceptation de fin de mise en dépôt et de restitution des œuvres susmentionnées/bon pour paiement des œuvres vendues)

Contrat de fin de mise en dépôt

La protection de la transaction

Que vous vendiez vous-même vos œuvres ou par l'intermédiaire d'une galerie, votre transaction bénéficie d'une protection particulière, tant pour le vendeur que pour l'acheteur. Celle-ci va prendre des formes diversifiées selon le type de commercialisation envisagée. Mais dans tous les cas, l'artiste a droit au paiement du prix et l'amateur acheteur peut se prévaloir de garanties.

Le paiement du prix

Quel que soit le type de vente envisagé, la vente de vos œuvres demeure soumise au droit commun de la vente. Tant que vous n'êtes pas payé, vous restez propriétaire de vos œuvres et êtes en droit de les récupérer.

Les modalités du paiement

L'achat d'une de vos œuvres décidé, différents modes de paiement sont acceptés. Votre amateur peut vous régler comptant. C'est le mode à toujours privilégier. Il peut aussi verser un acompte ou des arrhes. L'acompte constitue le versement anticipé d'une partie du prix. L'intérêt de ce paiement est que la vente est effective dès son encaissement. L'acheteur ne peut se dédire. Il doit payer l'intégralité du prix. Les arrhes correspondent à une situation juridique différente[1]. C'est une promesse de vente dont chacun peut se départir, renoncer à l'achat ou à la vente. Mais si vous résiliez la vente, vous devez verser le double de ce que vous avez reçu, en indemnité. De son côté, l'acheteur risque de perdre le montant versé.

En cas de vente directe, il n'est pas vain d'insister sur la nécessité de jamais laisser une œuvre sans paiement en contrepartie. Pour les acquisitions supérieures à 3 000 € (20 000 F), vos clients ont l'obligation de vous payer par chèque[2]. Et pour les montants importants, il est préférable de demander un chèque certifié ou d'attendre l'encaissement effectif pour effectuer la livraison.

1. C. civ., art. 1950.
2. CGI, art. 1649 quater B.

En cas de vente en galerie, vous restez propriétaire des œuvres déposées tant que la vente n'est pas réalisée et le prix payé. Si le galeriste dépositaire est victime d'un impayé, d'un chèque sans provision, il est néanmoins dans l'obligation de vous régler, puisqu'il a reçu de vous un mandat de vente, implicite ou explicite. Si un rabais est consenti sur le prix de vente, cela n'a forcément une incidence sur le prix que vous recevez. Au préalable, le galeriste doit s'assurer de votre accord, avant de réaliser la transaction, sauf si une telle éventualité était prévue dans les clauses particulières du contrat de dépôt. Si vous n'en êtes pas averti, le rabais est prélevé sur la commission de la galerie.

La facturation

Dans tous les cas, la vente réalisée, vous remettez à votre client une facture détaillée. Les mentions à préciser vont différer selon que votre client est une galerie ou un particulier. Délivrer une facture n'est pas une obligation lorsque vous traitez avec un particulier, sauf s'il vous en fait la demande et pour tout paiement supérieur à quinze euros. En revanche, entre professionnels, c'est obligatoire. Cela vaut même preuve de paiement. Plusieurs cas peuvent donc se présenter.

Vous vendez à un particulier : si vous établissez une facture, vous en conservez un double pendant au moins quatre ans et y faites figurer les mentions suivantes[1] :

- votre identification précise (nom, adresse, téléphone, numéro Siret, code Ape, numéro Maison des artistes ou Agessa, etc.) ;
- la mention « facture », assortie d'un numéro correspondant à une chronologie ou à une classification pour votre comptabilité et la date ;
- le nom et l'adresse de votre client,
- la description de l'œuvre vendue ;
- le montant hors taxe de la transaction ;
- le taux de TVA et son montant, si vous êtes assujetti à la TVA, sinon la mention « TVA non applicable en vertu de l'arti-

1. L'omission ou la non-conformité des mentions obligatoires entraînent des sanctions pénales qui peuvent atteindre 7 500 € (50 000 F) d'amende ou 50 % de la somme facturée.

cle 293 B du CGI », et le montant toutes taxes comprises (TTC) de la transaction ;

- les modalités de paiement (« payable à réception » ou la mention « payée ») ;
- si vous êtes adhérent à une AGA[1], la mention « Membre d'une association de gestion agréée, le règlement par chèque est accepté. ».

Comme vous n'avez aucune vocation à devenir le banquier de vos clients, le paiement comptant est préférable à toute autre modalité. Le règlement est effectué et l'œuvre emportée. C'est plus de tranquillité et de sécurité. Car un paiement différé peut toujours provoquer un certain nombre de difficultés qu'il vaut mieux vous épargner.

Prénom Nom
Adresse
Code postal Ville
Tél.
N° Siret – APE
N° Maison des artistes

Nom acheteur
Adresse
Code postal Ville

Facture n° 02/05435 du 12 mai 2002

Description de l'œuvre :
acrylique sur toile – 200 x 160 – réalisée en 2002.
titre : Orange.

rémunération brute (prix HT)		5 687,20 €
TVA (5,5%)		312,80 €
Total à payer	=	6 000,00 €

En votre aimable règlement,
à réception.

Membre d'une association de gestion agréée, le règlement par chèque est accepté.

Exemple de facture pour un particulier

1. Association de gestion agréée.

Vous vendez à une société : la facture va faire apparaître le précompte, en plus les mentions habituelles. Le précompte est une déduction spéciale opérée par la société, en tant que diffuseurs d'art, sur les achats d'œuvres réalisés. Cette contribution sociale est payée à la Maison des artistes. Le précompte est un prélèvement provisionnel de cotisations sociales calculé sur la base de vos honoraires bruts. Lorsqu'une société vous achète une œuvre, vous émettez une facture faisant ressortir le précompte. En contrepartie, la société doit vous délivrer un certificat de précompte et vous remplir le bordereau trimestriel de déclaration et de reversement de précompte[1].

Prénom Nom
Adresse
Code postal Ville
Tél.
N° Siret – APE
N° Maison des artistes

Dénomination société
Adresse
Code postal Ville

Facture n° 02/05436 du 14 mai 2002

Description de l'œuvre :
acrylique sur toile – 100 x 80 – réalisée en 2002.
titre : Bleu.
prix de vente : 3 000 €

Prix HT	3 000,00 €
TVA (5,5%)	0,00 €
cotisation maladie (0,85 %)	- 25,50 €
CSG (7,5 % de 95 % du montant)	- 213,75 €
CRDS (0,5 % de 95 % du montant)	- 14,25 €
Total à payer	= 2 746,50 €

"TVA non applicable, art. 293 B CGI"

En votre aimable règlement, à réception.

Membre d'une association de gestion agréée, le règlement par chèque est accepté.

Exemple de facture pour une société [2]

1. *Cf.* modèle en annexe.
2. Artiste non assujetti à la TVA.

L'assiette de calcul du précompte est la totalité de votre rémunération hors TVA. Les taux appliqués sont 0,85 % pour la cotisation maladie-maternité, 7,5 % pour la CSG et 0,5 % pour la CRDS.

Vous vendez en galerie : la galerie n'est pas un diffuseur assujetti au précompte des charges sociales. Vous établissez votre facture, comme s'il s'agit d'un particulier.

Pour garantir le paiement, il est d'usage de différer la remise de l'œuvre jusqu'à son encaissement. Mais cela n'est pas toujours évident et vous pouvez être confronté à des incidents de paiement.

Les incidents de paiement

Exiger le paiement à l'enlèvement d'une œuvre demeure la manière la plus sûre d'être payé. Mais vous pouvez être confronté à une difficulté de paiement lorsque vous avez déposé une œuvre chez un client ou avez exposé dans une galerie. Le paiement peut tarder. Alors il faut commencer par relancer votre client, sans le brusquer. C'est la première étape pour vous faire payer. Vous ne pouvez vous y engager que si vous avez pris soin de lui faire signer un contrat de dépôt, prévoyant bien une date limite de paiement ou de restitution. Si celle-ci est passée, vous avez la voie libre pour réclamer, selon la procédure appropriée, après l'envoi de votre facture restée impayée. Vous devez d'abord le relancer, en laissant un délai pour s'exécuter, puis le mettre en demeure de payer, par lettre recommandée. Dans la plupart des cas, cela suffit à le faire plier. Sinon, vous avez encore la possibilité d'engager une action en recouvrement[1].

L'intérêt de la mise en demeure est triple. Elle montre à votre client votre détermination à obtenir votre règlement. En l'absence de réponse, elle établit son refus de payer et sa mauvaise foi. Celle-ci joue en votre faveur, en cas d'action en paiement devant les tribunaux. Enfin, elle fait courir l'intérêt légal de retard de paiement.

1. *Cf. Recouvrement des impayés*, Dossiers pratiques, Francis Lefebvre, 1998.

Prénom Nom
Adresse
Code postal Ville
Tél.
N° Siret – APE
N° Maison des artistes

Nom client
Adresse
Code postal Ville

LRAR

Ville, le ../../..

Objet : mise en demeure
Réf. : notre facture n° .... du ../../..

Madame, Monsieur,

Nous sommes au regret de constater qu'en dépit de notre courrier de relance du ../../.., vous n'avez toujours pas effectué le paiement de la facture n° .... que nous vous avons adressée le ../../.. et payable au ../../.. d'un montant de ... €.

Aujourd'hui, nous vous mettons en demeure par la présente lettre de nous régler la somme de ... €, dans un délai de huit jours à compter d'aujourd'hui.

À défaut, nous serions contraints d'engager une action judiciaire à votre encontre. Nous vous informons que cette lettre fait courir les intérêts de retard légaux et conventionnels.

Nous vous prions d'agréer, Madame, Monsieur, l'expression de nos salutations distinguées.

Signature

Mettez un client en demeure de payer

Si votre client persiste à ne pas payer, il vous reste à employer les grands moyens et engager une action en recouvrement. Vous pouvez procéder à une requête en injonction de payer. Cette action est à privilégier si votre dossier est solide et peu susceptible d'être discuté. Elle est efficace et peu coûteuse. Vous n'avez qu'à déposer le formulaire adéquat[1] auprès du tribunal compétent[2] en y joignant toutes les pièces justificatives de votre réclamation (bon de commande, contrat de dépôt, facture, lettre de relance, lettre de mise en demeure, etc.). Le président va rendre une ordonnance de référé exécutoire, c'est-à-dire que votre débiteur doit régler la somme réclamée même s'il conteste la décision.

Les garanties

En contrepartie du paiement du prix, l'acheteur bénéficie de garanties. Elles résultent de l'application du droit civil aux transactions artistiques. Il s'agit de l'obligation de délivrance, la garantie en cas d'éviction et la garantie des vices cachés. Vous lui certifiez aussi l'authenticité de l'œuvre achetée, que c'est vous qui l'avez réalisée. Vous pouvez même produire un certificat pour l'attester.

Le certificat d'authenticité

La facture remise à l'acheteur doit en principe décrire avec précision les caractéristiques de l'œuvre vendue (nature, dimensions, prix, etc.). Pour rassurer l'amateur, il est d'usage de lui remettre un certificat d'authenticité, en même temps que l'œuvre. Cela représente un double intérêt. Vous attestez de l'originalité et de l'authenticité de l'œuvre. Ce certificat va accompagner l'œuvre au long de son existence et pourra être produit en cas de transaction ultérieure ou de sinistre. Il peut comporter les mentions suivantes :

- titre de l'œuvre,
- technique et format,
- date de réalisation et la signature de l'artiste. En plus, il peut être astucieux de le faire selon un procédé ou un modèle qui vous est propre, en y incrustant soit une photo de l'artiste ou une reproduction de l'œuvre. Et pour vous y retrouver, vous

1. *Cf.* modèle en annexe. Votre demande peut aussi être rédigée sur papier libre, en reprenant toutes les mentions nécessaires.
2. Tribunal d'instance pour les créances inférieures à 7 600 € et tribunal de grande instance pour les créances supérieures à 7 600 €.

devez connaître la subtilité du vocabulaire artistique pour que vos certificats ne soient pas contestés.

*La subtilité du vocabulaire artistique**

– « *œuvre de..., par...* » suivi de la mention des nom et prénom de l'artiste garantit que l'œuvre a été réalisée de la main de l'artiste désigné. C'est une œuvre authentique. La mention de la signature est également une garantie d'authenticité, si elle ne s'accompagne d'aucune réserve.
– « *œuvre attribuée à...* » signifie que l'œuvre a été exécutée pendant la période de production de l'artiste et que celui-ci en est l'auteur vraisemblable.
– « *atelier de...* » indique que l'œuvre a été exécutée dans l'atelier de l'artiste ou sous sa direction.
– « *école de...* » certifie que l'auteur de l'œuvre a été l'élève ou a subi l'influence de l'artiste mentionné.
– « *époque* » garantit que l'œuvre a été produite au cours de la période de référence.
– « *dans le goût de..., style de..., à la manière de..., d'après..., à la façon de...* » ne confèrent aucune garantie particulière.
– « *œuvre authentique* » signifie que l'œuvre a été effectivement réalisée par l'artiste désigné comme l'auteur.
– « original » atteste que l'œuvre a été réalisée par l'artiste ou sous son contrôle.
– « *reproduction* » correspond à tout fac-similé, surmoulage ou copie d'une œuvre originale au sens de l'article 71 de l'annexe III du CGI.

* Décret n° 81-255 du 3 mars 1981.

L'obligation de délivrance

L'obligation de délivrance oblige le vendeur à remettre l'œuvre achetée et payée à la disposition de l'acquéreur[1]. Elle s'étend à tous ses accessoires : facture, certificat d'authenticité ou certificat d'expertise.

1. C. civ., art. 1604.

La délivrance s'effectue dans les conditions prévues par le contrat de vente. Les frais de transport sont en principe à la charge de l'acheteur[1]. C'est l'usage en matière d'œuvres d'art[2]. Car la délivrance est réalisée au lieu de la vente.

Si la délivrance nécessite le recours à des moyens ou services spécifiques (emballage, transport, assurance, etc.), en cas de difficultés, la responsabilité des différents prestataires intervenus peut être engagée. Encore faut-il démontrer une faute de leur part et agir dans un délai très court. En effet, vous disposez de deux jours pour émettre des réserves auprès d'un transporteur ou pour déclarer un sinistre à un assureur. Il est donc nécessaire de réagir avec une extrême diligence.

La garantie en cas d'éviction

La garantie en cas d'éviction assure à l'acheteur la possession paisible de l'œuvre achetée[3]. Si le vendeur n'en était pas le véritable propriétaire, si l'œuvre avait été volée, l'acheteur peut se retourner contre son vendeur. Heureusement, le droit accorde au possesseur de bonne foi une protection importante. La jurisprudence fait bénéficier l'acquéreur d'une présomption d'ignorance. Et les délais de prescription de l'action sont courts (trois ans). Il a même droit d'obtenir la restitution du prix du propriétaire légitime[4] ainsi que des dommages et intérêts.

La garantie des vices cachés

La garantie des vices cachés protège l'amateur acquéreur contre d'éventuelles défectuosités. Elle garantit que l'œuvre achetée est « propre à l'usage en vue duquel il a été acheté »[5]. Elle est souvent interprétée dans une dimension fonctionnelle. C'est le prolongement de l'obligation de délivrance.

Le vice caché est un défaut qui existait au moment de la transaction mais qui n'était pas apparent. Il fonde une action en

1. Mais les frais de transport pour livrer les œuvres déposées ou retirer les œuvres invendues sont à la charge de l'artiste.
2. C. civ., art. 1609.
3. C. civ., art. 1625.
4. C. civ., art. 1630.
5. C. civ., art. 1641.

annulation pour erreur[1]. Il doit être tel qu'il rend l'œuvre d'art impropre à son usage ou qu'il diminue tellement cet usage que l'acheteur ne l'aurait pas acquise ou n'en aurait donné qu'un moindre prix.

La preuve de l'antériorité du défaut à la vente incombe à l'acheteur. Elle est souvent aisée parce qu'elle se déduit de l'existence même du vice. L'acheteur peut ainsi invoquer un défaut de fabrication. Encore faut-il qu'il ait fait de l'œuvre un usage conforme à sa destination. Un tableau soumis à la pluie ne peut faire l'objet de garantie. Mais l'inauthenticité d'un tableau constitue rarement un vice caché. Cela relève plutôt de l'erreur sur la substance[2]. La notion de substance, appliquée au marché de l'art, est d'interprétation très controversée. La substance exclut l'erreur financière car la lésion n'est pas reconnue pour les transactions concernant les biens meubles[3]. Elle fait plutôt référence à un aspect psychologique, c'est-à-dire aux éléments qui ont poussé l'acheteur à acheter. C'est là toute la difficulté. Car même l'authenticité est une notion relative, en matière artistique, lorsque la transaction porte sur des œuvres d'artistes qui ne sont plus vivants. Si l'acheteur ne s'est préoccupé que du caractère décoratif d'une œuvre, il n'a aucune possibilité d'action. En tout état de cause, il appartient à l'acheteur d'établir qu'il a commis une erreur sur les qualités substantielles de l'œuvre achetée[4]. Et la mise en vente sans réserve d'une œuvre d'art portant une signature constitue une affirmation d'authenticité[5].

L'action en nullité

L'action en nullité peut permettre d'agir pour annuler une transaction portant sur une œuvre d'art. Mais les délais de prescription sont courts et varient avec le motif du recours. Si l'action en nullité est fondée sur l'erreur, la prescription est de cinq ans[6].

---

1. Fondée sur les conditions de validité des contrats et notamment les vices du consentement.
2. *Cf.* les vices du consentement de l'article 1108 et suivants du code civil.
3. *Cf.* Gilles Lamarque, *Le droit du marché de l'art*, Puf, 1992.
4. *Cf.* Civ. 1re, 2 juin 1980, bull. civ. I, n° 188.
5. *Cf.* Civ. 1re, 7 novembre 1995, bull. civ. I, n° 401.
6. C. civ., 1110 et 1116. Au lieu de trente ans.

L'action en garantie contre les vices cachés ne peut être exercée que dans de brefs délais, soumis à l'appréciation des tribunaux[1]. Et la difficulté tient à sa computation. En effet, l'action doit être introduite dans l'année qui suit la date à laquelle le vendeur peut être déchargé des vices apparents[2]. De toute façon, le requérant a l'obligation d'apporter la preuve de ses allégations. Il doit établir la matérialité de la transaction, par la facture ou le reçu et la preuve de sa demande, par tout moyen[3]. À la condition qu'il puisse se prévaloir d'un préjudice.

Pour vos œuvres, celles que vous avez réalisées et dont vous pouvez attester de l'authenticité, vous risquez rarement de voir les transactions annulées. Et vous avez intérêt, en cas de difficulté, à tenter un accord amiable avec votre amateur contrarié plutôt que de vous lancer dans un procès.

1. C. civ., art. 1648.
2. Le point de départ étant la découverte du vice.
3. En matière artistique, il s'agit le plus souvent d'une expertise ou d'une contre-expertise.

Chapitre 5
Connaissez les impôts à payer sur votre activité

Vous avez vendu une création ou réalisé une prestation. Que votre gain soit limité ou élevé, vous allez être imposé. Et force est de constater que, pour beaucoup d'entre vous, avec les impôts, vous entrez dans un domaine qui ne vous est pas familier. Pour les uns, il va rebuter. Pour les autres, il va déconcerter. En général, il soulève des difficultés.

En effet, vous imaginez, il existe un véritable statut fiscal de l'artiste, avec ses originalités et ses spécificités. Et lorsque vous vendez des œuvres d'art, vous êtes concerné. D'expérience, vous avez tout lieu de vous y intéresser. Car par la fiscalité, vous êtes assez avantagé. Artiste, vous bénéficiez de dispositions spécifiques et d'exonérations typiques, notamment au plan de l'imposition de votre bénéfice (impôt sur le revenu, impôt sur les plus-values), de l'imposition de votre chiffre d'affaires (TVA, taxe professionnelle) ou de l'imposition de vos biens (foncier, taxe d'habitation, ISF). Alors connaître les impôts à payer sur votre activité vous permet de profiter de ce régime particulier. Vous êtes ainsi à même d'anticiper votre imposition et d'éviter d'être tracassé par l'administration.

Le statut fiscal de l'artiste

Bien qu'aucun code ne lui soit dédié, un véritable statut fiscal de l'artiste a été élaboré par touches successives. Il constitue une sorte de paysage fiscal impressionniste fait de dérogations, d'exceptions et d'exonérations. Et non seulement le juge de l'impôt s'est appliqué au fil de ses décisions à définir l'artiste, l'activité artistique ou l'œuvre d'art mais le législateur a souvent participé à cette sculpture de la fiscalité artistique. Le résultat relève du grand art. La complexité est certaine. Mais pour vous, ces dispositions sont une aubaine.

Au début de votre activité, lors de votre déclaration d'existence, pour que ce statut fiscal vous soit appliqué, vous avez intérêt à réaliser les choix adaptés (régime d'imposition, assujettissement à la TVA, etc.)[1]. C'est une formalité importante. Vous avez alors une occasion d'organiser votre gestion, pour maîtriser votre taxation. Car avec votre régime d'imposition, vous choisissez la façon dont vous calculez votre bénéfice, les impôts qui vont le taxer, les exonérations dont vous allez profiter et les obligations qui vont en découler. Auparavant, il vous faut établir la nature de vos bénéfices.

La nature de vos bénéfices

Que vous soyez artiste auteur, artiste libéral ou artisan d'art, dès lors que vous travaillez en entreprise individuelle, vous allez être imposé sur l'ensemble des bénéfices dégagés par votre activité et non sur une rémunération versée. Vos bénéfices sont taxés à l'impôt sur le revenu (IR), selon le barème progressif de droit commun, dans la catégorie fiscale appropriée, en fonction de votre revenu net global et de la composition de votre foyer. De la nature de votre activité découle la nature de vos bénéfices et la catégorie dans laquelle ils vont être taxés. Sous l'angle fiscal, l'activité artistique est rangée parmi les activités libérales. Cela s'explique par le fait que l'exercice d'un art relève bien d'une pratique personnelle et indépendante, dans laquelle l'activité intellectuelle est prépondérante. Ainsi les revenus d'activité artistique sont des bénéfices non commerciaux (BNC), que vous soyez artiste auteur ou artiste libéral. La vente de vos œuvres

1. *Cf.* Véronique Chambaud, *Guide fiscal et social du créateur d'entreprise*, Dunod, 2001.

présente cette originalité d'être imposée comme une opération non commerciale[1]. Si vous percevez des droits d'auteur sur la reproduction de vos œuvres, ils sont à déclarer en BNC[2]. Mais si vous êtes artisan d'art, vos revenus d'activité artisanale sont des bénéfices industriels et commerciaux (BIC).

En cas d'activités multiples, vous êtes susceptible de déclarer plusieurs revenus sans perdre pour autant votre statut. Tout va dépendre de l'importance des activités exercées et du chiffre d'affaires généré. Si vous exercez deux activités liées[3] et si votre activité principale est artistique, les revenus tirés de votre activité accessoire[4] sont ajoutés à votre bénéfice non commercial. Par exemple, si vous réalisez l'encadrement de vos tableaux, ces revenus générés sont rattachés.

Si votre deuxième activité est importante[5], vous la déclarez dans une catégorie différente. Elle peut même faire l'objet d'une comptabilité séparée. Par exemple, vous êtes artiste et professeur. D'un côté, vous vendez vos œuvres et de l'autre, vous êtes salarié, pour moitié. Vous déclarez alors vos revenus dans deux catégories, celle des BNC et celle des TS (traitements et salaires).

Catégories de bénéfices

Activité principale	*Statut juridique*	*Catégorie de déclaration*
artistique	artiste auteur	BNC
libérale	artiste libéral	BNC
artisanale	artisan d'art	BIC
commerciale	commerçant	BIC
salariée	salarié	TS

1. Cela induit une comptabilité d'encaissement, sans possibilité de provisions, ni calcul de variation de stocks.
2. Seuls les droits d'auteur déclarés par des tiers et encaissés par les écrivains sont déclarés dans la catégorie des traitements et salaires. CGI, art. 93-1 quater.
3. Par exemple une activité artistique et une activité artisanale.
4. Sous réserve qu'elle soit liée à votre activité principale. CGI, art. 155.
5. Si elle dégage plus de la moitié de vos revenus. (D.B. 5-G-116)

Si vous êtes lié à une galerie par un contrat d'exclusivité qui prévoit le versement d'une rémunération mensuelle en contrepartie de l'exposition et de la promotion de votre œuvre, vos revenus sont imposés dans la catégorie des bénéfices non commerciaux et non dans celle des traitements et salaires. Mais vous devez conserver votre liberté créatrice quant aux conditions d'exercice de votre art ou quant aux choix de votre expression et ne pas être placé dans une situation de subordination juridique par rapport à votre galeriste.

Le choix de votre régime d'imposition

Vous connaissez la nature de vos bénéfices. Vous devez maintenant choisir votre régime d'imposition. Vous avez en fait deux solutions : être imposé forfaitairement (sur un pourcentage de vos recettes) ou réellement (sur le solde de vos recettes par rapport à vos dépenses). Au forfait, vous choisissez le régime micro-entreprise (BNC ou BIC). Au réel, vous choisissez le régime de la déclaration contrôlée (BNC) ou le régime réel simplifié ou réel normal (BIC). Appliqués à l'artiste, ces régimes adoptent des modalités sensiblement modifiées. Leurs conditions d'application vont notamment changer, avec une franchise en base de TVA augmentée, un taux de TVA diminué, le calcul du bénéfice imposable aménagé.

Votre choix est conditionné par l'importance de votre chiffre d'affaires, réel ou supposé, au début de votre activité. Vous évaluez aussi les avantages procurés et la solution qui vous permet de moins payer. Car le choix de votre régime d'imposition est une décision de gestion.

Le régime abstrait : le micro-entreprise

Le régime micro-entreprise convient aux artistes qui réalisent un chiffre d'affaires restreint. Comme souvent l'art abstrait, il penche vers le minimalisme. Il épargne les complications mais ne modère pas toujours la taxation. Car votre bénéfice imposable est estimé forfaitairement à un pourcentage de vos recettes. Vous pouvez choisir ce régime si vous exercez en entreprise individuelle et si votre chiffre d'affaires, c'est-à-dire vos recettes brutes, est inférieur à :

- 27 000 € (175 000 F) HT, pour les activités artistiques, les activités libérales et les prestations de services des artisans d'art ;
- 76 300 € (500 000 F) HT, pour les activités de vente de marchandises ou d'objets[1].

Si vous exercez plusieurs activités qui ressortissent des deux catégories, le régime micro-entreprise n'a vocation à s'appliquer que si votre chiffre d'affaires global ne dépasse pas 76 300 € HT et si le chiffre d'affaires afférent aux activités artistiques, libérales ou de prestations de services ne dépasse pas 27 000 € HT.

L'option pour le régime micro-entreprise

Vous choisissez, par exemple, le régime micro-entreprise si vous réalisez :
37 000 € de vente d'objets d'art et de lithographies
+ 15 000 € d'œuvres d'art
= 52 000 € HT (recettes inférieures à 76 300 €)

Au micro, votre bénéfice imposable est calculé après un abattement en base, en pourcentage de vos recettes brutes. Il est évalué à :

- 30 % pour la vente d'objets et de marchandises[2];
- 50 % pour les prestations de services[3];
- 65 % pour les autres[4].

L'abattement forfaitaire tient lieu de déduction de toutes vos dépenses professionnelles. Vous ne pouvez déduire aucun autre frais. Si vous avez moins de charges réelles, vous êtes gagnant. Sinon, vous êtes perdant.

1. CGI, art. 50-0.
2. Abattement de 70 %.
3. Abattement de 50 %.
4. Abattement de 35 %.

Le calcul du bénéfice imposable au régime micro-entreprise

Vos recettes brutes de ventes d'œuvres d'art s'élèvent, par exemple, à 23 000 € HT. Votre bénéfice imposable, après l'abattement de 35 %, est estimé à 14 950 €. C'est sur ce montant que vous payez l'impôt sur le revenu.

Si vous démarrez votre activité en cours d'année, pour bénéficier du régime micro-entreprise, la limite des 76 300 ou 27 000 € est ajustée prorata temporis.

La proratisation des seuils au régime micro-entreprise

Si, par exemple, vous commencez en mai, le seuil de chiffre d'affaires à ne pas dépasser devient respectivement 50 870 et 18 000 €.
Et si vous vous déclarez en août et que vos recettes brutes se chiffrent à 13 000 €, vous ne pouvez choisir le régime micro-entreprise. En effet, rapportées à une année entière, vos résultats sont estimés à 31 200 €, pour l'appréciation du seuil d'application.

Si vos affaires prospèrent, vous n'allez pas tout arrêter à cause de la fiscalité. Car vous pouvez conserver votre régime micro-entreprise à certaines conditions. Ainsi vous y restez si vous dépassez pour la première fois le seuil de 76 300 ou 27 000 € et si vos recettes réelles n'excèdent pas 84 000 ou 30 500 €. Mais dans cette hypothèse, le montant de votre chiffre d'affaires excédant les seuils ne fait plus l'objet de l'abattement en base.

En optant pour le régime micro-entreprise, vous choisissez la facilité. Car vous êtes dispensé de nombreuses formalités. Votre comptabilité est très simplifiée. Vous n'êtes astreint qu'à la tenue d'un livre journal où vous inscrivez vos recettes, au fur et à mesure que vous les encaissez, et d'un registre de vos achats, si vous vendez des marchandises. Votre déclaration d'impôt sur le revenu est aisée. Vous y indiquez simplement le total de vos recettes professionnelles. L'administration fiscale procède à l'abattement forfaitaire de 35, 50 ou 70 % sur votre chiffre d'affaires déclaré. Et elle vous calcule votre IR à acquitter. Enfin, vous êtes dispensé de déclarer et de payer la TVA. En contrepartie, vous ne pouvez pas la récupérer. Et vous avez l'obligation de faire figurer sur toutes vos factures la mention : « TVA non applicable, article 293 B du CGI. »

Vous le voyez, le régime micro-entreprise permet de commencer ou développer son activité sans être submergé par les formalités. Mais si ce régime est aisé, il manque parfois d'équité. Quand vos dépenses réelles dépassent l'abattement autorisé ou si vos résultats sont déficitaires, vous avez peut-être intérêt à choisir la déclaration contrôlée ou le réel simplifié, quitte à acquitter la TVA. Pour ne pas payer plus d'IR et de cotisations sociales que vous n'en devez.

Régimes d'imposition selon le chiffre d'affaires et la nature des bénéfices (BNC ou BIC)

Chiffre d'affaires BNC	inférieur à 27 000 € HT	supérieur à 27 000 € TTC	
Régime fiscal	micro-BNC	déclaration contrôlée	
Chiffre d'affaires BIC	inférieur à 27 000 € HT (prestations de services) ou à 76 300 € HT (vente de marchandises)	de 27 000 € à 230 000 € HT (prestations de services) ou de 76 300 € à 760 000 € HT (vente de marchandises)	supérieur à 230 000 € HT (prestations de services) ou à 760 000 € HT (vente de marchandises)
Régime fiscal	micro- BIC	réel simplifié	réel normal

Le régime figuratif : la déclaration contrôlée ou le réel simplifié

Au réel, votre bénéfice imposé est celui que vous avez effectivement réalisé. Il figure une réalité plus approchée. Vous choisissez le régime de la déclaration contrôlée si vous relevez des BNC (sans limitation de chiffre d'affaires) et le régime réel simplifié si vous relevez des BIC, à la condition que votre chiffre d'affaires ne dépasse pas 230 000 € (en prestations de services) ou 760 000 € (en vente de marchandises). Ils sont obligatoires si vous justifiez d'un chiffre d'affaires supérieur à 27 000 € TTC. Sinon vous pouvez les choisir sur option, si vous préférez être imposé au réel et si vous voulez être assujetti à la TVA.

L'intérêt de ces régimes d'imposition au réel est de prendre en compte les résultats réels de votre activité. C'est important si vous avez beaucoup de dépenses professionnelles. Les formalités imposées demeurent allégées même si elles sont plus lourdes que celles du régime micro-entreprise. Vous déclarez votre bénéfice - ou déficit-, avec l'ensemble de vos dépenses et recettes professionnelles, une fois par an, avant le 1er mars de chaque année[1]. Vous bénéficiez d'un abattement de 20 % sur vos résultats et une réduction pour frais de comptabilité si vous recourez aux services d'une association de gestion agréée. Mais au réel, vous êtes tenu de produire une déclaration de TVA. Elle est annuelle et abrégée. Et elle n'implique que le paiement d'acomptes provisionnels de TVA tous les trimestres. Vous retranchez de vos résultats toutes vos charges réelles dans la limite des déductions possibles. Et vous n'êtes imposé que sur ce que vous gagnez réellement. En outre, la déduction de vos déficits est permise. Si vous investissez beaucoup, cela réduit d'autant votre note fiscale. Enfin vos plus-values professionnelles sont exonérées après cinq ans de détention des biens, si votre chiffre d'affaires ne dépasse pas 54 000 € (350 000 F)[2].

Vous en convenez, les régimes de la déclaration contrôlée ou du réel simplifié présentent l'avantage d'être plus justes, tout en demeurant assez simples.

Le régime hyperréaliste : le réel normal

Le régime réel normal approche au plus près de la réalité fiscale. Il vous est réservé si vous êtes artisan d'art et si vous réalisez plus

1. Déclaration n° 2035. Ou avant le 1er avril si vous avez adhéré à une AGA (déclaration n°2037).
2. CGI, art. 151 septies.

de 230 000 € de chiffre d'affaires (prestations de services) ou 760 000 € (vente de marchandises), en BIC. Vos obligations fiscales et comptables vont être beaucoup plus contraignantes. Au réel normal, vous devez tenir une comptabilité de créances et de dettes, établir un inventaire annuel et des comptes annuels complets, publier vos comptes, respecter la nomenclature imposée par le plan comptable. Vous êtes assujetti à la TVA et ne pouvez plus vous prévaloir d'une quelconque franchise de TVA, quel que soit votre résultat. Et vous êtes soumis à une déclaration mensuelle de TVA, avec versement de la TVA nette due tous les mois.

Le changement de régime d'imposition

Au début de votre activité, vous choisissez votre régime d'imposition lors de votre déclaration d'existence. Et vous disposez de plusieurs mois pour modifier votre choix[1]. Après, vous ne pouvez changer qu'en respectant certaines modalités.

Vous relevez d'office du régime micro-entreprise BNC ou BIC lorsque votre chiffre d'affaires est inférieur à 27 000 ou 76 300 € HT. Et si vous avez la possibilité d'opter pour la déclaration contrôlée ou le réel simplifié, l'inverse n'est pas possible. Une fois que vous déclarez au réel, vous y restez.

Bénéfices	*Régime d'imposition*	*Possibilité d'option*
BNC	micro-BNC	déclaration contrôlée
	déclaration contrôlée	–
BIC	micro-BIC	réel simplifié
	réel simplifié	réel normal
	réel normal	–

Si vous le souhaitez et le pouvez, tout changement de régime d'imposition se réalise avant le 1er février, si vous optez pour le

1. Jusqu'à la date de dépôt de votre première déclaration de résultats.

réel simplifié ou le réel normal ou avant le 30 avril si vous optez pour la déclaration contrôlée[1]. Il s'effectue par écrit auprès de votre centre des impôts. L'option est valable deux ans. Ensuite, elle est reconduite, tacitement, sans démarche particulière, sauf nouvelle demande de changement de régime d'imposition.

Vous changez également de régime en cas de variation de votre chiffre d'affaires, lorsque vous dépassez les seuils autorisés. Si le seuil particulier de 27 000 € est franchi, le régime micro-entreprise continue de s'appliquer la première année. Mais les recettes réalisées au-delà de ce montant ne font plus l'objet d'abattement. L'année suivante, si le seuil est à nouveau dépassé, il vous faut opter pour un régime d'imposition au réel. Sinon, vous continuez sans rien modifier. Si vous bénéficiez en outre de la franchise en base de TVA réservée aux ventes d'œuvres d'art[2], vous restez exonéré de TVA tant ce seuil particulier n'est pas dépassé, même si vous passez du micro-BNC à la déclaration contrôlée.

La bonne gestion de votre activité est conditionnée par le choix approprié de votre régime d'imposition. Elle implique aussi de vous montrer rigoureux avec votre comptabilité. Car celle-ci fait foi pour déterminer vos impôts à payer. Un peu de clarté et de méticulosité vous rendront les choses plus aisées au moment de déclarer.

Vos obligations comptables

Artiste, vous avez un indéniable talent. Il est nécessaire que vous vous révéliez comptable vigilant. Si vous n'apportez pas un soin particulier à votre comptabilité, vous allez additionner les difficultés. Dès que vous êtes déclaré, vous êtes tenu à certaines obligations que vous ne devez pas négliger, à peine de vous retrouver dans l'embarras, même de bonne foi. Car c'est d'après votre comptabilité que sont calculés les impôts et cotisations sociales

1. CGI, art. 50-0 4°, 302 septies A ter, 102 ter 5, CGI ann. II, art. 267 quinquies.
2. De 37 400 € (245 000 F).

que vous avez à payer. Vos obligations vont néanmoins s'ajuster à l'importance de votre activité et au régime d'imposition pour lequel vous avez opté.

La tenue de votre comptabilité

Pour vous aider à y voir clair dans vos affaires, vous devez vous astreindre à un certain nombre d'obligations et prendre quelques précautions. Il est d'abord judicieux de posséder deux comptes bancaires séparés, un que vous dédiez à votre activité et un que vous réservez à vos opérations privées. Tout en sera facilité. Cela évite les confusions et aide bien en cas de vérification. Ensuite, vous devez remplir un livre journal présentant en détail toutes vos recettes et vos dépenses professionnelles, reportées au jour le jour. Seules les sommes effectivement encaissées ou décaissées doivent y figurer, et ce pour leur montant HT, TTC, avec la TVA correspondante[1]. Votre tâche est ainsi facilitée au moment de vos déclarations aux services fiscaux ou aux organismes sociaux. Si vous n'êtes pas en mesure de fournir un livre journal, vous encourez une amende fiscale de 15 € (100 F)[2].

Enfin, en plus de votre comptabilité de trésorerie, vos autres obligations vont dépendre de votre régime d'imposition. Si vous êtes au régime de la micro-entreprise, vous devez seulement tenir un livre journal. Si vous êtes au régime de la déclaration contrôlée ou du réel simplifié, vous devez tenir un registre spécial des immobilisations et des amortissements. Celui-ci récapitule vos investissements[3] avec la date d'acquisition de chaque élément d'actif, son prix de revient, le montant des amortissements effectués et éventuellement le prix et la date de cession. Il est accompagné de toutes ses pièces justificatives. Si vous êtes au régime du réel normal, vous devez en plus produire un état de vos créances et vos dettes, un bilan et un compte de résultats.

1. Sauf pour les dépenses pour lesquelles la TVA n'est pas récupérable (transport, timbres…) et pour le régime micro-entreprise.
2. CGI, art. 1763-2.
3. Tous les achats de biens que vous affectez à votre actif professionnel, qui ne se traduisent pas par une diminution de votre actif net et dont le montant dépasse 380 € HT (2 500 F).

Comptabilité de l'artiste auteur et l'artiste libéral

Chiffre d'affaires	*Inférieur à 27 000 € HT*	*Supérieur à 27 000 € TTC*
Régime fiscal	micro-BNC	déclaration contrôlée
Documents comptables	livre journal recettes-dépenses	livre journal recettes-dépenses registre des immobilisations et des amortissements

Comptabilité de l'artisan d'art

Chiffre d'affaires	*Inférieur à 27 000 € HT (prestations) ou 76 300 € HT (marchandises)*	*Inférieur à 230 000 € (prestations) ou 760 000 € HT (marchandises)*	*Supérieur à 230 000 € (prestations) ou 760 000 € HT (marchandises)*
Régime fiscal	micro-BIC	réel simplifié	réel normal
Documents comptables	livre journal recettes-dépenses registre des achats	livre journal recettes-dépenses registre des achats registre des immobilisations et des amortissements état des stocks état des créances et des dettes bilan et compte de résultats simplifiés	livre journal recettes-dépenses registre des achats registre des immobilisations et des amortissements état des stocks état des créances et des dettes bilan et compte de résultats complets

Vous tenez votre comptabilité en euros[1]. Si besoin est, pour vous y retrouver, vous pouvez indiquer dans vos comptes la contre-valeur en francs. La conversion est une opération monétaire :

1. C'est obligatoire depuis le 1er janvier 2002.

- si vous avez une valeur en francs : vous la divisez par 6,55957 pour obtenir des euros,
- si vous avez une valeur en euros : vous la multipliez par 6,55957 pour obtenir des francs.

En cas de contrôle fiscal, votre comptabilité est considérée comme sincère et probante dans la mesure où elle est correctement tenue et si vous pouvez fournir toutes les pièces justificatives de vos écritures (factures, notes d'honoraires, reçus, quittances, etc.). Aussi est-il primordial de bien conserver tous les documents attestant de votre activité, en recette comme en dépense.

Les documents à conserver

Pour rectifier une erreur, répondre à un contrôle fiscal, régler un litige avec un client ou un fournisseur ou faire valoir vos droits, vous êtes obligé de conserver un certain nombre de documents. Plus ou moins longtemps.

Sans limitation de durée, vous archivez tous les documents relatifs à l'acquisition des éléments de votre actif professionnel (immeuble, mobilier, matériel, etc.), tous les titres de propriété de brevets ou de licence. Vous gardez pendant au moins dix ans toutes vos pièces comptables (livre journal, registre d'immobilisations, etc.) et les justificatifs correspondants. Et vous conservez au moins cinq ans vos déclarations fiscales, les justificatifs de paiement de vos impôts (IR, TVA, taxe professionnelle, taxe d'habitation, etc.) et de vos cotisations sociales. Si vous employez des salariés, vous êtes en plus tenu à la conservation des doubles des feuilles de paie pendant trente ans et du registre du personnel pendant cinq ans. Vos obligations sont identiques si vous tenez une comptabilité informatique.

En cas de contrôle (fiscal ou social), si vous n'êtes pas en mesure de produire l'un de ces documents, vous risquez de voir réintégrer la dépense concernée. Cela signifie qu'elle vient s'ajouter à votre bénéfice imposable. Le problème est aussi que cela inverse la charge de la preuve. Dans cette hypothèse particulière, elle vous incombe lors d'une éventuelle procédure de redressement. Normalement, c'est à l'administration de prouver ce qu'elle avance. Conservez donc précieusement les originaux de vos factures, vos livres comptables et vos déclarations. Et prenez toutes les précautions pour les protéger, en les dupliquant ou les archivant. C'est le passage obligé pour ne pas être inquiété.

L'adhésion à une association de gestion agréée

Si vous relevez d'un régime réel d'imposition, vous avez la possibilité d'adhérer à une association de gestion agréée (AGA)[1]. C'est une faculté et non une nécessité. C'est à vous d'en évaluer l'utilité.

Une AGA vous fournit une aide technique pour tenir votre comptabilité et elle examine la cohérence et la vraisemblance de vos déclarations fiscales. En contrepartie, votre adhésion[2] vous autorise à bénéficier d'avantages fiscaux :

- un abattement de 20 % sur votre bénéfice imposable, dans la limite de 111 900 € (734 000 F) de revenus,
- un crédit d'impôt plafonné à 915 € (6 000 F) pour vos frais d'adhésion et vos frais de comptabilité[3],
- une déduction plus importante du salaire de votre conjoint, si vous êtes mariés sous le régime de la communauté[4],
- une dispense de pénalités fiscales si vous révélez spontanément au fisc une erreur dans votre déclaration fiscale.

Vous disposez de trois mois après votre installation pour adhérer à une AGA ou à un CGA. Ensuite, vous y adhérez dans les trois premiers mois de l'année pour appliquer l'abattement de 20 % sur vos résultats de l'année en cours[5]. Mais que vous adhériez ou pas, vous demeurez responsable de vos décisions de gestion et de vos déclarations. C'est vous qui les signez et en endossez la

1. Si vous êtes artiste auteur ou artiste libéral ou à un centre de gestion agréé si vous êtes artisan d'art. *Cf.* Carnet d'adresses.
2. Qui coûte entre 250 et 300 € de cotisation annuelle (plus 150 € de droits d'entrée la première année).
3. CGI, art. 199 quater B.
4. Dans la limite de 36 fois le Smic mensuel.
5. CGI ann. II, art. 371 L.

L'application de l'abattement

Votre bénéfice imposable est, par exemple, de 25 000 € (pour un foyer fiscal à une part).
L'abattement de 20 % égale 5 000 €. Votre bénéfice imposable est ramené à 20 000 €. Et votre économie d'impôt se chiffre à :
5 000 € x 33 % = 1 650 €.

responsabilité. Et veillez bien à la régularité de votre comptabilité. Car elle sert à calculer les impôts que vous avez à payer.

L'imposition de votre bénéfice

Vous avez réalisé un bénéfice. Il va être soumis à l'impôt sur le revenu. Mais votre imposition dépend de plusieurs éléments, notamment du régime qui vous est applicable et du montant de votre bénéfice imposable. Et afin de moduler ou d'alléger l'imposition de votre bénéfice, vous avez la ressource de prendre certaines décisions de gestion, allant de l'affectation de vos actifs à l'imputation de vos déficits, en passant par le choix de vos charges déductibles.

La détermination de votre bénéfice imposable

Si vous déclarez au réel, votre bénéfice imposable correspond à l'excédent des recettes encaissées sur les charges déductibles, au cours de l'année civile, c'est-à-dire du 1er janvier au 31 décembre ou du début de votre activité à la fin de l'année, quand vous démarrez. Il est retenu pour un montant forfaitaire de votre chiffre d'affaires (30, 50 ou 65 %), si vous avez opté pour le régime micro-entreprise.

Au réel, pour calculer votre bénéfice imposable, vous déterminez quelles sont vos recettes imposables et vos charges déductibles. Les recettes concernent largement toutes les sommes que vous encaissez. Les charges comprennent seulement les frais relatifs à votre activité ou à un bien inscrit à votre actif professionnel.

Votre actif professionnel

En entreprise individuelle, patrimoine privé et professionnel se confondent. Ils répondent ensemble de toutes vos dettes. Il n'en demeure pas moins que la notion actif professionnel existe, du moins en comptabilité et pour la fiscalité. Elle a d'ailleurs des incidences non négligeables en cours et en fin d'activité, notamment pour la détermination des frais professionnels déductibles ou le calcul des plus-values de cession si vous vendez un bien qui vous appartient.

Votre actif professionnel comprend tous les biens (meubles ou immeubles) que vous utilisez pour exercer votre activité. En théorie, il est admis que vous avez la liberté d'affecter tel ou tel bien à votre actif. En pratique, cette liberté est encadrée car le fisc considère souvent qu'un bien appartient de fait à votre actif professionnel dès qu'il concourt normalement à votre activité. L'enjeu est important. Lorsqu'un bien est réputé professionnel, vous pouvez l'amortir ou le passer en frais généraux (selon sa valeur) et déduire de votre bénéfice imposable toutes les charges s'y rapportant. En contrepartie, vous acquittez l'éventuelle plus-value de cession dégagée lorsque vous le vendez ou quand vous cessez votre activité, c'est-à-dire lorsqu'il sort de votre actif professionnel[1].

Pour vous aider, il convient de distinguer les biens affectés par nature à l'exercice de votre activité et ceux qui le sont sur décision de gestion[2]. Les biens affectés par nature font toujours partie du patrimoine professionnel. Il s'agit généralement des

---

1. Les plus-values réalisées dans le cadre de votre activité sont exonérées si vos recettes n'excèdent pas 54 000 € TTC, à la condition que l'activité ait été exercée pendant au moins cinq ans. Si vous exercez votre activité depuis moins de cinq ans ou si votre chiffre d'affaires est supérieur, il vous faut la distinction entre plus-values à court terme et plus-values à long terme. Les plus-values à court terme (concernant des biens détenus depuis moins de deux ans) sont imposées à l'impôt sur le revenu au taux de droit commun, avec éventuellement un étalement sur trois ans. Les plus-values à long terme (concernant des biens détenus depuis plus de deux ans) sont imposées à un taux réduit de 16 %, plus 10 % de prélèvements sociaux. CGI, art. 39 duodecies et 39 terdecies.
2. *Cf.* Instruction BODGI du 17 février 1986.

biens qui ne peuvent être utilisés que dans le cadre de votre profession, comme par exemple du matériel spécifiquement adapté à votre activité[1]. Les biens susceptibles de servir à une autre activité (immeuble, véhicule, droit au bail) sont maintenus dans le patrimoine privé, si vous le décidez. Mais ils peuvent aussi être inscrits à votre actif professionnel. C'est une décision de gestion opposable à l'administration[2]. Enfin les biens non utilisés dans le cadre de l'activité professionnelle ne peuvent en aucune manière faire partie de l'actif professionnel. Vous ne pouvez inscrire votre studio sur la Côte pour faire passer vos frais d'entretien en frais généraux. Vous risqueriez d'être redressé sur cette affectation non justifiée, à moins que vous ne le transformiez en atelier.

Les biens affectés à l'exercice de votre activité sont recensés dans un registre spécial d'immobilisations. Vous y indiquez leur nature et leur valeur d'acquisition. S'il s'agit d'un bien que vous déteniez dans votre patrimoine privé et que vous affectez spécifiquement à votre activité, vous l'appréciez à sa valeur réelle (vénale) au moment de son affectation.

Vos recettes imposables

Les recettes sont le premier élément à envisager pour calculer votre bénéfice. Sont considérées comme imposables toutes vos recettes professionnelles, à la condition qu'elles soient effectivement encaissées. Il importe peu que vos clients paient en espèces, par chèque, par carte bancaire ou par virement. Seul compte que les sommes soient inscrites à votre crédit. Elles concernent les ventes d'œuvres et les prestations que vous avez effectuées au cours de l'année et qui vous ont été payées mais aussi celles effectuées une année antérieure et payées avec retard ou celles que vous effectuerez l'année suivante mais qui vous ont été payées en avance. Le principe est que toute valeur encaissée doit être déclarée.

---

1. Par exemple, un four à céramique, du matériel pour développer des photographies, une machine à bois.
2. Sur la théorie et la pratique de la décision de gestion, *Cf.* Maurice Cozian, *Les grands principes de la fiscalité des entreprises,* Litec, 2000.

Vos recettes imposables sont entendues au sens large. Elles comprennent le produit de la vente de vos œuvres, les recettes encaissées en contrepartie de prestations ou de services rendus, vos honoraires, vacations mais aussi les sommes reçues en remboursements de frais, les aides, bourses et subventions[1], les allocations de recherche, les prix et récompenses[2], la cession de droits d'auteur ou les plus-values résultant de la cession d'un élément d'actif professionnel. Elles sont retenues pour leur montant TVA comprise. La TVA vient ensuite en déduction, au titre des dépenses professionnelles admises[3]. Après les recettes, vous devez envisager les charges de votre activité.

Vos charges déductibles

Les charges sont le deuxième élément à considérer pour calculer votre bénéfice imposable. Toutes ne sont pas admises en déduction de vos recettes. Ne sont retranchées que les dépenses professionnelles nécessitées et engagées dans l'intérêt de votre activité. De plus, ces charges doivent pouvoir être justifiées par une pièce comptable (par exemple, une facture) et avoir été effectivement payées au cours de l'année d'imposition en question.

Vos dépenses personnelles ne sont pas déductibles de vos résultats. Ainsi le loyer de votre logement privé, les frais quotidiens de repas, les amendes pénales restent à votre charge. En revanche, les dépenses réputées mixtes (bail mixte, dépenses de voiture) sont ventilées au prorata de leur utilisation privée/professionnelle.

En définitive, à l'exception des dépenses qui font l'objet d'un amortissement[4], vous comptabilisez en charges :

- **les achats** de produits destinés à la revente ;
- **les travaux, fournitures et services extérieurs** : location de matériel et de mobilier, entretien et réparation des locaux et matériels, eau, chauffage, électricité, primes d'assurances (assurance de vos locaux et matériels professionnels, responsa-

1. Les bourses d'études accordées selon des critères sociaux sont exonérées.
2. Les prix attribués depuis au moins trois ans par un jury indépendant sont néanmoins exonérés par tolérance administrative. (D. B. 5-G-222 n°9).
3. Si vous êtes assujetti.
4. Immobilisations corporelles (achat de locaux, matériel, mobilier...).

bilité civile professionnelle, assurance-vie contractée pour garantir un prêt professionnel, etc.), achat de petits équipements et commissions versées (par exemple, à votre agent) ;

- **le loyer.** Si vous êtes locataire, détenteur d'un bail professionnel[1], vous déduisez l'intégralité de votre loyer, avec les charges afférentes. Si vous avez un bail mixte, professionnel et privé, vous déduisez la proportion de votre loyer correspondant à la proportion du local que vous utilisez ;
- **le transport et les déplacements**, les dépenses de train, d'avion, de taxi, les frais de stationnement[2], les frais de voiture[3] (essence, entretien, assurance, etc.) avec ventilation entre les parts professionnelle et privée si le véhicule est à usage mixte ;
- **les frais de réception et de représentation** nécessités par l'exercice de votre activité ;
- **les cadeaux,** sous réserve qu'ils relèvent d'une gestion normale et que leur valeur ne soit pas exagérée ;
- **les charges sociales personnelles** : les cotisations versées au titre des régimes obligatoires des assurances maladie, maternité, invalidité, décès et allocations familiales bénéficient d'une déduction intégrale. Pour l'assurance vieillesse (parts obligatoire et facultative), la prévoyance et l'assurance perte d'emploi, la déduction est limitée. Elle est plafonnée à 19 % de huit fois le plafond annuel de la Sécurité sociale pour les cotisations sociales de l'indépendant et de son conjoint[4] ;
- **les frais de personnel**, salaires et charges sociales ;
- **les impôts et taxes** acquittés à titre professionnel : taxe foncière portant sur des locaux professionnels, taxe sur les salaires (si vous employez des salariés), TVA, taxe professionnelle. En revanche, les impôts personnels ne sont pas déductibles (IR, CRDS, part non déductible de la CSG) ;

1. C'est à dire que vos locaux sont entièrement consacrés à votre activité.
2. Sans justification si leur montant est raisonnable.
3. Les frais d'usage et d'entretien de votre voiture sont en principe déductibles pour leur montant réel. Ils peuvent aussi être évalués en application d'un barème forfaitaire que le véhicule vous appartienne ou soit loué. Mais vous avez l'obligation de recenser scrupuleusement tous vos déplacements, avec le nom et l'adresse de vos clients et le nombre de kilomètres parcourus.
4. Soit en 2001, 41 570 €.

- **les frais de gestion** : frais de documentation, fourniture de bureau, affranchissement postal, téléphone, frais d'actes et de contentieux ;
- **les frais financiers** : intérêts d'emprunts contractés pour acquérir, réparer ou améliorer un élément d'actif professionnel (local ou matériel) ;
- **les frais de formation professionnelle ;**
- **les pourboires**, même payés en espèces, dans la limite d'un pour mille du chiffre d'affaires hors taxe ;
- **la rémunération de votre conjoint,** si vous travaillez avec votre conjoint et lui versez un salaire. Vous effectuez la déduction en totalité, si vous êtes mariés sous le régime de la séparation de biens. Sinon, cette dépense est admise en charge dans la limite de 2 600 €[1]. Si vous adhérez à une association de gestion agréée, la déduction est plus élevée. Vous êtes autorisé à déduire ce salaire, dans la limite de 36 fois le Smic mensuel ;
- **les amortissements,** à la condition de concerner un élément de votre actif professionnel, de constater sa dépréciation subie et d'être effectivement pratiqué en comptabilité. Tous les biens inscrits à votre actif sont soumis à dépréciation, par l'usage ou le temps. L'amortissement a vocation à constater cette dépréciation. Il s'agit principalement d'éléments corporels (immeuble ou matériel) ou incorporels (brevets, dessins, etc.), si leur durée d'utilisation est prévisible lors de leur acquisition. Mais les investissements de faible valeur (moins de 380 € HT) peuvent être passés en frais généraux.

L'amortissement peut être linéaire ou dégressif. Quand il est dégressif, l'annuité est décroissante. Quand il est linéaire, l'annuité est constante. Concrètement, vous déduisez de votre bénéfice imposable un pourcentage du prix de revient[2] d'un élément affecté à votre activité, chaque année jusqu'à la fin de sa durée de vie. Les taux d'amortissement admis sont fixés par l'administration.

Si vous achetez un ordinateur, vous amortissez, dans votre comptabilité, chaque année un tiers de son prix de revient,

1. CGI, art. 154.
2. Prix hors taxe si la TVA est récupérable.

Taux d'amortissement*

4 % pour les immeubles à usage de bureaux,
5 à 10 % pour l'agencement et les installations,
10 % pour le mobilier,
10 à 15 % pour le matériel,
10 à 20 % pour l'outillage,
10 à 20 % pour le matériel de bureau,
20 à 25 % pour le matériel roulant et l'automobile,
20 % pour les brevets,
33,33 % pour les ordinateurs.

* Réponse ministérielle Hamel 5 mars 1998, JO Sénat 20 août 1998. Les logiciels sont amortis sur 12 mois.

pendant trois ans. Cela signifie que vous allez retrancher cette somme de votre bénéfice imposable, pendant la même durée. Mais les dépenses que vous amortissez ne sont pas comptabilisées en frais généraux.

L'amortissement d'un ordinateur d'une valeur de 5 000 €

Exercice	Amortissement	Valeur comptable Reste à amortir
2002	5 000 x 33,33 % = 1 666	3 334 €
2003	5 000 x 33,33 % = 1 666	1 668 €
2004	5 000 x 33,33 % = 1 668	0 €

À terme, l'amortissement vous permet de dégager, en franchise d'impôt, par une déduction sur vos résultats, le montant nécessaire pour remplacer votre bien devenu vétuste ou hors d'usage.

Vous avez calculé votre bénéfice imposable, en fonction de votre régime d'imposition. C'est ce montant qui va faire l'objet de taxation. Si vous êtes artiste auteur, vous pouvez bénéficier de deux dispositions qui tendent à alléger votre imposition : la référence à votre bénéfice moyen et la prise en compte de votre déficit artistique.

L'option pour l'imposition d'après le bénéfice moyen

Si vos revenus artistiques sont irréguliers, vous pouvez avoir intérêt à opter, non pour le bénéfice réel, mais le bénéfice moyen calculé sur trois années[1]. Il suffit pour en profiter d'être sous le régime d'imposition de la déclaration contrôlée. L'option permet de lisser votre taxation et de pallier les variations de revenus. Elle consiste à calculer le bénéfice en retranchant, de la moyenne des recettes de l'année de l'imposition et des deux précédentes, la moyenne des dépenses de ces mêmes années. Elle s'exerce au moment du dépôt de votre déclaration et peut être révoquée. Mais dans les années suivant la révocation, elle continue à produire des effets pour la taxation de la fraction de revenus non imposés.

Année	*Bénéfice imposable*	*Option*	*Bénéfice imposé*
1999	25 000 €	non	25 000 €
2000	16 000 €	non	16 000 €
2001	100 000 €	oui	$\frac{25000 + 16000 + 100000}{3} = 47000€$
2002	33 000 €	oui	$\frac{16000 + 100000 + 33000}{3} = 49700€$
2003	29 000 €	renonciation	$\frac{100000 + 33000 + 29000}{3} = 73300€$
2004	10 000 €	non	$\frac{33000}{3} + 10000 = 21000€$
2005	17 000 €	non	17 000 €

Le mécanisme permet de réduire l'effet de la progressivité mais il augmente les revenus imposés. Il peut être combiné avec les dispositions concernant les revenus exceptionnels[2].

1. CGI, art. 100 bis.

L'imputation spéciale de vos déficits

Si le montant de vos dépenses dépasse celui de vos recettes, votre activité est déficitaire. Et vous pouvez en théorie imputer ce déficit sur le revenu global de votre foyer fiscal réalisé la même année[1]. En pratique, seul le déficit provenant d'une activité professionnelle est imputé sur le revenu global. Le déficit provenant d'une activité occasionnelle ne peut être retranché que sur la même catégorie de revenus[2]. En d'autres termes, si le déficit est généré par une activité qui n'a pas un caractère professionnel, il ne peut être retranché ni de bénéfices non commerciaux provenant d'une autre activité, ni du revenu global.

Il est donc important de déterminer le caractère professionnel ou amateur de votre activité artistique. L'administration fiscale a été amenée à préciser cette notion, pour les artistes qui ne vivent pas de leur art à titre principal[3]. Les deux critères retenus visent l'exercice habituel et constant de l'activité et la quête d'un profit. Le caractère habituel et constant est apprécié par rapport au temps que vous consacrez à la création et votre ancienneté dans le métier. Le profit est mesuré en termes financier mais aussi en termes de notoriété ou d'énergie déployée, quelles qu'en soient les retombées réelles ou supposées[4]. Vous le voyez, le caractère professionnel n'est pas jugé aux résultats obtenus mais aux efforts déployés.

Dans le cas où votre activité artistique est reconnue professionnelle, le montant de votre déficit artistique vient en déduction de vos autres revenus (salariés, fonciers, mobiliers, etc.) ou du revenu de votre conjoint. Si ce n'est pas suffisant pour l'absorber en entier, l'excédent de déficit est reporté sur le revenu global des cinq années suivantes[5].

2. CGI, art. 163-0 A.
1. CGI, art. 156-I.
2. Par exemple un déficit foncier sur un revenu foncier.
3. BOI 5 G-13-93 du 27 août 1993.
4. Par la participation à des expositions, des conférences, la rédaction d'articles, la présentation d'œuvres à des prix ou des concours, etc.
5. Les dépenses engagées avant le début de votre activité sont également constitutives d'un déficit imputable sur votre revenu global.

Le paiement de votre impôt sur le revenu

Quelle que soit l'importance de votre activité, vous avez l'obligation de déclarer vos revenus dans les délais accordés et dans la catégorie consacrée (BNC ou BIC). Vous y soustraire vous expose à de sérieuses difficultés. Vous encourez l'application d'un intérêt de retard de 0,75 % et des majorations allant de 10 à 80 % en cas de mauvaise foi ou de récidive. Vous risquez aussi d'être évalué d'office. Autant d'incidents qui n'augurent rien de bienfaisant. Vous devez respecter les échéances, pour la déclaration comme pour le paiement.

*Barème de l'IR**

Taux	Revenus
0	Jusqu'à 4 121 € (27 031 F)
7 %	De 4 121 € à 8 104 € (27 031 F à 53 158 F)
20,5 %	De 8 104 € à 14 264 € (53 158 F à 93 565 F)
30,5 %	De 14 264 € à 23 096 € (93 565 F à 151 499 F)
40,5 %	De 23 096 € à 37 579 € (151 499 F à 246 502 F)
46,5 %	De 37 579 € à 46 343 € (246 502 F à 284 311 F)
52,5 %	Au-delà de 46 343 € (284 311 F)

* Pour une part, pour les revenus de 2002.

Si vous suivez des règles particulières pour le calcul de votre revenu imposable, vous êtes soumis aux règles générales de paiement de l'IR. Vous payez vos acomptes au 15 février, 15 mai et le solde au 15 septembre, à moins que vous ne choisissiez la mensualisation[1]. En cas de retard de paiement, une majoration de 10 % vous est appliquée. Il vaut mieux éviter. Car vous avez d'autres dépenses obligées pour votre activité et d'autres impôts

1. Pour vos droits d'auteur, vous pouvez opter pour la retenue à la source. Un prélèvement de 15 % est pratiqué sur vos revenus bruts. Il s'impute sur l'impôt sur le revenu dû au titre de l'année au cours duquel il a été opéré. Il peut être effectué par les sociétés de droit public, les sociétés passibles de l'impôt sur les sociétés, les sociétés passibles de l'impôt sur le revenu dans la catégorie des BIC et les sociétés civiles de droits d'auteurs. CGI, art. 182 C.

à payer. Après l'imposition de votre bénéfice, vous devez envisager l'imposition de votre chiffre d'affaires.

L'imposition de votre chiffre d'affaires

Votre chiffre d'affaires, c'est-à-dire vos recettes, fait l'objet d'une imposition particulière. Il est soumis à la taxe sur la valeur ajoutée (TVA) et à la taxe professionnelle. Ce sont deux impôts avec lesquels vous devez compter. Mais vous avez des possibilités d'être exonéré. Car l'activité artistique et les œuvres d'art bénéficient d'un régime favorisé.

La taxe sur votre valeur ajoutée

Le marché de l'art est assujetti à la TVA[1]. Vous n'y échapperez pas. Presque tous les biens et les services produits, vendus, consommés ou utilisés sur le sol européen y sont soumis. Mais les transactions portant sur des œuvres d'art font l'objet d'un régime dérogatoire[2]. Vous bénéficiez en effet d'une franchise en base de TVA, en tant qu'artiste ou en tant que créateur d'entreprise, si votre activité est encore réduite.

Le calcul de la TVA exigible

L'assiette de la TVA est constituée par toutes les sommes, valeurs, biens, services reçus en contrepartie des ventes que vous réalisez ou des prestations de services que vous effectuez. Le fait générateur de la TVA est la réalisation de la transaction ou de la prestation. Mais seulement l'encaissement du prix, de la rémunération ou d'un acompte la rend exigible.

Pour les artistes, le taux de TVA est le taux réduit de 5,5 %. Il s'applique à la vente de vos œuvres d'art originales[3] et à la cession de droits d'auteur ou de droits de reproduction. Le taux normal

1. Loi n° 94-1163 du 29 décembre 1994, art. 16.
2. Loi n° 91-716 du 26 juillet 1991.
3. Au sens de l'article 98 A de l'annexe III du CGI.

de TVA de 19,6 % s'applique à vos prestations matérielles ou immatérielles et à la revente d'œuvres d'art d'occasion.

Pour les œuvres de collaboration[1], chacun des coauteurs bénéficie du taux réduit. Pour les œuvres composites[2], les auteurs bénéficient du taux réduit à concurrence des recettes provenant de l'exploitation de leur part personnelle dans l'élaboration de l'œuvre.

Les prix ou récompenses et les aides ou bourses à la création ne sont pas imposables à la TVA, à la condition qu'ils n'impliquent pas de contrepartie[3]. Les activités d'enseignement artistique ne le sont pas non plus, lorsque vous êtes directement rémunéré par vos élèves[4].

Le calcul d'un prix HT (à partir d'un prix TTC)

Calcul prix TTC	=	prix HT x taux
Calcul prix HT	=	prix TTC x 100/(100 + taux)
	=	prix TTC x 0,94786 (taux à 5,5 %)
		prix TTC x 0,83612 (taux à 19,6 %)

La TVA joue en deux temps. Vous facturez la TVA à vos clients. C'est la TVA collectée. Puis vous comptabilisez la TVA que vous avez vous-même payée, à l'occasion de vos propres achats professionnels. Vous obtenez ainsi le montant de TVA déductible. La différence entre les deux est la somme que vous versez à l'administration fiscale[5]. Si vous avez plus de TVA à déduire que de TVA que vous avez facturée[6], la différence vous est remboursée par

1. Œuvres créées par plusieurs personnes physiques. Elles sont la propriété commune de leurs auteurs.

2. Œuvres nouvelles incorporant une œuvre préexistante. Elles sont la propriété de l'auteur qui la réalise.

3. Livraison de biens ou exécution d'une prestation de services.

4. CGI, art. 261-4.4°-b.

5. Seulement s'il s'agit d'une opération qui n'est pas exclue du droit à déduction, comme par exemple les dépenses de logement, de restaurant ou de réception.

6. C'est possible si vous réalisez des investissements importants.

l'administration. En cas d'opérations résiliées ou annulées, la TVA acquittée peut être récupérée par imputation sur la TVA ultérieurement exigible.

Si vous vendez vos œuvres directement à des amateurs, les transactions sont imposées à la TVA réduite à 5,5 %, sauf si vous bénéficiez de la franchise en base. Dans ce cas, elles sont exonérées.

Si vous vendez vos œuvres par l'intermédiaire d'une galerie, plusieurs modalités peuvent se présenter :

- *la galerie d'art vous loue ses cimaises et vous assumez tous les frais d'exposition.*
  Vous êtes réputé vendre vos œuvres et vous percevez le règlement directement des clients. Vous facturez la TVA à 5,5 % et vous payez la TVA sur le montant total des ventes. La galerie vous facture les prestations de location de murs, d'électricité, de vernissage (au taux de 19,6 %). Et vous récupérez le montant de TVA que vous a facturé la galerie d'art.
- *la galerie est dépositaire de vos œuvres.*
  Elle agit comme un commissionnaire ou un dépositaire en vertu d'un contrat préalable et explicite de vente ou de dépôt. Elle n'est jamais propriétaire des œuvres. Elle est rémunérée sur une commission calculée sur le prix de vente. La galerie intervient de deux façons, en commissionnaire opaque (au nom d'autrui mais sous son propre nom) ou transparent (au nom d'autrui). En cas de transparence, la galerie est considérée comme un prestataire de services imposable sur sa seule rémunération. En cas d'opacité, la galerie est réputée avoir personnellement acheté et vendu l'œuvre d'art. Elle est considérée comme un assujetti-revendeur. Les ventes qu'elle réalise sont taxées sur la marge[1]. L'impôt est ainsi assis sur la diffé-

1. L'imposition sur la marge bénéficiaire est possible lorsque l'acquisition de l'œuvre d'art a été effectuée auprès d'un non redevable à la TVA (particulier) ou d'un artiste bénéficiant de la franchise en base de TVA. L'assiette d'imposition est constituée par la différence entre le prix de vente demandé par le galeriste et le prix d'achat du bien. CGI, art. 297 A. Si un galeriste a acheté un tableau à un particulier ou à un artiste non assujetti à la TVA pour un prix de 1000 € et qu'il le revend 1500 € TTC, la marge bénéficiaire TTC égale 1500 – 1000 = 500 €. La marge bénéficiaire HT égale 500 x 0,836 = 418,06 €. Le montant de la TVA due égale 418,06 x 19,6 % = 81,93 €. Le régime de la marge bénéficiaire interdit toute déduction de TVA. Et la galerie assujettie-revendeur ne peut pas faire apparaître de TVA sur les factures qu'elle délivre. CGI, art. 297 E.

rence entre le montant total facturé à l'acheteur et le montant net payé à l'artiste. La marge obtenue est une marge toutes taxes comprises, ramenée hors taxe par application du coefficient de conversion.

Le plus souvent, vous acquittez la TVA à 5,5 % sur le prix total de vente de l'œuvre et la TVA à 19,6 % sur la commission prélevée sur le prix de vente. Et vous pouvez récupérer cette TVA payée.

- *la galerie achète les œuvres à l'artiste.*

  Vous facturez l'achat de vos œuvres avec la TVA au taux réduit à 5,5 %, lorsque vous êtes assujetti.

  Si vous vendez vos œuvres aux enchères publiques, le prix d'adjudication est soumis à la TVA au taux réduit[1]. Vous déduisez ensuite la TVA facturée par le commissaire–priseur, au titre de sa rémunération.

Les franchises de TVA

Deux régimes de franchise de TVA coexistent, celui des artistes et celui de droit commun. Vous pouvez cumuler les avantages de l'un et de l'autre. Cela vous permet, lorsque vous commencez ou lorsque les ventes de vos œuvres sont limitées, de vous épargner les tracas liés à la TVA.

La franchise en base de TVA pour les artistes

Les auteurs des œuvres de l'esprit[2] bénéficient d'une franchise en base de TVA si leurs recettes sont inférieures à 37 400 € (245 000 F) hors taxes[3]. Celle-ci s'applique aux ventes d'œuvres d'art originales et à la cession de droits afférente. Elle ne concerne que la vente de votre propre production artistique[4].

---

1. (suite note p. 123) L'imposition à la TVA peut également intervenir sur la marge forfaitaire égale à 30 % du prix de vente hors taxe, lorsqu'il n'est pas possible de déterminer avec précision le prix d'achat payé au vendeur (acquisition ancienne) ou lorsque le prix n'est pas significatif (acquisition en nombre). CGI, art. 297 A III.

1. Car le commissaire-priseur intervient comme intermédiaire.

2. Tels que désignés par le code de la Propriété intellectuelle, art. L. 112-2. Et non seulement les auteurs d'œuvres d'art originales.

3. À l'exception des architectes et des auteurs de logiciels.

4. Elle profite aussi aux ayants-droit des artistes pour l'exploitation de leurs droits patrimoniaux et la livraison d'œuvres d'art originales.

Si vous dépassez la limite de 37 400 €, vous devenez assujetti à la TVA au 1er janvier de l'année suivante. Mais si vous réalisez plus de 47 800 € de recettes, l'assujettissement prend effet dès le premier jour du mois suivant le franchissement. En outre, le dépassement du seuil de 37 400 € vous fait perdre le bénéfice de la franchise de droit commun (27 000 €).

La franchise en base de TVA de droit commun

Si vous réalisez un chiffre d'affaires inférieur à 27 000 € et si vous avez opté pour la franchise de TVA[1], vous êtes dispensé du paiement de cette taxe. Une franchise en base vous en exonère[2]. Dans ce cas, vous ne facturez pas de TVA, ni ne pratiquez aucune déduction. Vos factures et vos notes d'honoraires portent la mention : « TVA non applicable, art. 293 B du CGI ».

Si pendant l'année en cours, votre chiffre d'affaires dépasse 30 500 € (200 000 F), vous devenez redevable de la TVA pour les ventes réalisées ou les prestations effectuées à compter du premier jour où votre chiffre d'affaires d'exonération a été dépassé.

Votre déclaration de TVA

Votre régime de déclaration de TVA dépend de votre régime d'imposition des bénéfices et du montant de votre chiffre d'affaires. Selon que vous avez choisi le régime de la micro-entreprise, de la déclaration contrôlée ou du réel simplifié pour vos bénéfices, vous êtes exonéré de TVA ou vous devez la payer.

Les déclarations de TVA sont à effectuer auprès des services des impôts qui recueillent également vos déclarations de bénéfices. Vous choisissez votre régime de déclaration et de paiement de la TVA en fonction de votre chiffre d'affaires. Mais vous avez la liberté d'opter pour un régime différent s'il vous semble plus avantageux.

1. Que vous soyez au régime micro-entreprise ou déclaration contrôlée ou réel simplifié (pour les artisans d'art).
2. CGI, art. 293 B.

Le régime simplifié de TVA

Lorsque votre chiffre d'affaires est supérieur à 27 000 € mais demeure inférieur à 230 000 € hors taxes, vous n'êtes tenu qu'à une seule déclaration annuelle de TVA. Celle-ci récapitule le montant de vos achats, les prestations réalisées, les honoraires encaissés et la TVA déductible. Vous déterminez vous-même la TVA que vous payez pour l'année précédente et le montant des acomptes trimestriels à acquitter pour l'année en cours. La date limite de dépôt de votre déclaration est en principe fixée au 1er avril. Et les acomptes de TVA sont à verser en avril, juillet, octobre et décembre.

Le montant de chacun des trois premiers acomptes égale le quart de la TVA exigible au titre de l'année ou de l'exercice précédent. Le quatrième égale le cinquième de la TVA réellement due. Et le complément d'impôt éventuellement exigible est versé avec la déclaration annuelle de l'année suivante. Si les versements provisionnels sont supérieurs à la TVA due, ils sont imputés sur la TVA exigible jusqu'au 31 décembre et remboursés automatiquement en cas de surplus. Mais si vous estimez que le montant des acomptes déjà versés est supérieur à celui que vous aurez finalement à payer, compte tenu d'un ralentissement de votre activité, vous avez la possibilité de suspendre le paiement de vos acomptes de TVA. Mais vous devez en informer au préalable le comptable chargé du recouvrement de votre taxe par une déclaration motivée. Sinon il peut venir vous les réclamer. Si vos acomptes sont sous-estimés ou indûment diminués ou si vous payez en retard, vous subirez une majoration de 10 %, en plus des intérêts de retard légaux.

Le régime normal de TVA

Si vous dépassez la limite de 230 000 € de chiffre d'affaires, vous payez en même temps que vous déclarez votre TVA, tous les mois. Le dépôt de votre déclaration est réalisé le mois suivant la période concernée par la déclaration, à la recette des impôts. Il est obligatoire même si vous n'avez effectué aucune opération taxable le mois précédent. En cas de difficultés à respecter les délais, vous bénéficiez d'un sursis d'un mois. Mais l'administration vous demande néanmoins de verser un acompte de TVA représentant approximativement 80 % de ce que vous devez.

Que vous soyez au régime simplifié ou au régime normal de TVA, vous devez toujours être en mesure de justifier toutes les opérations que vous déclarez, tant pour la TVA qui vous a été payée que pour celle que vous déduisez. Le délai de reprise de l'administration, c'est-à-dire la période pendant laquelle vous êtes susceptible d'être contrôlé pour vos déclarations de TVA, est de trois ans plus l'année en cours, comme l'impôt sur le revenu.

La taxe professionnelle

La taxe professionnelle est acquittée par toute personne qui exerce une activité non salariée à titre habituel et professionnel. Traditionnellement, les artistes en sont exonérés[1], à la condition qu'ils ne vendent que le produit de leur art, ainsi que les artisans d'art. Mais si vous êtes artiste libéral, vous en êtes redevable.

Les conditions d'exonération

Vous êtes exonéré de taxe professionnelle si vous avez le statut d'artiste auteur ou d'artisan d'art. Mais vous devez remplir un certain nombre de conditions dans l'exercice de votre profession pour profiter de cette exonération.

Vous êtes artiste auteur

Vous êtes exonéré à la condition d'être considéré comme artiste et de ne vendre que le produit de votre art[2]. Peintre, sculpteur, graveur ou dessinateur, pour échapper à cette taxation, vous devez produire un travail original, créer des œuvres personnelles[3]. La qualité d'artiste dessinateur est, par exemple, reconnue au graphiste dont l'activité consiste à créer et à réaliser de sa propre main des sigles, logos, illustrations et dessins originaux[4]. Elle est aussi reconnue au dessinateur auteur de dessins publici-

1. Cette faveur remonte à la patente, la devancière de la taxe professionnelle, dont les artistes étaient exonérés. *Cf.* loi 25 avril 1844, art. 13-2°.
2. CGI, art. 1460-2°.
3. CE, 20 octobre 1982, Carrasco, DF 1983 n° 31.
4. CAA Nancy, 4 avril 1996, n° 94-1563, DF 1996 n° 1114.

taires originaux, même reproduits à un grand nombre d'exemplaires[1]. Mais elle est refusée au graphiste publicitaire chargé de la conception d'emballages[2] ou de la mise en forme de messages publicitaires[3]. En outre, il est nécessaire que vous exerciez votre activité de façon indépendante, c'est-à-dire que vous soyez libre de conduire votre travail comme vous l'entendez, sans suivre aucune directive imposée par vos clients[4]. En cas de commande, ceux-ci ne doivent pas vous donner d'instructions trop précises pour la réalisation de votre œuvre.

Et vous devez travailler seul ou avec un nombre limité de collaborateurs[5]. Il ne vous est notamment pas autorisé de spéculer sur le travail d'autrui en employant des ouvriers ayant une qualification suffisante pour intervenir dans le processus de création. Enfin, vous ne devez vendre que le produit de votre art, c'est-à-dire vos propres œuvres. Cela exclut que vous vendiez les œuvres d'autres artistes ou que vous soyez commissionné sur leur vente ou que vous exerciez une autre activité[6].

Comme toute disposition dérogatoire, l'exonération de taxe professionnelle pour les artistes s'entend limitativement. Elle est seulement accordée à ceux qui sont désignés[7]. Photographe, vous ne figurez pas au nombre des personnes énumérées. Vous n'êtes donc pas exonéré[8]. Il vous reste à revendiquer votre qualité d'auteur[9]. Mais celle-ci est entendue de manière restrictive, comme ne concernant que les auteurs d'œuvres écrites et non les auteurs de toutes les œuvres de l'esprit[10]. L'affiliation à la Sécurité sociale de la Maison des artistes est, sur ce point, sans incidence.

---

1. CAA Nancy, 27 février 1992, n° 90-254, DF 1992 n° 837.
2. CAA Nancy, 4 avril 1996, n° 94-864, DF 1996 n° 1114.
3. CAA Nancy, 4 avril 1996, n° 94-945, DF 1996 n° 1114.
4. CE, 27 juillet 1990, Gauthier, DF 1991 n° 1145.
5. CAA Paris, 27 février 1996, n° 94-1268, DF 1996 n° 1114.
6. Sauf celle d'enseignement d'art d'agrément. CGI, art. 1460-3°.
7. A l'article 1460 du CGI.
8. CAA Paris, 16 février 1993, DF 1993 n° 2340.
9. CGI, art. 1460-3°.
10. Telles que définies par CPI, art. L. 112-2.

Vous êtes artisan d'art

Vous êtes exonéré, comme tous les artisans, si vous remplissez certaines conditions[1]. Vous devez être inscrit au répertoire des métiers, exercer une activité où le travail manuel est prépondérant et travailler seul ou avec des aides limitées. Ainsi, vous pouvez employer votre conjoint, vos enfants, des apprentis sous contrat âgés de vingt ans au plus, un manœuvre[2] ou un compagnon[3] sans perdre votre droit à l'exonération. Et jusqu'à trois salariés employés, vous bénéficiez d'une imposition réduite[4]. Au-delà, vous êtes assujetti sans réduction.

Compte tenu des difficultés d'application des conditions d'exonération, vous avez intérêt à vous rapprocher des services fiscaux pour clarifier votre situation et défendre votre droit à exonération. Ils examinent au cas par cas la nature des travaux réalisés et les circonstances de l'exercice de votre activité. À vous de faire valoir votre particularité.

Le calcul de la taxe professionnelle

Lorsque vous êtes redevable, la taxe professionnelle est calculée sur une base d'imposition prenant en compte trois éléments :

- la valeur locative des immobilisations corporelles dont vous disposez pour votre activité et qui sont passibles de la taxe foncière (local, atelier, immeubles, etc.) ;
- 16 % du prix de revient des immobilisations corporelles non passibles de la taxe foncière (matériel, outillage, mobilier, etc.)[5] ;
- 18 % du montant des salaires bruts versés, si vous êtes artisan d'art, ou 10 % des recettes TTC si vous êtes artiste libéral.

Le montant de taxe professionnelle résulte de la multiplication de cette base d'imposition par le taux d'imposition fixé par la commune où vous êtes installé.

---

1. CGI, art. 1452.
2. Dont le concours est indispensable à la réalisation de votre activité.
3. Dans la limite de quatre-vingt dix jours par an.
4. La réduction de la taxe professionnelle s'élève au $^3/_4$ pour un salarié, à $^1/_2$ pour deux salariés et $^1/_4$ pour trois salariés. CGI, art. 1468-I-2°.
5. Cet élément n'est pas pris en compte lorsque vos recettes sont inférieures à 61 000 €. Pour les biens loués, vous retenez le montant du loyer sur la période considérée.

Pour votre première année d'imposition à la taxe professionnelle, la base imposable est réduite de moitié. Ensuite, elle bénéficie d'un abattement général et permanent égal à 16 %.

Le paiement de la taxe professionnelle

Pour l'année de votre installation, la taxe n'est pas due. Les deux années suivantes, la base d'imposition est calculée d'après votre situation au 31 décembre de l'année de votre création. Ensuite, la période de référence est l'avant dernière année d'activité. Au démarrage, cela ne vous dispense pas de souscrire une déclaration au plus tard le 31 décembre de l'année suivant celle de votre installation[1]. Vous n'êtes tenu de souscrire une déclaration de taxe professionnelle avant le 1er mai de chaque année que si vos recettes annuelles toutes taxes comprises sont supérieures à 61 000 €[2]. Vous payez alors un acompte de 50 % au plus tard le 31 mai si votre impôt de l'année précédente était au moins de 1 524. Le solde est dû le 1er décembre de chaque année. En cas de retard, une majoration de 10 % est appliquée.

Imposition à la TVA et à la taxe professionnelle

Activité principale	*catégorie de déclaration IR*	*TVA*	*Taxe professionnelle*
artistique	BNC	oui sauf franchise taux 5,5 %	exonération
libérale	BNC	oui sauf franchise taux 19,6 %	oui
artisanale	BIC	oui sauf franchise taux 5,5 % ou 19,6 %	exonération*
salariée	TS	non	exonération

* Si les conditions d'exonération sont bien remplies.

1. Déclaration provisoire n° 1003 P.
2. Déclaration n° 1003 et 1003 S. CGI, art. 1477.

Vous pouvez éventuellement bénéficier du plafonnement de votre taxe professionnelle à 3,5 % de votre valeur ajoutée, celle-ci étant entendue comme la différence entre votre chiffre d'affaires HT et vos dépenses déductibles. Pour profiter de cet avantage, il est nécessaire d'en faire la demande, au moment de votre déclaration. Après l'imposition de votre chiffre d'affaires, vous devez considérer l'imposition de vos biens.

L'imposition de vos biens

L'imposition de vos biens concerne votre patrimoine et les biens que vous possédez. Elle comprend la taxe foncière, si vous êtes propriétaire, la taxe d'habitation et l'impôt de solidarité sur la fortune. Ces impôts sont des taxations personnelles qui ne sont pas déductibles de votre bénéfice imposable[1] mais dont vous pouvez être redevable.

La taxe foncière

La taxe foncière sur les propriétés bâties frappe les locaux dont vous êtes propriétaire. Ainsi si vous avez acheté votre atelier, vous devez l'acquitter. Une grande variété de propriétés bâties entre dans le champ d'application de la taxe foncière : immeubles proprement dit, constructions en maçonnerie fixées au sol, abris pour les personnes ou les biens (garages, hangars, ateliers), bateaux utilisés en un point fixe comme habitation ou bureau, etc. Aussi quel que soit le lieu choisi pour installer votre atelier, il est taxé à l'impôt foncier.

Celui-ci vient en déduction de votre bénéfice imposable s'il concerne un bien immeuble inscrit à votre actif professionnel.

1. Sauf affectation de votre atelier à votre actif professionnel.

La taxe d'habitation

Tous les locaux meublés affectés à l'habitation, dont vous disposez, en tant que locataire, propriétaire ou quelconque occupant, supporte la taxe d'habitation[1]. L'occupation des lieux est taxable si elle est privative et si les locaux comportent suffisamment d'ameublement et d'aménagement pour permettre un séjour effectif. Vous êtes susceptible d'acquitter cette taxe si vous disposez de locaux que vous réservez à votre usage privatif.

Votre atelier est exonéré de taxe d'habitation, lorsqu'il est situé dans un local à usage exclusivement professionnel. En cas d'occupation mixte (professionnelle et personnelle), la taxe d'habitation porte sur la partie utilisée à titre personnel, en proportion de la surface occupée, à condition que la partie atelier soit dans un état inhabitable.

La taxe d'habitation n'est pas un impôt professionnel. À ce titre, elle n'est pas déductible de votre bénéfice imposable.

L'impôt de solidarité sur la fortune

Vous êtes redevable de l'impôt de solidarité sur la fortune (ISF) dès que votre patrimoine est supérieur à 720 000 € (4 722 900 F)[2]. Son taux est compris entre 0,55 % et 1,8 %. Et son assiette retient tous les biens détenus par un même foyer fiscal (conjoint, enfants et concubin inclus) au 1er janvier de l'année d'imposition. Vous en déduisez néanmoins les dettes et tous les biens exonérés.

Au titre des biens exonérés susceptibles de vous intéresser, vous pouvez compter les œuvres d'art[3]. Il convient d'y ajouter les objets d'antiquité[4] ou de collection, les droits de propriété littéraire ou artistique, les droits de propriété industrielle (brevets, marques, dessins…)[5]. Les biens professionnels et les bois et

---

1. CGI, art. 1407.
2. Et si votre domicile fiscal est situé en France. *Cf.* CGI, art. 885 A.
3. Tapis, tapisseries, tableaux, peintures, dessins, gravures, estampes, lithographies originales, statues et sculptures originales, céramiques, émaux, etc. *Cf.* chapitre 97 du tarif douanier commun.
4. Ayant plus de cent ans d'âge.

forêts échappent également à la taxation sur la fortune, à certaines conditions de détention. Ainsi, ne sont pas compris dans l'assiette de l'ISF :

- l'actif professionnel d'une entreprise individuelle (commerciale, artisanale, agricole ou libérale) lorsque la profession est exercée à titre principal et que les biens sont nécessaires à l'exercice de l'activité. Par conséquent, votre atelier est d'emblée exonéré, si vous en êtes propriétaire.
- les parts de sociétés de personnes soumises à l'IR, lorsque le détenteur exerce dans la société son activité principale,
- les titres de sociétés soumises à l'IS détenus par les dirigeants, à la condition qu'ils possèdent au moins 25 % du capital social[1].

Barème de l'ISF*

Valeur du patrimoine	*Taux*
Inférieure à 728 000 €	0 %
Entre 728 000 € et 1 183 000 €	0,55 %
Entre 1 183 000 € et 2 348 000 €	0,75 %
Entre 2 348 000 € et 3 346 000 €	1,00 %
Entre 3 346 000 € et 7 060 000 €	1,30 %
Entre 7 060 000 € et 15 489 000 €	1,65 %
Supérieure à 15 489 000 F	1,80 %

* CGI, art. 885 U.

Le paiement de l'ISF s'effectue à la recette des impôts, en même temps que le dépôt de votre déclaration[2]. Il peut intervenir en numéraire, par chèque ou remise d'œuvres d'art[3].

5. CGI, art. 885 I.
1. Gérant de SARL, PDG ou DG de SA à condition que la rémunération de leur fonction représente au moins 50 % de leurs revenus professionnels.
2. Avant le 15 juin de chaque année.
3. CGI, art. 1716 bis. Comme le paiement des droits de donation ou de succession.

Le contrôle fiscal

Votre activité vous donne de fréquentes occasions d'entrer en relation avec l'administration fiscale. Déclaration, imposition et vérification. Au centre des impôts, vous envoyez vos déclarations. À la recette des impôts, vous acquittez vos impositions (IR, TVA, droits d'enregistrement, taxe professionnelle, etc.). Et parfois, vous pouvez faire l'objet d'une vérification.

L'administration exerce trois types de contrôle fiscal :

- le contrôle formel des déclarations. C'est la vérification matérielle de vos déclarations. Vos revenus font l'objet d'une comparaison d'une année sur l'autre et d'une confrontation avec d'autres déclarations fournies par les tiers (banques, éditeurs, galeries).
- le contrôle sur pièces. C'est un contrôle de cohérence. Il tend à rapprocher vos déclarations et les éléments contenus dans votre dossier (éléments de train de vie, véhicule, immobilier, assurances, relevé de frais généraux, etc.).
- la vérification sur place. C'est le contrôle fiscal par excellence. L'examen de la sincérité de vos déclarations est effectué par rapprochement avec votre comptabilité. Elle se solde par un non-lieu, une rectification ou un redressement des impositions antérieures.

Le droit de reprise de l'administration est de trois ans, plus l'année en cours. C'est la durée pendant laquelle la plupart des impôts sont susceptibles d'être contrôlés[1]. Pour vos revenus de 2002, l'administration peut effectuer une vérification de vos déclarations jusqu'au 31 décembre 2005. Après, il y a prescription. Vous ne pouvez plus faire l'objet d'une vérification pour l'année en question.

1. Cette durée peut être allongée pour l'IR ou l'IS en cas de découverte de fraude grave. Pour le contrôle des droits d'enregistrement ou d'ISF, l'administration dispose de dix années. *Cf.* Jacques Grosclaude & Philippe Marchessou, *Procédures fiscales*, Dalloz, 2000.

Chapitre 6
Déterminez votre régime social

Votre régime social n'est pas une préoccupation primordiale. Vous pensez être protégé du seul fait que vous êtes déclaré. Vous vous trompez. Votre protection n'est pas d'emblée assurée. En vous déclarant auprès de votre centre des impôts, c'est seulement votre activité qui a été enregistrée. Vous êtes identifié, en tant qu'artiste en activité. Après, des cotisations vont vous être réclamées. Mais vous n'allez pas forcément être affilié, ni assuré.

Car l'artiste est soumis à un statut social original qui fait la distinction entre identification et affiliation. Aussi, vous avez intérêt à envisager votre protection sociale avec attention. Vous réglez des cotisations. Autant connaître votre protection et vous assurer qu'elle est bien adaptée à votre situation. Ainsi vous serez à l'abri des tracas inopinés. Et vous en ferez profiter ceux que vous aimez.

Le statut social de l'artiste

Vous exercez une activité artistique. Vous êtes soumis au statut social de l'artiste. Et vous bénéficiez d'un régime social bien particulier. Ainsi, vous relevez du régime général des salariés, bien que vous soyez travailleur non salarié. Et vous dépendez d'organismes de Sécurité sociale séparés[1]. Vos cotisations sont

1. La Maison des artistes et l'Agessa.

allégées et le niveau de protection assez élevé. Mais pour en profiter, vous devez remplir des conditions d'affiliation, tenant à votre activité et à vos revenus. Et si vous avez plusieurs activités, votre situation sociale va se compliquer, tant pour les cotisations que pour les prestations.

L'identification sociale

Si vous tirez un gain de la vente d'une œuvre, vous devez vous identifier auprès de la Maison des artistes ou de l'Agessa. Cela signifie que vous vous y déclarez. Cette procédure est indépendante de votre déclaration d'existence au Centre des impôts. Elle ne concerne que l'aspect social (et non fiscal) de votre activité.

L'organisme auquel vous vous adressez dépend de la nature de votre activité. Vous choisissez la Maison des artistes[1] si votre activité artistique relève des arts plastiques ou graphiques[2] et si vous réalisez :

- des tableaux, peintures, collages, dessins entièrement exécutés à la main à l'exclusion des dessins d'architecte, d'ingénieur et autres dessins industriels et des articles manufacturés ou utilitaires décorés à la main ;
- des gravures[3], estampes, lithographies originales tirées en nombre limité d'une ou plusieurs planches entièrement exécutées à la main, quelle que soit la technique ou la matière employée, à l'exception de tout procédé mécanique ou photomécanique ;
- des productions originales de l'art statuaire ou de la sculpture exécutées par l'artiste, fontes de sculpture à tirage limité à huit exemplaires, à l'exception des articles de bijouterie, d'orfèvrerie ou de joaillerie ;
- des exemplaires uniques de céramiques, entièrement exécutés par l'artiste et signés par lui et émaux sur cuivre, entièrement exécutés à la main dans la limite de huit exemplaires ;
- des réalisations de plasticien, installations, vidéo ;

1. *Cf.* Carnet d'adresses.
2. Au sens de l'art. R 382-1 du CSS.
3. À l'exception de celles réalisées sur des objets.

- des tapisseries et textiles muraux faits à la main ;
- des maquettes de fresques, décor peint, mosaïques et vitraux dont la réalisation est effectuée par l'artiste ou sous sa direction ;
- des créations de graphiste concepteur d'images destinées à transmettre un message visuel ;
- des dessins originaux pour l'impression sur textile ou papier peint.

Vous choisissez l'Agessa[1] si votre activité artistique relève des arts photographiques ou si vous réalisez des illustrations d'œuvres littéraires ou scientifiques diffusées par la voie de l'édition ou des logiciels. En revanche, les activités d'enseignement artistique, de formation ou d'animation, de conférences sur l'art, de conseil ou de direction artistique ne sont pas concernées[2], tout comme les activités de restauration de tableaux ou de création d'objets utilitaires[3].

Vous le voyez, seule la création d'œuvres d'art originales autorise l'identification à un organisme de Sécurité sociale d'artiste, dans une acception assez proche de celle requise en matière fiscale pour profiter d'exonérations d'imposition.

Être identifié à la Maison des artistes[4] vous permet de recevoir un « numéro d'identifiant » que vous reproduisez sur vos documents professionnels. Cela vous permet aussi de payer des cotisations sociales sur vos profits artistiques (à un taux réduit) mais ne vous ouvre pas encore droit aux prestations. Pour cela, il faut que vous soyez affilié.

Si vous avez une autre activité (libérale ou artisanale), votre situation est plus compliquée. Car vous allez relever de plusieurs régimes de Sécurité sociale, celui des salariés et celui des travailleurs non salariés. Vous acquittez les cotisations sociales salariées sur vos bénéfices artistiques et les cotisations sociales non salariées sur vos bénéfices libéraux ou artisanaux.

---

1. *Cf.* Carnet d'adresses.
2. Ce sont des activités libérales.
3. Ce sont des activités artisanales.
4. Ou à l'Agessa.

L'affiliation sociale

Si votre activité artistique vous autorise à vous identifier, votre revenu doit être suffisant pour être affilié, c'est-à-dire pour bénéficier des prestations sociales. En effet, pour que votre affiliation soit accordée, vous devez satisfaire à ce deuxième critère. Votre bénéfice artistique de l'année précédente (majoré de 15 %) doit au moins avoir été égal à 1 200 fois la VHMS (valeur horaire moyenne du Smic). En d'autres termes, vous devez avoir tiré de votre activité artistique plus de 8 004 € (52 502 F), soit en fait 6 959 €[1]. Au sens social, vos revenus comprennent le produit de la vente de vos œuvres, de vos prestations ainsi que vos droits d'auteur[2].

Condition d'affiliation

Bénéfice artistique + 15 % = ou < 1 200 fois VHMS
1 200 x 6,67 €
8 004 €

Si votre bénéfice artistique de la dernière année civile égale au moins 1 200 fois la VHMS, vous êtes affilié au régime de Sécurité sociale des artistes. Cela signifie que vous payez des cotisations sur ces revenus et vous avez droit à un certain nombre de prestations en espèces et en nature : l'assurance maladie-maternité, invalidité décès, les allocations familiales et les prestations vieillesse. Il importe peu que, par ailleurs, vous cotisiez auprès d'autres caisses (salariées, libérales ou artisanales). Chaque type de rémunération est assujetti aux cotisations dont il ressortit.

Si vos revenus ne sont pas suffisants au cours des deux premières années de votre activité, vous êtes malgré tout cotisant. Les cotisations sont assises sur votre bénéfice majoré de 15 %, quel

1. 8 004 x (100/100+15) = 8 004 x 0,8695 = 6 959 €, en 2001.
2. Les droits d'auteur perçus dans le cadre de votre activité artistique se déclarent en BNC et se rattachent à votre activité.

qu'en soit le montant, sans ouverture de droits. Ensuite, la troisième année, vous avez la possibilité de demander, par dérogation, votre affiliation au régime de Sécurité sociale des artistes. Votre dossier est alors examiné par une commission professionnelle qui statue sur votre affiliation. Celle-ci se détermine en fonction de votre formation, votre production, vos circuits de diffusion et vos projets artistiques pour apprécier la pratique de votre activité. Si elle émet un avis favorable, celui-ci est transmis à votre caisse primaire d'assurance maladie qui a le pouvoir de décision en matière d'affiliation. Lorsque votre dossier est accepté, vous êtes affilié. Et vous bénéficiez des prestations sociales. Mais vous devez payer les cotisations d'assurance maladie et vieillesse, sur la base de 1 200 fois la VHMS, même si votre bénéfice réel s'avère inférieur[1]. C'est à vous de juger si vous y avez intérêt.

En tout état de cause, votre affiliation sociale n'est jamais définitivement acquise. L'année sociale court du 1er juillet de l'année en cours au 30 juin de l'année suivante. La première année, l'affiliation entraîne le bénéfice des prestations jusqu'au 30 juin suivant la date d'immatriculation. Les années suivantes, vous recevez une déclaration de revenus et d'activité à renvoyer à la Maison des artistes au mois de mars[2]. Votre dossier est à nouveau étudié pour la période allant du 1er juillet au 30 juin suivant, dans les mêmes conditions que votre affiliation initiale. Et vous êtes dans l'obligation de payer vos cotisations.

Vos cotisations sociales

Le régime social de l'artiste présente cette particularité d'être soumis à cotisation allégée. Une fois identifié, vous allez payer. Mais le nombre de cotisations est limité et les taux sont minorés. En effet, votre bénéfice artistique est seulement réduit de la CGS, la CRDS, la cotisation sociale d'assurance maladie-maternité et la

1. Mais la CSG et la CRDS sont calculées sur votre bénéfice réel.
2. Accompagnés des justificatifs fiscaux correspondants.

cotisation de retraite de base du régime salarié. En revanche, si vous exercez d'autres activités (salariées, libérales ou artisanales), vous devez davantage payer. Car en plus, vous êtes assujetti aux cotisations d'allocations familiales, de retraite complémentaire et de formation professionnelle.

Les cotisations sociales sur votre bénéfice artistique

Affilié au régime social des artistes, vous relevez du régime général des salariés. Vous êtes donc assujetti aux mêmes cotisations, avec quelques aménagements. Vous bénéficiez de certains allégements. Vous payez pour l'assurance maladie-maternité au taux de 0,75 %, l'assurance veuvage au taux de 0,10 % et l'assurance vieillesse de base au taux de 6,55 %. Il vous faut en plus acquitter la CSG et la CRDS au taux de 7,5 et 0,5 %. Pour l'assurance vieillesse complémentaire, vous dépendez du régime de l'IRCEC, géré par la CREA (Caisse de retraite de l'enseignement et des arts appliqués).

Cotisations	*Taux*
Assurance maladie maternité	0,75 %
Veuvage	0,10 %
Assurance vieillesse de base	6,55 %
CSG	7,50 %
CRDS	0,50 %

L'assiette pour le calcul de ces cotisations est votre bénéfice imposable de l'année civile précédente, c'est-à-dire celui que vous déclarez pour vos impôts, majoré de 15 %[1], même pour la CSG et le CRDS[2]. Pour l'assurance vieillesse complémentaire, il existe cinq classes de cotisation, allant de la classe A (468 €/12 points) à la classe D (1 873 €/48 points). Seule la classe A est

1. Dans la limite du plafond annuel de la Sécurité sociale pour la cotisation de l'assurance vieillesse de base. Si vous êtes salarié, il est tenu compte de la cotisation que vous avez déjà versée.

2. Il n'est fait application de la déduction forfaitaire de 5 % pour frais professionnels que dans l'hypothèse d'un revenu assimilé fiscalement à un salaire.

obligatoire. Mais vous choisissez de cotiser dans une classe supérieure si vous souhaitez acquérir davantage de points de retraite. Il existe aussi une classe spéciale (234 €/6 points) réservée à ceux qui débutent ou qui ont les revenus les plus modestes.

Le calcul de vos cotisations sociales

Votre bénéfice artistique imposable s'élève, par exemple, à 19 000 € (124 600 F). L'assiette sociale de cotisation égale 19 000 + 15 % = 21 850 €

Les cotisations à payer se chiffrent à :

Maladie maternité veuvage	185,72 €
Vieillesse de base	1431,17 €
CSG CRDS	1748,00 €
Vieillesse complémentaire classe A	468,00 €
Soit un total de	3832,89 € (25 142,11 F)

Si vous exercez une autre activité, en même temps que votre activité artistique, sur chacune de ces rémunérations, vous payez les cotisations appropriées. Si vous êtes salarié, les cotisations de votre activité salariée sont directement calculées et prélevées sur votre bulletin de salaire. Elles sont réglées par votre employeur.

Marion ou la cotisation simplifiée

Marion est professeur de dessin. Elle est salariée par un lycée. Et de temps à autre, il lui arrive de vendre des aquarelles. Elle est identifiée à la Maison des artistes. Les choses sont simples et la démarche aisée. Elle n'a qu'à déclarer son bénéfice artistique réalisé et ses cotisations sont calculées. Elle n'a plus qu'à les payer. Cela ne change en rien sa rémunération au lycée, sur laquelle les cotisations sont automatiquement prélevées. Et cela lui arrondit ses mensualités. De quoi l'encourager à davantage dessiner.

Si vous exercez une activité libérale ou artisanale, il convient d'en apprécier l'importance.

Si cette activité est reconnue comme accessoire, c'est-à-dire constituant le prolongement de votre activité artistique, les bénéfices générés peuvent éventuellement être rattachés et soumis aux cotisations salariées.

Mais si elle n'est pas reconnue comme accessoire, vos bénéfices libéraux ou artisanaux ne peuvent pas être rattachés et ils sont assujettis à d'autres cotisations sociales que vous acquittez de façon séparée.

Les cotisations sociales sur vos autres bénéfices

Des cotisations sociales supplémentaires ou forfaitaires viennent frapper vos bénéfices qui ne sont pas d'origine artistique, si vous exercez d'autres activités.

Il s'agit de la cotisation d'allocations familiales, la cotisation d'assurance vieillesse complémentaire et la participation à la formation professionnelle. Mais les taux vont aussi changer et les assiettes pour leur calcul être modifiées.

Cotisations	*Taux sur bénéfice libéral*	*Taux sur bénéfice artisanal*
Assurance maladie maternité	6,5 %[1]	7 %[4]
Invalidité décès	forfait	2 %[3]
Allocations familiales	5,4 %[2]	5,4 %
Assurance vieillesse de base	1,4 %[2]	16,35 %[3]
Assurance vieillesse complémentaire	forfait	6 %[5]
Formation professionnelle	0,15 %[3]	0,15 %
CSG CRDS	8 %	8 %

1. 0,6 % dans la limite du plafond SS, 5,9 % dans la limite de 5 fois le plafond SS.
2. Dans la limite de 5 fois le plafond SS.
3. Dans la limite du plafond SS.
4. 0,6 % dans la limite du plafond SS, 6,4 % dans la limite de 5 fois le plafond SS.
5. Dans la limite de 4 fois le plafond SS.

Les cotisations assises sur les bénéfices libéraux ou artisanaux sont calculées sur le bénéfice généré par l'une ou l'autre de ces activités. Pour calculer le montant à payer à titre provisionnel, il est fait référence au bénéfice imposable de l'avant-dernière année, déduction faite de vos bénéfices artistiques. Puis ce montant est régularisé lorsque le bénéfice de l'année concernée est déclaré.

Cela soulève une difficulté les deux premières années. En l'absence de revenu déclaré, l'administration vous attribue un revenu forfaitaire pour calculer les cotisations à acquitter. La première année d'activité, ce revenu égale 6 027 € (39 535 F) et sert d'assiette pour le calcul de vos cotisations.

Montant des cotisations maladie et allocations familiales pour la première année d'activité (artiste libéral)

Assurance maladie	=	forfait x taux maladie 6 027 € x 6,5 % 391 € (2 569 F)
Allocations familiales	=	forfait x taux allocations 6 027 € x 5,4 % 325 € (2 134 F)

La deuxième année, le revenu forfaitaire passe à 9 040 € (59 302 F). Et pour vous aider, les cotisations payées les deux premières années sont acquittées à titre définitif. Elles ne sont pas régularisées. Cela signifie que si vos bénéfices réels sont supérieurs aux revenus forfaitaires, il ne vous est demandé aucune cotisation supplémentaire.

À partir de la troisième année d'activité, le paiement de vos charges sociales risque de devenir plus difficile à gérer. Car le paiement n'est plus libératoire mais provisionnel. Et il est ensuite régularisé. L'Urssaf se base sur vos résultats de l'avant-dernière année pour calculer, désormais à titre de provision, les

Montant des cotisations maladie et allocations familiales pour la deuxième année d'activité (artiste libéral)

Assurance maladie	=	forfait x taux maladie 9 040 € x 6,5 % 587 € (3 854 F)
Allocations familiales	=	forfait x taux allocations 9 040 € x 5,4 % 488 € (3 202 F)

cotisations à acquitter et régularise en fin d'année le montant à payer, sur la base de votre bénéfice déclaré de l'année précédente. Aux provisions succèdent les régularisations. Et c'est souvent source de confusion. Vous devez donc suivre ces paiements avec attention.

Le paiement des cotisations sociales

Vos cotisations sont à payer lorsque vous en êtes avisé par la Maison des artistes. Sans tarder. Sinon vous risquez d'être majoré. Parfois, les cotisations sont précomptées et vous n'avez pas à vous en occuper.

Le principe du paiement

Pour éviter les complications, vous veillez à renvoyer vos déclarations pour les cotisations dans les délais. C'est important pour que votre dossier soit examiné par la Maison des artistes ou l'Agessa et que votre affiliation soit acceptée.

Vos cotisations sont appelées tous les trimestres et sont exigibles les 15 juillet, 15 octobre, 15 janvier et 15 avril. Elles doivent être réglées au plus tard dans le délai d'un mois, à votre organisme gestionnaire. Après il vous en coûte cher de tarder : 10 % pour le retard plus 3 % par trimestre ou fraction de trimestre de retard.

Pour la première année, si votre affiliation est acceptée, elle est prononcée pour la période allant du 1er juillet de l'année courante jusqu'au 30 juin de l'année suivante. Mais elle prend effet à compter du 1er janvier. Vous devez donc les cotisations correspondantes.

Isabelle ou l'affiliation acceptée

Isabelle est graphiste. Elle a commencé son activité en mai 2000. Elle s'est déclarée à la Maison des artistes. Elle est identifiée. En mars 2001, elle déclare ses revenus. Ils sont supérieurs à 1200 fois la VHMS. En juillet 2001, son affiliation est acceptée. Elle est affiliée et ses droits à prestations sont ouverts du 1er juillet 2001 au 30 juin 2002, avec effet rétroactif au 1er janvier 2001.

Si vous connaissez des problèmes financiers, vous en avisez l'Urssaf, avant l'échéance fixée. Mais il est rare qu'elle accorde des délais de règlement. Tout au plus, vous pouvez tenter de négocier les majorations par une lettre motivée. Mais vous serez toujours obligé de payer. Ne comptez pas y échapper. À vous d'estimer le montant de vos cotisations et de penser à les épargner. Pour éviter ces difficultés, les cotisations peuvent être précomptées[1].

Le précompte des cotisations

Le précompte de vos cotisations sociales est un prélèvement à la source effectué sur vos rémunérations artistiques. L'assujettissement au précompte dépend de la façon dont vous travaillez et commercialisez votre création. Si vous vendez vos œuvres auprès de clients particuliers ou de sociétés établies à l'étranger, vos transactions ne sont pas soumises au précompte. En revanche, si

1. Vous pouvez éventuellement solliciter la commission d'action sociale de la Maison des artistes pour vous aider à payer vos cotisations sociales, à l'exception de la CGS et de la CRDS.

vous vendez vos œuvres auprès de diffuseurs autres que des galeries, vos rémunérations sont soumises au précompte. Les clients institutionnels qui sont principalement concernés : l'État, les collectivités publiques, les sociétés commerciales et les associations[1].

L'assiette de calcul du précompte est constituée par l'intégralité de votre prix ou rémunération hors TVA, à l'occasion de chaque transaction. Son taux est de 8,85 % : 0,85 % pour la cotisation maladie-maternité, 7,5 % pour la CSG et 0,5 % pour la CRDS. La cotisation vieillesse ne peut, quant à elle, pas être précomptée.

Le précompte est prélevé sur votre rémunération, payé par votre diffuseur à la Maison des artistes et affecté à votre compte. Il constitue une provision sur les cotisations que vous avez à payer. Les sommes précomptées au titre d'une année donnée et versée à votre compte provisionnel sont déduites des cotisations appelées pour la période du 1er juillet au 30 juin suivant. Et dès que vos cotisations de l'année sont calculées, les sommes collectées sont déduites du montant à régler.

Si vos rémunérations sont assujetties au précompte, vous devez faire deux choses :

- faire remplir à vos clients un bordereau de déclaration et de reversement de précompte[2],
- leur faire signer une certification de paiement du précompte. C'est ce document qui vous permet de faire valoir vos droits si vous constatez qu'il y a un écart entre les sommes qui vous ont été précomptées et celles qui ont été versées à la Maison des artistes.

Le précompte des cotisations sociales est également applicable à la cession de droits d'auteur. Il apparaît sur vos factures et notes d'honoraires[3].

Si vous êtes à jour du paiement de vos cotisations, vous avez accès à un certain nombre de prestations sociales.

---

1. CSS, art. L. 382-1 et loi n° 94-43 du 18 janvier 1994.
2. Fourni par la Maison des artistes.
3. *Cf.* exemple de facture avec précompte in supra, chapitre 4.

Vos prestations sociales

Le régime social prévu pour l'artiste affilié fait encore montre de particularités quant aux prestations qui vous sont accordées. Ainsi, vous bénéficiez des prestations en espèces et en nature de l'assurance maladie-maternité, invalidité et décès comme les salariés ainsi que des prestations de retraite et des allocations familiales. Mais vous n'êtes pas garanti pour les accidents du travail.

Si la Maison des artistes ou l'Agessa recouvre vos cotisations, ces organismes ne versent pas les prestations. Vous devez pour cela vous adresser à la caisse de Sécurité sociale dont vous dépendez. Si vous exercez plusieurs activités et cotisez à des caisses séparées, vous bénéficiez des prestations proposées par celle dont relève votre activité principale[1].

L'assurance maladie-maternité

L'assurance maladie et maternité, que vous dépendiez du régime social salarié ou non salarié, a été harmonisée et les prestations alignées. La majorité des risques sont bien couverts. Pour les risques graves (maladies de longue durée et hospitalisation), le taux de prise en charge est de 100 %, comme pour les soins donnés à la femme enceinte pendant les quatre derniers mois de grossesse. Pour les soins courants, vous êtes remboursé à 70 % et les médicaments à 65 %. Votre assurance complémentaire assure la différence.

Si la maladie ou la maternité vous met dans l'incapacité de travailler, vous avez la possibilité de percevoir des indemnités journalières pour compenser cette absence de revenu potentiel. Vous y avez droit si vous avez retiré de votre activité un revenu au moins égal à 1 200 fois la VHMS pendant la dernière année civile. Et vous devez avoir été immatriculé à la Sécurité sociale des artistes durant au moins trois mois en cas d'arrêt de travail inférieur à six mois, durant au moins douze mois en cas d'arrêt de travail supérieur à six mois et durant au moins dix mois en cas de maternité à la date présumée de l'accouchement.

1. CSS, art. L. 615-4.

Le montant des indemnités journalières correspond à la moitié du revenu journalier servant d'assiette à vos cotisations de la dernière année civile, en cas d'arrêt de travail pour maladie[1].

> **Les *indemnités journalières***
>
> Votre revenu déclaré s'élève, par exemple, à 22 000 €. Votre revenu journalier est estimé à
> 22 000 : 365 = 60,27 €
> En cas de maladie, au titre des indemnités journalières, vous allez percevoir
> 60,27 x 50 % = 30,13 €

Les indemnités journalières sont payées à partir du neuvième jour d'incapacité de travailler[2]. Pour la maternité, le congé ouvrant droit aux prestations est de seize semaines, si la famille compte un ou deux enfants, soit six semaines avant la date présumée de l'accouchement et dix semaines après la naissance[3].

En cas d'invalidité ou de décès, vous (ou vos héritiers) touchez une rente annuelle (ou un capital décès). Le montant des versements varie selon les cotisations payées et les revenus déclarés.

Les prestations familiales

Les prestations familiales, que vous dépendiez du régime salarié ou non salarié, sont identiques. Vous les percevez dès lors que vous répondez aux conditions d'obtention. Pour solliciter les allocations familiales, l'allocation pour jeune enfant, l'allocation parentale d'éducation ou l'allocation de parent isolé, il suffit d'avoir un ou plusieurs enfants et de justifier de ressources modérées.

1. Dans la limite du plafond annuel de la Sécurité sociale, pendant les six premiers mois d'arrêt. CSS, art. R. 323-4.
2. CSS, art. R. 323-1.
3. C. trav. art. L 122-26.

L'assurance vieillesse

Votre affiliation à la Maison des artistes ou à l'Agessa vous ouvre droit au bénéfice de l'assurance vieillesse de base du régime général de la Sécurité sociale, celui des salariés. La liquidation de la retraite peut intervenir à partir de soixante ans mais le versement d'une pension à taux plein n'est assuré qu'après l'acquisition de 160 trimestres de cotisation[1]. Si vous poursuivez votre activité artistique après avoir liquidé vos droits à la retraite, vous continuez à acquitter des cotisations sur votre rémunération. Mais les cotisations vieillesse versées ne sont pas validées car la retraite est liquidée une fois pour toutes.

Votre assurance vieillesse comprend aussi un régime complémentaire, l'IRCEC, géré par la CREA. Les prestations dépendent de la classe dans laquelle vous avez cotisé. Mais elles vous sont attribuées à partir de 65 ans sans cessation d'activité, à condition d'avoir cotisé au minimum dix ans. La retraite complémentaire est versée au taux plein à l'âge de 65 ans et avec un coefficient minorant d'anticipation à partir de 60 ans. Dans le cas où vous n'avez pas été affilié pendant une durée assez longue (moins de dix ans), vous pouvez choisir de cotiser spécialement pour valider votre temps de cotisation et augmenter votre retraite. Après 65 ans, vous avez aussi la possibilité de demander le remboursement des sommes versées, si vous abandonnez le bénéfice de votre retraite complémentaire.

Si vous êtes affilié au régime général des salariés (pour votre activité artistique) et à un autre régime non salarié (pour votre activité libérale ou artisanale), tout n'est pas perdu. Vos cotisations vous permettent de profiter des deux régimes. Si les points ne se mélangent pas, les trimestres se cumulent. En effet, votre durée d'activité non salariée vient s'ajouter à votre période d'activité salariée, pour la comptabilisation des 160 trimestres requis pour la liquidation de vos droits. Et à l'échéance, vous percevez deux retraites, l'une au titre de vos cotisations salariées et l'autre au titre de vos cotisations non salariées. De quoi vivre sur un grand pied.

1. Pour les personnes nées après 1943.

Les aides sociales

Vous connaissez des difficultés momentanées. Il existe des soutiens financiers. Certaines aides sociales peuvent vous être accordées. Il s'agit principalement du revenu minimum d'insertion, de la couverture maladie universelle et de l'allocation de solidarité.

Le revenu minimum d'insertion

Si vos ressources sont faibles, vous pouvez demander à percevoir le RMI (revenu minimum d'insertion). Son attribution est néanmoins soumise à des conditions[1]. Ainsi vous devez :

- être âgé de plus de vingt-cinq ans et résider en France ;
- justifier de ressources mensuelles inférieures à 397,66 € (2 608,50 F). Ce montant est majoré de 50 % pour la seconde personne au foyer.
- participer à des actions d'insertion sociale ou professionnelle.

L'allocation accordée égale la différence entre le revenu minimum et vos ressources. Son montant est au maximum de 397,66 €. Elle est attribuée pour une durée initiale de trois mois et peut être prorogée.

Le RMI est exonéré d'impôt sur le revenu, de CSG et de CRDS. Il ouvre droit à une exonération de taxe d'habitation. Et vous bénéficiez de la CMU (couverture maladie universelle) à titre gratuit[2].

La couverture maladie universelle

La CMU permet à toute personne d'avoir un régime de Sécurité sociale. Vous en bénéficiez si vous ne relevez d'aucun autre régime de protection, soit que vos revenus sont insuffisants pour être affilié à la Maison des artistes ou à l'Agessa, soit que vous n'êtes pas ayant-droit d'une personne affiliée.

---

1. *Cf.* loi n° 88-1088 du 1er décembre 1988 et loi n° 92-722 du 29 juillet 1992.
2. CSS, art. L. 861-2.

L'affiliation à la CMU est réalisée auprès d'une caisse primaire d'assurance maladie. Pour y avoir droit, il suffit de résider en France de façon stable et régulière, depuis plus de trois mois[1]. Elle est accordée gratuitement si vos ressources sont inférieures à un plafond annuel de 6 403 € (42 000 F). Si vos revenus sont supérieurs, une cotisation de 8 % est appliquée au montant des revenus perçus l'année civile précédente dépassant le plafond.

La CMU prend en charge les prestations en nature (consultations, soins, médicaments...) et la couverture complémentaire dispense éventuellement de l'avance de frais.

L'allocation de solidarité

En tant qu'artiste, vous n'avez pas droit à l'allocation chômage. Vous ne cotisez d'ailleurs pas pour cette prestation. En revanche, vous pouvez prétendre à l'allocation de solidarité[2]. Normalement attribuée aux chômeurs de longue durée ayant épuisé leurs droits aux allocations d'assurance, elle est aussi versée aux artistes auteurs en difficulté[3].

Pour en bénéficier, vos ressources doivent être inférieures à un plafond fixé à 70 fois le montant journalier de l'allocation non majorée pour une personne seule, soit 916,78 € (6 013,70 F), et à 110 fois le même montant pour un couple, soit 1 440,66 € (9 450,10 F)[4]. Vous devez aussi justifier du caractère professionnel de votre activité, c'est-à-dire avoir tiré de l'exercice de votre activité artistique des moyens d'existence réguliers pendant au moins trois années. Cette condition est à priori remplie si vous êtes affilié à la Maison des artistes ou à l'Agessa.

L'allocation est attribuée pour une période maximale de 272 jours. Son montant journalier est de 13,10 € (85,91 F). À l'expi-

1. CSS, art. L. 380-1.
2. C. trav., art. L. 351-13 et R. 351-22-3. La demande est à adresser aux Assedic de votre domicile.
3. C. trav., art. L. 351-23.
4. Les ressources prises en considération pour l'appréciation des ressources ne comprennent pas l'allocation d'assurance chômage, l'allocation spécifique d'attente, les prestations familiales ou l'allocation logement.

ration de la période, de nouveaux droits sont ouverts si vous remplissez encore les conditions d'attribution de l'allocation[1].

Le contrôle social

Vous aurez peut-être un jour un contrôle social. Il n'y a pas qu'en matière fiscale que vous risquez un redressement. Les contrôles de l'Urssaf sont tout aussi fréquents. Les artistes sont surveillés. Car ils ont parfois des difficultés à s'y retrouver entre cotisations à payer et précompte prélevé. Et c'est amplifié quand ils ont plusieurs activités car ils relèvent de caisses séparées. Vous avez donc intérêt à ne pas vous tromper dans le revenu à déclarer ou les sommes à verser.

En matière sociale, le délai de reprise est de trois ans. Cela signifie que vous pouvez être contrôlé sur les cotisations exigibles des trois dernières années. Avant, il y a prescription. Si vous faites l'objet d'un contrôle et d'un redressement, ils ne doivent pas porter sur des cotisations prescrites, à peine de nullité, ou concerner des éléments qui ont déjà été vérifiés ou redressés.

Les contrôles de Sécurité sociale ne sont pas réalisés à l'improviste[2]. Si vous êtes vérifié, l'administration vous en avertit par lettre recommandée avec accusé de réception, au moins quinze jours à l'avance. À l'issue du contrôle, les inspecteurs ont l'obligation de vous remettre un document qui récapitule l'objet de leur intervention, les documents consultés et les redressements envisagés. Vous disposez alors d'un mois pour leur communiquer vos observations, de préférence par lettre recommandée. À la fin de ce délai, les inspecteurs transmettent leur procès verbal de contrôle à l'organisme chargé du recouvrement.

---

1. Des allocations exceptionnelles sont aussi attribuées par les Drac aux artistes connaissant de grandes difficultés. Leur montant maximal s'élève à 760 €. Pour en bénéficier, vous devez justifier d'une réelle pratique professionnelle et avoir des revenus imposables inférieurs à 1200 fois la valeur horaire moyenne du Smic.
2. Sauf en cas d'enquête concernant le travail clandestin. D. 28 mai 1999, JO 30 mai 1999.

En cas de redressement, vous en recevez une notification. Si vous souhaitez la contester, vous commencez par consulter la CRA (commission de recours amiable). Si elle confirme la décision du contrôleur, il vous reste à introduire un recours auprès du Tass (tribunal des affaires de la sécurité sociale). Vous pouvez aussi formuler une demande gracieuse en réduction des pénalités et des majorations qui vous sont infligées en cas de retard de paiement. La remise partielle ou totale peut en effet être accordée par la commission de recours amiable ou le directeur de l'organisme de recouvrement. C'est parfois une voie qui réserve davantage de succès que de vous engager dans un procès.

Chapitre 7
Protégez votre création

Inventeur de son prodigieux bleu, Yves Klein en a déposé le brevet et l'a modestement appelé « International Klein Blue ». Cela relevait autant du juridique que du symbolique. Mais c'était une garantie avant d'être une plaisanterie. Sans aller aussi loin que lui, vous devez néanmoins songer à protéger votre création. Bien souvent, les artistes ne le font pas. Soit ils ne vont pas y penser. Soit ils ne craignent guère être copiés. Soit ils n'en ont pas les moyens financiers.

Mais au gré des ventes ou des expositions, votre production va circuler et peut être utilisée ou malmenée. Et si vous apprenez qu'une de vos œuvres a été endommagée, reproduite ou copiée, une fois le sinistre passé, le délit commis, il n'est plus temps de vous désoler. Alors il s'agit de ne pas accumuler les difficultés. Et de veiller à vos intérêts. Aujourd'hui, vous devez seulement prendre certaines précautions pour que votre œuvre ne soit ni spoliée, ni bafouée. Sinon, c'en est fini de votre activité. Si vous travaillez, c'est pour en profiter.

Que vous en soyez à vos débuts ou que vous soyez reconnu, vos toiles, vos sculptures, vos dessins, c'est de l'énergie concentrée. C'est du temps passé. C'est une œuvre créée. Il est nécessaire de la défendre. Pour cela, vous avez deux moyens. Ils passent par l'assurance de votre production et par la protection de vos œuvres, qui implique la défense des droits attachés à votre création.

La protection de vos œuvres

Vous pensez que la meilleure des protections de votre création, c'est votre inspiration. Il y a une part de vrai. Vos œuvres sont protégées du seul fait que vous les avez créées et qu'elles présentent un caractère d'originalité. En effet, à toute création originale et/ou nouvelle est attaché un droit exclusif de son auteur. L'artiste a sur son œuvre des droits d'auteur que nul ne peut lui dénier (le droit moral) et qu'il peut, dans certains cas, négocier (les droits patrimoniaux). Mais dans la pratique, cette protection fait l'objet d'effractions. Et il n'est pas inutile de prendre certaines précautions pour défendre votre création.

Les œuvres protégées

L'auteur d'une œuvre de l'esprit jouit sur cette œuvre, du seul fait de sa création, d'un droit de propriété incorporelle exclusif et opposable à tous[1]. Ce droit d'auteur concerne toutes les œuvres de l'esprit, quels qu'en soit le genre, la forme d'expression ou la destination[2]. Ainsi, les œuvres d'art plastiques et graphiques, les œuvres littéraires ou les œuvres musicales sont protégées, indépendamment de toute considération artistique ou esthétique. Leur mérite n'a pas à être évalué. Seul compte leur originalité, pas forcément leur nouveauté.

La jurisprudence a défini les conditions de validité pour appliquer ce droit de propriété. Il n'y a d'œuvre protégée que celle dont l'originalité est avérée, c'est-à-dire qu'elle a été réalisée matériellement et concrètement par l'artiste. De plus, cette réalisation doit être une manifestation de la personnalité de l'artiste, ce qui n'exige pas la nouveauté. Dans les arts plastiques, l'œuvre est réalisée de la main de l'artiste, qu'importent le sujet et la façon dont il est traité. Ainsi la copie d'un tableau peut être considérée comme œuvre d'art originale si la personnalité du copiste s'exprime lors de la réalisation[3]. L'important est qu'il n'y ait pas de confusion entre l'original et la copie. Et il est possible de créer une œuvre d'art originale à partir de fragments

1. CPI, art. L. 111-1. Art. 1er, loi n° 57-298 du 11 mars 1957.
2. CPI, art. L. 112-1.

d'œuvres existantes. Mais vous devez demander l'autorisation de cette utilisation à leurs auteurs, sauf si les œuvres sont dans le domaine public.

Kim ou la publicité revisitée

Kim est graphiste et peintre, à ses heures. Son monde, c'est la publicité. Elle ne cesse de l'inspirer. Il aime ses messages percutants, ses arrangements attachants. Un jour, il a pris ses marques préférées et lui est venu l'idée de les copier. En fait, il les mélange, les met en scène, à la peinture, dans un style proche de l'hyperréalisme. Il n'utilise que deux couleurs, le noir et le sépia. Cela donne un surprenant résultat. Les annonceurs se disputent ses œuvres. Jamais ils n'ont songé à l'attaquer. Car ils y trouvent des idées. Et s'amusent de la façon dont leur publicité est revisitée.

Pour être protégée, une œuvre doit être exécutée et exister. La seule formulation d'une idée ne suffit pas à créer une œuvre de l'esprit. Une idée ou un concept artistiques ne peuvent d'ailleurs pas être protégés. Seule leur réalisation l'est. À ce titre, Christo a obtenu gain de cause lorsqu'il a demandé le retrait des reproductions non autorisées du Pont Neuf de Paris emballé. Mais il a été débouté lorsqu'il a tenté de contester le droit d'autres artistes d'emballer d'autres objets. C'est l'exécution personnelle de l'artiste qui est protégée.

Une œuvre est protégée du seul fait de sa création dès lors qu'elle est matérialisée et qu'elle fait preuve d'originalité. Il n'est pas nécessaire d'être affilié à la Maison des artistes pour en bénéficier, ni d'accomplir aucune formalité. Les droits d'auteur sont automatiquement dévolus à l'artiste.

Les droits de l'artiste

C'est une particularité. La propriété incorporelle reconnue à l'artiste sur ses œuvres est indépendante de la propriété corpo-

3. Sinon c'est un faux. Les véritables copies d'œuvres d'art ne sont autorisées que si elles sont réservées à l'usage privé du copiste et si elles sont exécutées dans un format différent. En aucun cas, elles ne peuvent être destinées au même usage que l'original.

relle de l'objet matériel. Cela a pour effet que le propriétaire d'une œuvre d'art est restreint dans sa liberté de l'utiliser. La vente d'une œuvre n'a pas pour conséquence de vous déposséder du droit moral et des droits patrimoniaux qui y sont attachés. Ceux-ci sont à bien distinguer d'avec le droit de propriété du support de l'œuvre. L'acquisition du support confère un droit de propriété sur le support mais pas de droits d'auteur sur l'œuvre incorporée dans le support[1]. L'artiste conserve sur son œuvre le droit moral et des droits patrimoniaux auxquels il ne peut renoncer, ni céder en totalité.

Le droit moral

L'artiste dispose d'un droit moral sur son œuvre. Le droit moral est un droit extra-patrimonial. Il n'a pas directement de valeur pécuniaire. Vous ne pouvez le monnayer. Ce droit comporte plusieurs prérogatives que sont le droit de divulgation, le droit au nom, le droit au respect de l'œuvre et le droit de repentir. Le droit moral est inaliénable et imprescriptible. Vous ne pouvez pas le céder ni y renoncer. Et il est essentiel que vous veilliez à ce qu'il ne soit pas bafoué. Il est exercé aussi longtemps que l'œuvre existe. Et il est perpétuel. Cela signifie qu'il est transmis à vos héritiers et lorsque l'œuvre est tombée dans le domaine public, le droit moral subsiste et continue à produire ses effets.

Le droit de divulgation vous autorise à déterminer le moment et les conditions dans lesquelles votre œuvre est mise à la disposition du public. Vous avez toute liberté de la garder dans le secret ou de l'exposer, avec tous ses à-cotés. Vous êtes ainsi maître du choix des modes de divulgation. Vous pouvez accepter de réaliser une affiche mais refuser d'imprimer des cartes postales avec l'une de vos œuvres. Vous avez le droit de choisir de ne pas montrer une création voire de la détruire et nul n'a le droit de la récupérer pour la commercialiser[2]. La divulgation est un acte important. En montrant votre création, vous attestez que vous en

1. Ainsi un collectionneur qui vous a acheté une œuvre ne peut pas la prêter pour une exposition, l'exposer en public ou en publier une reproduction sans votre accord.

2. En cas de commande, personne ne peut vous obliger à livrer une œuvre que vous jugez indigne de vous, à charge de restituer les arrhes ou le prix encaissés et de payer éventuellement des dommages-intérêts, en cas de mauvaise foi avérée ou de préjudice déclaré.

êtes bien l'auteur et que vous approuvez sa présentation. Votre volonté doit être respectée et toute violation est lourdement sanctionnée. Il est admis que la mise sur le marché de l'art d'une œuvre que l'artiste ne souhaitait pas divulguer est constitutive du délit de contrefaçon[1].

Le droit au nom vous assure que votre identité est toujours attachée à votre création, que vous exerciez sous votre nom ou sous un pseudonyme. Dans les deux cas, il s'agit de respecter votre volonté et ne pas dissimuler votre signature. À chaque fois que l'œuvre est exposée, représentée ou dupliquée, votre nom doit être mentionné.

Si vous utilisez un pseudonyme, celui-ci est protégé lorsque son usage est prolongé et notoire[2]. Pour plus de commodité, ce nom de fantaisie librement choisi est déclaré au moment où vous commencez votre activité. Il est protégé sans qu'il soit nécessaire que vous ayez acquis une notoriété dépassant le milieu artistique.

Le droit au respect garantit que votre œuvre ne peut pas être modifiée, ni dans sa forme, ni dans son esprit. Toute modification, suppression ou adjonction sont proscrites. L'acheteur de l'une de vos œuvres n'a pas le droit de la détruire ou de la transformer. Du moins en théorie. Car dans le privé, cela est très difficile à vérifier. Il n'y a guère que lorsqu'une œuvre est exposée dans un lieu public qu'il est possible de s'y opposer ou d'obtenir une indemnité.

Le droit de repentir (ou de retrait) vous permet de retirer une œuvre du marché, après sa divulgation. Ce droit est un peu théorique dans la mesure où son exercice est soumis à la condition d'indemnisation du préjudice subi par le retrait de l'œuvre. Mais il peut aussi être exercé si vous vous êtes engagé par contrat à réaliser une œuvre, qu'elle ne vous plaît pas et que vous décidez de refuser de la livrer[3]. C'est la suite obligée du droit de divulgation.

Le droit moral ne souffre en principe pas d'exception. Mais le juge a limité son application, dans certaines occasions. Ainsi

1. CPI, art. L. 335-3.
2. CA Paris 4e ch. A 15 septembre 1999, Mme Chassignol c/ Société Europe 2 Communication.
3. À l'exemple de Mark Rothko qui a refusé de voir exposer l'une de ses œuvres dans le Seagram Restaurant et qui a préféré indemniser les commanditaires de l'œuvre.

Marcel Duchamp victime d'un artiste de comportement

Marcel Duchamp a connu avec ses urinoirs le succès que l'on sait. Mais sa pièce dénommée « Fountain, NY 1964 » présentée par le musée de Nîmes a subi un assaut insensé. Une personne est entrée dans le musée, a uriné dans l'œuvre exposée puis l'a brisé avec un marteau. Se prétendant artiste de comportement, elle a revendiqué le droit de valoriser l'œuvre de Duchamp en lui appliquant un coup de marteau, pour en faire une nouvelle œuvre d'art unique au monde. Le juge saisi* a considéré que « si uriner dans un urinoir peut rendre l'objet exposé comme une œuvre d'art à son usage premier, nul ne peut prétendre qu'une pissotière s'utilise à coups de marteau. » Ce geste, qui pour être éphémère, n'en a pas moins eu des conséquences durables. L'œuvre est gravement endommagée et doit être réparée. Et son esprit est dénaturé. L'auteur du coup de marteau a été appréhendé, condamné et sa responsabilité engagée. Car l'urinoir avait droit au respect.

* TGI Tarascon 20 novembre 1999, Dalloz, 2000, n° 6.

l'artiste ne peut s'opposer au déplacement de son œuvre, sous le prétexte que la conception est liée au lieu d'exposition. Et la destruction d'une œuvre est autorisée dans des cas de force majeure, pour des motifs de sécurité.

Les droits patrimoniaux

L'artiste dispose de droits patrimoniaux sur son œuvre, pour assurer ses intérêts matériels. Ils sont cessibles et leur durée est de soixante-dix ans après votre disparition, en France et dans l'Union Européenne[1]. Ils reviennent donc à vos héritiers. Après, votre œuvre tombe dans le domaine public, c'est-à-dire qu'elle peut être exploitée librement, sous réserve du respect du droit moral qui demeure perpétuel. Les droits patrimoniaux concernent la représentation et la reproduction de votre œuvre. Un droit de suite vous est également accordé.

---

1. Les droits patrimoniaux sont transférés aux héritiers et légataires pour une durée de soixante-dix années à compter du 1er janvier suivant le décès de l'artiste. Pour les œuvres de collaboration, le délai part du 1er janvier suivant le décès du dernier vivant (CPI, art. L. 123-2). Pour une œuvre anonyme, il part du 1er janvier suivant la publication (CPI, art. L. 123-3).

Le droit de représentation de votre œuvre consiste dans le droit de communiquer votre œuvre au public, soit directement, soit indirectement par le moyen d'un support. L'exposition publique d'une œuvre d'art est une représentation directe. L'intégration d'une œuvre d'art dans une œuvre audiovisuelle est une représentation indirecte. Dans les deux cas, un droit de représentation peut être négocié et appliqué. Surtout lorsque la représentation exclut la vente. Mais cela n'est pas systématique. Si votre œuvre est intégrée dans un paysage, vous ne pouvez vous opposer à ce qu'elle apparaisse, par exemple, dans un film. Si elle ne constitue ni le sujet général, ni celui d'une scène particulière et qu'elle ne représente qu'un élément d'un paysage librement offert au public, il n'est fait atteinte à aucun de vos droits[1].

Le droit de reproduction vous appartient. Il implique qu'à chaque fois qu'une personne souhaite reproduire l'une de vos œuvres, il doit vous en demander l'autorisation. Et vous pouvez en demander la rétribution, sous la forme d'un contrat de cession du droit de reproduction.

La reproduction consiste dans la fixation matérielle de l'œuvre par tous procédés qui permettent de la communiquer au public d'une manière indirecte[2]. Quels que soient les modalités ou les procédés, qu'elle intervienne par imprimerie, dessin, gravure, photocopie, moulage, vous êtes juge de la reproduction de votre œuvre. Vous pouvez l'autoriser ou la refuser[3]. Votre éventuel refus doit être motivé. En effet, vous vous y opposez seulement si vous estimez que l'usage du droit de reproduction va porter atteinte à votre image. Mais vous-même avez le droit de reproduire votre œuvre sans condition. Vous pouvez l'éditer sous la forme d'affiches, de posters, de cartes postales, de calendriers, de T-shirts. Ce peut être une source de profits élevée. Mais si vous vendez des articles qui ne sont plus des œuvres d'art originales, vous allez perdre votre statut d'artiste pour devenir commerçant.

1. CA Paris 1re ch. A. 14 septembre 1999, Société civile ADAGP c/ Société ADR Productions.
2. CPI art. L 122-3.
3. Sauf dans le cas de la reproduction d'œuvres destinées à figurer dans le catalogue d'une vente judiciaire de meubles aux enchères publiques ou de la citation d'une œuvre avec la mention de son auteur, à des fins d'information ou d'éducation. CPI, art. L. 122-5.

Vous devrez en assumer les conséquences fiscales et sociales[1]. À vous d'apprécier si cela est intéressant.

> **Léo ou l'abstraction bien portée**
>
> Léo est plasticien. Il fait dans l'abstrait relevé et très coloré. Il expose ses œuvres sur l'Internet, dans une galerie virtuelle. Avant l'été, pour s'amuser, il a fait imprimer des T-shirts reproduisant l'une de ses toiles, en y indiquant l'adresse de sa galerie préférée. Et sur le conseil de son agent, il ne les a pas vendus mais distribués. À ses proches, ses relations et tous ceux qui lui font l'amitié de le supporter. Les T-shirts abstraits se sont littéralement arrachés. Et aussitôt, ils ont été répandus jusqu'aux plages les plus reculées. Tant et si bien que la fréquentation de sa galerie a flambé. Et avec une abstraction aussi bien portée, sa notoriété a progressé sans délai.

La numérisation est un acte de reproduction. Et la mise en ligne sur L'Internet est une représentation. L'exploitation d'une œuvre sur le web nécessite donc une autorisation et un contrat de cession du droit de reproduction et de représentation.

Le droit de reproduction est rarement concédé de façon généralisée. Il est accordé au coup par coup et fait l'objet de contrat de cession. Il est rémunéré par le versement d'une redevance (les droits d'auteur). C'est la contrepartie de la cession. Elle est calculée en fonction de l'importance et la rentabilité de la reproduction[2].

Le droit de suite est votre ultime droit patrimonial. Ce n'est ni une cotisation, ni un impôt. Il s'agit d'un prélèvement effectué à l'occasion d'une vente publique aux enchères d'une œuvre plastique ou graphique mais pas d'une vente en galerie[3]. Celui-ci s'élève à 3 % du prix d'adjudication versé au vendeur[4]. Il va à

1. Notamment l'assujettissement à la TVA au premier euro et le paiement de charges sociales plus élevées.
2. La rémunération forfaitaire est autorisée lorsqu'il est impossible d'appliquer une rémunération proportionnelle en raison des conditions d'exploitation de l'œuvre où lorsque l'utilisation de l'œuvre ne présente qu'un caractère accessoire par rapport à l'objet exploité. CPI, art. L. 131-4.

l'auteur de l'œuvre vendue ou à ses ayants-droit[1]. Le droit de suite constitue un droit d'auteur d'ordre patrimonial. C'est un droit inaliénable. Il permet à l'artiste et à sa famille de profiter des bénéfices qui résultent des transactions ultérieures de ses œuvres[2].

Mais la difficulté provient de ce que le droit de suite n'est pas appliqué dans tous les pays étrangers. En Europe, sur quinze États, seuls onze le reconnaissent et huit l'appliquent, dans des conditions fort disparates[3]. Son taux varie de 1 % 6 %. Mais le Royaume-Uni[4], l'Irlande, les Pays-Bas, la Suisse et les États-Unis ne le connaissent pas. Et cela introduit quelques distorsions dans les transactions. Pour cette raison, les instances européennes tentent d'élaborer une directive pour imposer le principe du droit de suite et harmoniser sa pratique au sein de l'Union européenne[5]. Leur proposition prévoit que :

- les États membres garantissent un droit de suite à l'auteur d'une œuvre d'art originale, c'est-à-dire, « un droit inaliénable à percevoir un pourcentage sur le prix de vente obtenu à la suite de toute revente de celle-ci, après la première cession opérée par l'auteur, à l'exception des transactions effectuées par une personne agissant en tant que particulier. »;
- sont considérées comme des œuvres d'art originales les œuvres d'art plastiques et graphiques, pour autant qu'elles représentent des créations entièrement exécutées par l'artiste ou qu'il s'agisse d'exemplaires tenus pour des œuvres originales selon les usages de la profession ;

---

3. Les galeries acquittent une contribution de 3,3 % assise sur 30 % de leur chiffre d'affaires et affectée à la Sécurité sociale des artistes, tout comme les antiquaires, les éditeurs d'art et les agents artistiques.
4. Il n'est pas perçu s'il est inférieur à 15 € (soit un prix d'adjudication inférieur à 500 €).
1. Pendant une durée de soixante-dix ans après le décès de l'auteur.
2. Il est géré en France par l'ADAGP. La perception du droit de suite nécessite une insertion préalable au Journal officiel. Elle est faite aux frais de l'artiste et précise sur quelles œuvres ou catégories d'œuvres il entend exercer son droit.
3. *Cf.* Rapport d'information Assemblée nationale n° 1965, Le marché de l'art à l'épreuve de la mondialisation.
4. Qui représente 60 % du marché de l'art en Europe.
5. *Cf.* résolution législative (7484/1/2000 – C5-0422/2000) et projet de directive (306.693/7/2001 – A5-0235/2001) du Parlement européen.

- le droit de suite n'est perçu qu'à la condition que le prix de vente soit égal ou supérieur à 3 000 €, tout en laissant aux États la faculté de fixer un seuil plus bas ;
- le droit de suite est à la charge du vendeur. Il comprend quatre taux :
  - 4 % du prix de vente hors taxes pour les ventes comprises entre 1 000 et 50 000 €,
  - 3 % pour les ventes comprises entre 50 000 et 200 000 €,
  - 1 % pour les ventes comprises entre 200 000 et 500 000 €,
  - 0,5 % pour les ventes supérieures à 500 000 €.
- le droit de suite est dû à l'auteur de l'œuvre et, après sa mort, à ses héritiers légaux et testamentaires pendant soixante-dix années.

Le droit de suite ressortit d'un légitime souci de rémunérer les artistes sur les transactions ultérieures de leur œuvre. Mais il concerne encore assez peu d'artistes et aussi peu d'œuvres[1]. Et sauf à imposer un régime de droit de suite généralisé, les ventes risquent de se délocaliser vers des pays qui persistent à l'ignorer.

Les recours

Les droits d'auteur (droit moral et droits patrimoniaux) sont défendus par l'artiste, ses héritiers ou ses légataires. Mais ce n'est pas toujours une chose aisée, si vos œuvres ont beaucoup voyagé. Les atteintes aux droits de l'artiste sont passibles de sanctions civiles et pénales. Elles sont constitutives du délit de contrefaçon, susceptible d'être puni de deux d'emprisonnement et de 150 000 € d'amende[2].

La contrefaçon est la reproduction ou la représentation illicite d'une œuvre. Si vous constatez une utilisation non autorisée d'une de vos créations, vous intentez une action en contrefaçon. La procédure est exercée soit auprès du tribunal d'instance, soit auprès du tribunal de grande instance selon le montant de votre

---

1. Sur l'ensemble des ventes aux enchères intervenues en France entre 1993 et 1995, seulement 2 000 artistes ont profité du droit de suite. Cinquante d'entre eux (soit 2,5 %) ont touché en moyenne 12 000 € chacun. Les 1 950 autres (soit 97,5 %) ont touché en moyenne 400 €. *Cf.* Victor Ginsburgh, Le droit de suite, in Les galeries d'art en France aujourd'hui, L'Harmattan, 1997.
2. CPI, art. L. 335-3.

préjudice[1]. Vous pouvez commencer en demandant la saisie de l'œuvre incriminée. C'est au commissaire de police qu'il vous faut vous adresser. Il doit l'exécuter dès que votre identité est vérifiée et le préjudice déclaré.

Nom
Adresse
Code postal Ville
Tél.
N° Siret/N° Maison des artistes

M le Commissaire de Police
Adresse
Code postal Ville

LRAR
Objet : saisie-contrefaçon

Ville, le ../../..

Monsieur le Commissaire de Police,

Je soussigné(e) (nom artiste) vous expose que (nom de la personne ou de société contrefactrice) commercialise (nature des pièces contrefaisantes)/ a reproduit sans mon accord mon/mes œuvre(s) (nom et description)

Par conséquent, à nos risques et périls, en application de l'article L. 332-1 du code de la propriété intellectuelle, et dans l'attente qu'il soit statué par le tribunal de notre choix sur la confiscation, la répression et les dommages et intérêts de droit en application de l'article L. 122-4 du code de la propriété intellectuelle, je requiers qu'il vous plaise de saisir un exemplaire de chacune des pièces contrefaisantes à l'adresse suivante : (adresse).

Je vous prie de demander quels sont les lieux de diffusion des pièces contrefaisantes et les quantités achetées et/ou diffusées.

Veuillez agréer, Monsieur le Commissaire de Police, l'expression de mes salutations distinguées.

Signature

Lettre de réquisition à fin de saisie-contrefaçon

1. TI pour un préjudice d'une valeur inférieure à 7 600 € et TGI pour un préjudice d'une valeur supérieure.

Vous disposez du délai d'un mois, après la saisie, pour engager la procédure en contrefaçon. À défaut, la levée de la saisie peut être demandée et obtenue par la partie adverse. Dans tous les cas, vous devez apporter la preuve de ce que vous alléguez. La preuve est constituée par tout moyen (photo, témoignage, article de presse, etc.). La difficulté est toujours de faire identifier son œuvre et d'attester que vous en êtes bien l'auteur. Pour vous aider, il n'est pas vain de vous entourer de certaines précautions qui peuvent se révéler utiles, dans de délicates occasions.

Les précautions de protection

Une œuvre est protégée du seul fait qu'elle existe, sans formalité. Elle n'a pas besoin d'être déclarée ou déposée. Seulement dans la réalité, vous rencontrez parfois des difficultés à revendiquer votre droit de propriété incorporelle, c'est-à-dire à faire reconnaître que vous êtes bien l'auteur.

L'auteur est celui qui a réalisé l'œuvre[1]. Un apport personnel dans le processus de création est nécessaire pour l'attribution de la qualité d'auteur. Encore faut-il le prouver. Et votre tâche est facilitée si vous avez pris quelques précautions. La plus élémentaire consiste à signer vos œuvres. Si ce n'est pas ostensiblement sur le devant, vous devez le faire au moins distinctement. Vous pouvez aussi utiliser un marquage à l'encre qui apparaît seulement à l'ultraviolet ou un marquage olfactif. Et il n'est pas vain d'apposer la mention « copyright » suivie de votre nom, du titre du tableau et de la date[2] de réalisation au dos de toutes vos créations ou délivrer des certificats d'authenticité. En outre, vous

---

1. L'auteur de l'œuvre est titulaire des droits d'auteur. En cas de pluralité d'auteurs, les droits sont attribués à plusieurs personnes. Pour une œuvre de collaboration (œuvre à la création de laquelle ont concouru plusieurs personnes), l'œuvre est la propriété commune des co-auteurs qui exercent leurs droits d'un commun accord. Pour une œuvre collective (œuvre créée sur l'initiative d'une personne qui la divulgue sous son nom et à laquelle plusieurs auteurs participent), l'œuvre est la propriété de la personne qui la divulgue car il n'est pas possible d'attribuer un droit distinct à chacun des auteurs. Pour une œuvre composite (œuvre nouvelle à laquelle est incorporée une œuvre préexistante sans la collaboration mais avec l'autorisation de l'auteur de cette dernière), l'œuvre est la propriété de l'auteur qui l'a réalisée. Ce dernier doit néanmoins respecter le droit moral de l'auteur de l'œuvre adaptée ou reprise. (CPI, art. L. 113-2)

avez tout intérêt à réaliser un inventaire détaillé et régulier des œuvres que vous avez terminées. Cela vaut pour les œuvres que vous conservez dans votre atelier, celles que vous exposez ou celles que vous vendez. Cet inventaire doit être accompagné de photographies de toutes vos réalisations et de tous les moyens de preuve d'attester votre pa(ma)ternité. Pour prouver la date de création, il est possible de déposer cet inventaire chez un notaire ou un huissier, sous enveloppe Soleau que vous vous procurez à l'Inpi ou à une société d'auteurs ou sous enveloppe électronique[1].

Amateur de technologie, vous pouvez prévoir d'introduire une puce électronique dans vos œuvres. Ce peut être coûteux mais efficace en cas de vol. C'est un bon argument pour vos acquéreurs. Et si vous diffusez ou exposez vos œuvres sur l'Internet, des procédés de tramage de l'image sont susceptibles de la dénaturer en cas de reproduction non autorisée. Vous le voyez, de nombreux procédés existent pour sécuriser votre création. Mais si vos œuvres sont protégées par les droits d'auteur quant à leur originalité et leur intégrité, des assurances peuvent venir compléter le dispositif et garantir vos intérêts financiers.

L'assurance de votre création

Souvent dans les ateliers, vous voyez les œuvres s'entasser, sans les assurer, ni même prendre la précaution d'installer une porte blindée. C'est une grave négligence. Car l'assurance reste un moyen efficace de vous protéger[2]. Du moins pour le préjudice matériel. Comme tous les risques sont difficiles à éviter, vous pouvez tenter d'en amoindrir les effets et obtenir, en cas de sinistre, un dédommagement financier. Cela ne peut remplacer mais sert à compenser.

2. Mentionner une date sur une œuvre peut se révéler à double tranchant. Si vous ne la vendez pas rapidement, elle est là pour l'attester et produit le pire des effets. Mais en cas de plagiat, elle établit votre antériorité sur la copie.

1. Sous la forme d'un dépôt crypté et sécurisé.

2. L'assurance d'un dommage est un contrat par lequel un assureur garantit à un assuré moyennant l'acquittement d'une prime le paiement d'une somme d'argent convenue en cas de réalisation d'un risque donné.

Assurer votre création vise à protéger les œuvres mais aussi l'artiste. Car sans créateur, plus de création. L'assurance comporte souvent deux aspects : l'assurance des biens qui en indemnise la dégradation ou la disparition et l'assurance en responsabilité qui couvre les dommages que vous causez aux tiers.

L'assurance de vos œuvres

Si vous souhaitez protéger vos œuvres, la mise en garde est une solution des plus radicales. Dans certaines banques ou établissements spécialisés, vous pouvez louer des emplacements pour les entreposer et les garder. Ce sont des quasi-chambres fortes présentant des conditions de température et d'hygrométrie appropriées et dont la sûreté est réputée. Vos œuvres sont abritées en sécurité mais vous vous en privez. Et comme vous avez besoin de conserver vos œuvres à proximité, pour en profiter, les montrer, les exposer et les vendre, la solution plus appropriée va consister à vous assurer. Vous allez souscrire un contrat d'assurance pour garantir vos œuvres conservées dans votre atelier ou accrochées dans une exposition ou un salon.

L'assurance de votre atelier

Vous souscrivez, en général, un contrat multirisque. Ce n'est pas le moins coûteux ni le plus avantageux. Si la plupart des risques sont envisagés[1], les biens sont rarement convenablement assurés. En tout cas, pour les œuvres d'art, cette assurance est mal appropriée si vous souhaitez être bien indemnisé. Car le contrat contient généralement l'indication d'un capital globalement assuré. Mais il ne garantit les objets d'art que pour une fraction de celui-ci. Ainsi si le pourcentage dédié aux œuvres d'art s'élève à 30 %, il vous faut prévoir un capital global de 150 000 € si vous souhaitez assurer 50 000 € d'œuvres d'art. À ce jeu, cela devient vite ruineux. Et ce type de contrat ne comportant ni le détail des objets assurés, ni expertise certifiée, en cas de sinistre, il devient rapidement désavantageux. Car vous devez prouver la réalité du dommage et la valeur des œuvres volées ou endommagées. Ce peut être malaisé.

1. Incendie, dégât des eaux, vol, catastrophe naturelle, etc.

Alors si vous conservez vos œuvres dans votre habitation, vous avez plutôt intérêt à souscrire un contrat tous risques objets d'art ou un contrat en valeur agréée. C'est un type de contrat spécifique qui ne couvre que les œuvres et objets d'art. Il nécessite une expertise préalable qui détaille les œuvres assurées, leur valeur et leur mode de protection. Chaque année, une révision de la valeur doit être envisagée. En cas de sinistre, la nature et la valeur des œuvres ayant été vérifiées par la compagnie, elle n'est pas contestée.

Mais le mieux reste sans doute d'assurer votre atelier avec un contrat multirisque professionnel. Ce n'est pas un contrat prévu spécifiquement pour les ateliers. Mais il est bien adapté à tout local susceptible de conserver des biens à haute valeur ajoutée, quand il s'agit à la fois du lieu de production et du lieu d'exposition. Vous déterminez la valeur des œuvres que vous conservez. Il est important d'inventorier toutes ces œuvres avec leur description et leur reproduction. En cas de sinistre, l'indemnité va être égale à la valeur vénale de l'œuvre[1]. Pour une œuvre d'art originale, elle est estimée en fonction du prix de vente espéré. Aussi vous devez conserver tous les éléments permettant d'attester de la valeur que vous déclarez[2]. La meilleure garantie reste de vous assurer en valeur agréée, c'est-à-dire une valeur confirmée par un expert et acceptée par votre assureur. Elle ne peut pas être contestée. C'est pour vous une sécurité. Mais quelle que soit la nature de votre contrat, en cas de sinistre, vous ne recevrez jamais qu'une indemnité. En matière d'assurance, c'est le principe qui est appliqué. Et une indemnité, par définition, ne peut pas dépasser la valeur du bien assuré. En pratique, cela risque rarement d'arriver.

L'assurance d'une exposition ou d'un salon

Vous allez faire une exposition dans une galerie ou participer à un salon. Vos œuvres sortent de votre atelier et ont besoin d'être assurées. Car les risques sont multipliés. En principe, les galeris-

1. Elle peut être complétée par une indemnité de pertes d'exploitation. Si un sinistre important entraîne une perturbation grave qui vous empêche de travailler, vous pouvez toucher un dédommagement supplémentaire si vous avez prévu de garantir ce risque.
2. Factures de ventes réalisées, articles de presse, côte officielle, etc.

tes et les organisateurs sont assurés. Mais vous avez intérêt à vérifier les garanties proposées. Elles figurent dans votre contrat d'exposition et doivent être examinées avec attention. Bien souvent, en galerie, vous n'êtes garanti qu'à hauteur de la valeur déposée. Cela correspond par exemple à la moitié si la part vous revenant en cas de vente s'élève à 50 %. Cela signifie qu'en cas de sinistre, vos œuvres ne sont assurées qu'à hauteur de la moitié. Sauf arrangement différent, vous percevez le prix de votre part et non le prix de vente. C'est pour cela que vous pouvez avoir intérêt à souscrire un contrat séparé ou compléter les garanties déjà envisagées dans votre atelier. Il suffit de demander à votre assureur une extension de garantie pour un salon ou une exposition.

De toutes les façons, même si votre contrat d'exposition inclut l'assurance de votre prestation, vous devez vérifier la valeur des œuvres assurées, la nature des risques garantis (incendie, tempête, dégâts des eaux, vol, vandalisme, bris, déchirure, destruction, etc.), les possibilités d'exclusion, les montants de franchise ou prise en garantie du transport, de l'accrochage et du décrochage (si vous ne l'assumez vous-même). L'idéal est l'assurance dite « de clou à clou ». Elle garantit vos œuvres du moment où elles sont décrochées du clou planté dans votre atelier au moment où elles y sont raccrochées, une fois l'exposition réalisée, pour les œuvres non vendues qui vont retourner dans votre atelier. Quels que soient les incidents intervenant entre ces deux clous, ils sont assurés et vous êtes remboursé pour la valeur déclarée. En cas de sinistre, vous prévenez la compagnie d'assurance dans les meilleurs délais. Toute déclaration tardive peut vous priver de votre droit à indemnité. En général, vous disposez de cinq jours[1] à partir de la découverte du sinistre. Et vous avisez les services de police dans les 24 heures en cas de vol ou de tentative de vol. Mais il n'y a pas que vos œuvres que vous devez protéger. L'artiste peut aussi être assuré.

L'assurance de l'artiste

Vous disposez de plusieurs moyens pour vous prémunir, sans envisager le pire. Vous pouvez garantir votre responsabilité

1. Dix jours en cas de sinistre dû à une catastrophe naturelle.

professionnelle et couvrir vos dépenses de prévoyance personnelle. Ce n'est pas une précaution superflue, avant que le sinistre ne soit venu.

L'assurance en responsabilité professionnelle

L'artiste commet toutes sortes d'actes dans l'exercice de son activité qui engagent sa responsabilité. C'est pourquoi il est recommandé de souscrire une assurance en responsabilité civile professionnelle (RCP), lorsque cette garantie n'est pas prévue dans votre contrat multirisque professionnel. C'est même une précaution indispensable si vous ne voulez pas gaspiller votre capital succès. Chacun est responsable de ses actes et peut se voir condamné à verser des dommages-intérêts. Car vous encourez une responsabilité contractuelle pour les dommages que vous causez à vos clients du fait de l'inexécution ou la mauvaise exécution de vos obligations contractuelles et une responsabilité délictuelle ou quasi délictuelle si vous causez des dommages à des tiers. En aucune manière cela ne vous exonère d'une faute lourde ou d'une faute intentionnelle mais vous vous prémunissez contre ces risques en souscrivant une RCP.

Si vos clients viennent dans votre atelier, vos locaux sont assurés pour leur occupation professionnelle (incendie, inondation, vol...). Mais votre RCP vous garantit si un client vous confie des documents et que vous vous faites cambrioler, si un élève qui vient prendre un cours dans votre atelier glisse dans votre escalier et se brise une jambe, si vous allez installer un tableau chez un amateur acheteur et que vous lui cassez un bibelot de valeur.

En ce qui concerne votre activité professionnelle proprement dite, même si vous avez une obligation de moyens, vos clients peuvent tenter d'engager votre responsabilité s'ils considèrent que vous avez commis une faute et qu'ils ont subi un préjudice de votre fait ou simplement parce qu'ils ne sont pas satisfaits de vos prestations. Votre RCP couvrira ainsi votre responsabilité contractuelle. Si vous ne livrez pas un tableau à temps, si vos prestations ne sont pas conformes aux attentes de votre client et qu'il puisse prouver qu'il en subit un préjudice, vous êtes ainsi couvert. Mais les dommages postérieurs à la livraison des œuvres ou à la réalisation de prestations doivent être envisagés dans une extension de garantie ou une assurance séparée.

Caroline ou la maladresse assurée

Caroline est photographe d'art. Elle immortalise les grands moments de la vie. Et un mariage a failli être pour elle inoubliable. Dans son quotidien, elle est plutôt maladroite. Elle le sait. Aussi a-t-elle souscrit une solide assurance professionnelle. Un jour, de prises en cadrage, elle s'est retrouvée sur le buffet, les pieds dans la pièce montée. Les mariés n'ont pas apprécié. Et ils l'ont attaqué en responsabilité. Heureusement, elle était bien garantie. Sa maladresse assurée, le préjudice a été dédommagé. Et elle n'a rien eu à payer.

Quand vous souscrivez une RCP, l'élément important est le montant assuré pour chaque type de dommages (corporels, matériels et immatériels). Tentez d'y ajouter une garantie défense-recours ou une assurance protection juridique en cas de litiges. Et contrôlez les franchises. Vérifiez les limites territoriales et les exclusions. Plus elles sont nombreuses et moins le contrat est performant. Ensuite, avertissez votre assureur dès que votre activité évolue pour bien adapter vos garanties et les risques assurés.

Les assurances de prévoyance personnelle

Vous souscrivez des assurances de prévoyance, si vous souhaitez augmenter votre protection personnelle. Leur choix va dépendre de votre activité et de votre situation familiale ou patrimoniale. Leur objet est d'améliorer vos remboursements de dépenses de maladie ou de frais d'hospitalisation, de garantir vos dommages d'invalidité, de recevoir des indemnités journalières supplémentaires en cas d'arrêt de travail ou d'augmenter votre future retraite. Car les assurances sociales obligatoires ne vous assurent que l'accès au régime social de base qui ne couvre pas toujours l'intégralité des frais ou des risques.

La souscription d'assurances complémentaires est laissée à votre libre appréciation. Vous pouvez fort bien vous en passer. Mais pour prévenir les difficultés, il est préférable d'y songer. Et vous y êtes encouragé car un avantage fiscal vous est accordé. En effet, vous êtes autorisé à déduire de votre revenu imposable les primes que vous acquittez pour vos assurances complémentaires facultatives de prévoyance et de retraite, c'est-à-dire :

- la prévoyance complémentaire, maladie, invalidité, incapacité de travail, décès ;
- la retraite complémentaire, sous forme de rente viagère[1].

La déduction fiscale est cependant plafonnée. Elle est limitée à un montant global égal à 19 % de huit fois le plafond annuel de la Sécurité sociale, soit 41 571 € (272 688 F). Dans cette limite, la déduction pour la prévoyance complémentaire ne peut pas dépasser 3 % (soit 1 247 €)[2]. Pour estimer si la limite globale de 19 % est dépassée, vous comptabilisez le total des cotisations sociales que vous avez payées au titre des régimes obligatoires et facultatifs. Mais la limite de 3 % s'apprécie seulement par rapport aux seules primes de prévoyance complémentaire.

Vous avez le libre choix de vos organismes d'assurance pour la souscription et la gestion de vos risques de prévoyance. Outre la qualité des produits offerts, il est prudent de vérifier leur performance financière et les clauses particulières. Car vous vous engagez pour vous couvrir en cas de difficultés, non pour provoquer des contrariétés. Et même si la formule est fiscalement incitée, vous devez vous garder de souscrire sans en mesurer les risques et les intérêts. L'assurance complémentaire de retraite requiert notamment une vigilance particulière. Car elle implique quelques obligations. Pour être valable, votre contrat doit prévoir une sortie en rente viagère, imposable au même titre que votre retraite obligatoire. C'est la contrepartie de la déduction fiscale qui vous est accordée aujourd'hui. Mais la principale difficulté réside dans l'obligation, dès la souscription, de verser vos cotisations régulièrement, sans interruption, jusqu'au moment de votre retraite. Vous ne pouvez arrêter de payer que si vous arrêtez votre activité. Et que vos revenus professionnels varient à la hausse ou à la baisse, vos primes ne peuvent augmenter ou diminuer que dans une proportion limitée à 10 %. Si vous arrêtez de payer, vous perdez une partie du capital versé et encourez d'être redressé. Alors il vous faut veiller à adapter vos versements à vos moyens financiers et à choisir un contrat bien étudié. Enfin, vous devez noter que vous ne pouvez récupérer les sommes versées et

1. Souscrites auprès de compagnies d'assurances ou de mutuelles répondant aux caractéristiques fixées par la loi n° 94-126 du 11 février 1994 (dite loi Madelin).
2. En 2001. CGI, art. 154 bis.

capitalisées qu'au moment de l'arrêt de votre activité, et sous la seule forme de rente viagère. La disposition de vos versements en capital est exclue, sauf invalidité ou liquidation judiciaire. Aussi est-il prudent de n'envisager la conclusion d'un tel contrat que lorsque vous êtes sûr de vos résultats ou de le compléter par la souscription d'un contrat d'assurance-vie.

L'assurance-vie

Votre assurance-vie, c'est votre art. Personne ne le nie. Votre cote commence à monter assurément. Vos œuvres sont votre meilleur placement. Vos proches vous aiment et vous soutiennent. Et ils comptent beaucoup pour vous. Eux comptent beaucoup sur vous. Personne n'aime envisager une échéance funeste. Et de toutes les façons, Patrick O'Brian[1] n'assurait-il pas que les artistes peintres jouissent de la plus belle durée de vie.

Quoi qu'il en soit, chacun souhaite décharger ses proches des soucis matériels. Un contrat d'assurance-vie en cas de décès, dite temporaire décès, vous enlève cette mauvaise préoccupation. Il ne s'agit pas d'un contrat d'épargne mais d'une véritable assurance. Chaque année, vous réglez une prime d'autant plus élevée que le capital décès garanti est important, en cas de décès accidentel. Vous avez aussi la possibilité de souscrire un contrat d'assurance-vie (vie entière) pour permettre à vos héritiers de payer vos engagements à votre place, en franchise de droits de succession[2]. Ne pas y songer peut porter un grave préjudice à ceux que vous aimez. Il serait un malheur d'ajouter à la douleur de votre disparition la détresse d'avoir à assumer vos engagements financiers et les frais liés à votre succession. Certes les héritiers ont toujours la possibilité de proposer vos œuvres à l'État pour régler les droits à payer. Mais une offre de dation n'est pas toujours acceptée. Cela dépend de l'artiste concerné. On ne peut que vous souhaiter de faire partie de ces bienheureux consacrés.

1. Un des biographes de Picasso.
2. Dans l'hypothèse d'un contrat souscrit avant le 13 octobre 1998 et n'ayant pas fait l'objet de versement ultérieur. Pour les autres contrats, seulement 150 000 € (1 000 000 F) par bénéficiaire sont exonérés de droits. Au-delà, un prélèvement de 20 % est effectué automatiquement par les compagnies d'assurance, quel que soit le degré de parenté du bénéficiaire.

Chapitre 8
Sachez bien vous entourer

Vous avez besoin d'une aide pour promouvoir votre art, diffuser votre création ou vendre vos œuvres. Car l'expérience prouve qu'il est difficile de tout faire, de la production à la commercialisation, en passant par la promotion. Il y a risque de dispersion. Alors vous avez le choix entre recourir aux services d'un agent d'art, engager un(e) attaché(e) de presse ou recruter un salarié.

La difficulté va être, bien sûr, de savoir vous entourer pour que cette collaboration favorise votre activité. Cela va dépendre de la personne rencontrée mais aussi du type de relation juridique souhaitée.

Si vous voulez une personne pour vous aider à démarcher des galeries, vous seconder dans les expositions et les salons, prospecter des amateurs d'art ou tenir votre galerie, un salarié est requis. Vous êtes liés ensemble par un contrat de travail. Vous le rémunérez par un salaire fixe et indépendant des ventes réalisées ou de la tâche effectuée.

Si vous recherchez une personne pour promouvoir votre œuvre et la vendre, un agent d'art vous suffit. Vous êtes liés par un contrat de mandat. Vous le rémunérez à la commission sur chaque vente effectuée. Et si vous avez besoin d'une aide ponctuelle pour une exposition, un(e) attaché(e) de presse est prescrit. Vous êtes liés par un contrat de prestation et vous le rémunérez en honoraires, selon la tâche exécutée. À chaque type de relation ses conditions et ses attributions.

Travailler avec un agent d'art

Un agent d'art (ou agent d'artiste) vous aide à promouvoir et diffuser votre création. C'est un mandataire que vous choisissez pour servir d'intermédiaire et de représentant dans la vente de vos œuvres. Il n'est pas un agent artistique[1]. Il n'organise pas le placement ou l'engagement des artistes. Il ne gère pas vos affaires, ni votre carrière. Le plus souvent, il intervient seulement pour diffuser, négocier et vendre vos œuvres d'art, en votre nom et pour votre compte.

C'est un indépendant avec lequel vous passez un contrat de mandat de vente de vos œuvres. Tant qu'il n'en vend pas, il ne vous coûte rien. Ce n'est que lorsqu'il réalise une vente que vous lui versez une commission. Cela permet de le motiver.

Le statut de l'agent d'art

L'agent d'art est un agent commercial[2]. Il peut avoir deux statuts juridiques. S'il est commerçant, il est inscrit au registre des agents commerciaux et au RCS, tenus par le tribunal de commerce. Il négocie et conclut des ventes pour votre compte. Au plan fiscal, ses revenus sont imposés dans la catégorie des BIC. S'il n'est pas commerçant, il est seulement inscrit au registre des agents commerciaux. Il peut juste négocier et prendre des commandes d'œuvres pour votre compte. Mais il ne conclut pas de vente. Au plan fiscal, ses revenus sont imposés dans la catégorie des BNC.

---

1. L'agent artistique est la personne chargée de procurer des engagements à des artistes du spectacle (notamment les artistes lyriques, dramatiques, chorégraphiques, les musiciens, les artistes de variété ou les chefs d'orchestre). Pour exercer, il est titulaire d'une licence spéciale délivrée par la délégation à l'emploi du Ministère du travail et doit être inscrit au Registre du commerce et des sociétés.
2. L'agent commercial est un mandataire qui, à titre de profession indépendante, sans être lié par un contrat de louage de service, est chargé, de façon permanente de négocier et, éventuellement de conclure des contrats de vente, d'achat, de location ou de prestation de services, au nom et pour le compte de producteurs, d'industriels ou de commerçants ou d'autres agents commerciaux. *Cf.* C. co., art. L 134-1 (loi n° 91-593 du 25 juin 1991)

L'agent d'art exerce son activité en indépendant. Il est votre mandataire. Cela signifie qu'ensemble, vous êtes liés par un contrat de mandat. Il organise sa mission comme il le souhaite. Sans lien de subordination. Il peut d'ailleurs conclure d'autres mandats avec d'autres artistes.

Sa mission est de vous représenter et de promouvoir votre art, de trouver des amateurs d'art et de conclure avec eux des contrats de vente, pour votre compte. Il n'est jamais propriétaire des œuvres qu'il vend. Il agit comme un simple intermédiaire. Et il est astreint au respect d'un code déontologique[1]. Il doit notamment :

- vous aider à élaborer votre stratégie commerciale ;
- entretenir avec vous un esprit de loyale collaboration ;
- refuser toute pratique contraire aux bons usages commerciaux ;
- refuser de suivre une politique commerciale contraire à la législation et à l'honnêteté ;
- traiter avec des clients réputés solvables ;
- respecter le secret professionnel.

La plus grande difficulté va être le choix de l'impétrant. Il doit avoir le goût du risque, le goût pour l'art en général et pour votre art en particulier. Il est votre premier amateur et votre plus fervent défenseur. Si votre agent n'apprécie pas votre talent, il aura le plus grand mal à le vendre. En plus, il doit avoir un bon carnet d'adresses, le sens des contacts et une réelle aptitude à la vente. Car il va être chargé de vous soulager de tous les aspects commerciaux de votre activité.

Enfin, vous devez avoir confiance en lui. Vous allez être amené à travailler en étroite collaboration. Un bon agent ne se contente pas de vendre vos œuvres. Il est aussi capable de vous informer sur les tendances du marché ou les remarques de ses clients. Son jugement doit être sûr et éclairé et il est important que vous puissiez vous y fier sans préjugé, ni arrière-pensée.

1. Établi par la Fédération nationale des agents commerciaux.

Le contrat de mandat de vente

Le contrat de mandat de vente détermine les conditions de la relation avec votre agent d'art, le contenu de sa mission. Il n'est pas obligatoire que ce contrat soit écrit pour être valable. Cela est néanmoins préférable. En cas de différends, il est toujours plus facile de se défendre. Mais en cas de mission ponctuelle, il est tout à fait envisageable de passer un accord oral prévoyant le paiement d'une commission en cas de vente réalisée. S'il s'agit d'un professionnel déclaré, cela ne soulève aucune difficulté.

Le contenu du contrat de mandat de vente est libre et librement négocié par les parties. Il peut porter sur une vente ponctuelle d'œuvre et être limité dans le temps ou concerner une mission de représentation générale sur une longue durée. Il peut prévoir l'exclusivité sur un territoire donné, pour une clientèle déterminée (particuliers, entreprises, galeries). Il détermine la nature de la mission (représentation, recherche de clientèle, vente d'une œuvre particulière...), le montant de la rémunération et les modalités de son paiement.

Le contrat peut être établi pour une durée déterminée ou indéterminée. Un contrat à durée déterminée qui se prolonge au-delà de son terme se transforme en contrat à durée indéterminée, sans formalité particulière. Mais dans ce cas, chacune des parties ne met fin au mandat que moyennant un préavis. La durée du préavis est d'un mois pour la première année du contrat, de deux mois pour la deuxième année commencée et de trois mois pour la troisième année commencée et les années suivantes. Il n'est pas possible de déroger à ces délais.

En cas de cessation des relations, l'agent a droit à une indemnité compensatrice en réparation du préjudice subi. Cette indemnité n'est pas due si l'agent a commis une faute ou si la rupture résulte de son initiative. L'usage veut que le montant de l'indemnité soit égale à deux années de commissions brutes.

Entre les soussignés
(nom et prénom de l'artiste) demeurant (adresse), dénommé ci-après l'artiste mandant et
(nom et prénom de l'agent) demeurant (adresse), dénommé ci-après l'agent d'art mandataire, il est convenu ce qui suit :

1 - L'artiste donne mandat à l'agent d'art d'agir en son nom et pour son compte pour la mission suivante :
– rechercher un ou des acquéreurs pour les œuvres ci-après désignées. Les caractéristiques des œuvres sont les suivantes :
titre :
nature, technique, dimensions, date de réalisation :
prix de vente HT :
– négocier et conclure la vente de l'œuvre (ou des œuvres) susmentionnées au prix de vente indiqué, commission due à l'agent comprise.
– effectuer toutes les démarches nécessaires afin de parvenir à la réalisation de la vente.
Les frais engagés par l'agent quant à l'exécution de son mandat sont à la charge de l'artiste. Ils doivent être l'objet d'une entente préalable entre les deux parties. Ils ne sont pas engagés sans l'accord de l'artiste.

2 - L'artiste s'engage à rémunérer l'agent pour l'exécution du présent mandat par une commission de (pourcentage) % sur le montant hors taxes des ventes réalisées. La commission est payable le mois suivant celui au cours duquel la vente a été réalisée et le paiement effectué.

3 - L'agent s'engage à agir dans la plus grande confidentialité. Il n'est pas tenu à une obligation de résultat dans l'exécution de son mandat.

4 - Le présent mandat est conclu pour une durée de six mois. Il est reconduit tacitement et peut être résilié à tout moment, par l'une ou l'autre partie, avec un préavis d'un mois signifié au cocontractant par lettre recommandée avec accusé de réception.

5 - En cas de litige, les tribunaux du domicile de l'artiste sont seuls compétents.

Fait à (lieu), le (date)
en deux exemplaires.

Signature de l'artiste (avec la mention manuscrite : lu et approuvé, bon pour mandat)
Signature de l'agent d'art (avec la mention manuscrite : lu et approuvé, mandat accepté)

Contrat de mandat de vente

La rémunération de l'agent d'art

Le contrat de mandat détermine les conditions de rémunération de votre agent d'art. Celui-ci ne facture pas personnellement les œuvres qu'il vend ou les services qu'il rend pour votre compte. La plupart du temps, il prend les commandes et facture ses (vos) clients sur votre propre papier à en-tête en indiquant qu'il agit en qualité de mandataire par la mention « ordre et pour le compte de … ». Et vous recevez le paiement directement. Si vous facturez en exécution des ordres passés par votre agent, vous lui envoyez un double de vos factures.

La rémunération de votre agent est fixée librement. Celui-ci ne reçoit aucun revenu fixe. Il est rémunéré par commissionnement sur le chiffre d'affaires qu'il réalise personnellement. Et vous le payez selon les modalités déterminées dans le contrat de mandat que vous avez signé : en fin de mois ou de trimestre, le mois suivant.

Le montant de la commission varie selon le produit à commercialiser et la difficulté à le diffuser. Pour les œuvres d'art, le taux de commission oscille entre 5 et 30 %. Il peut diminuer selon l'importance des transactions. En fait, vous fixez le taux que vous souhaitez. C'est une question de négociation.

La commission de votre agent est calculée sur le prix hors taxe de vente, si vous êtes assujetti à la TVA, sur le prix net encaissé, si vous travaillez en franchise de TVA. La commission est ensuite soumise à la TVA. Vous la payez sur production d'une facture émise par votre agent d'art[1].

La formule de l'agent d'art est vraiment adaptée aux artistes et aux professions artistiques. Lorsque vous concluez un tel contrat, vous ne vous engagez à lui verser une commission qu'en cas de réalisation de sa mission, quand une œuvre est vendue et payée. Vous n'assumez ni les frais fixes, ni les charges sociales de votre agent. C'est lui qui prend les risques pour vous. Il démarche les galeries ou les salons, visite son portefeuille d'amateurs et négocie les ventes. Le plus souvent, il travaille avec plusieurs artistes, ce qui augmente son efficacité. Car en proposant un panel

1. Puisqu'il s'agit d'une dépense qu'il vous faudra la justifier dans votre comptabilité.

Le commissionnement de votre agent d'art

Votre agent a vendu pour vous une toile pour un montant de 20 000 €. Vous travaillez en franchise de TVA. Le taux de commission est de 20 %.
Commission = 20 000 x 20 % = 4 000 €

Votre agent est assujetti à la TVA (à 19,6 %). Il vous facture 4 000 + 784 = 4 784 €. Il vous reste 15 216 e nets sur la vente de votre toile.
Votre agent travaille en franchise de TVA. Il vous facture 4 000 €. Il vous reste 16 000 € nets sur la vente de votre toile.

Votre agent a vendu pour vous une toile pour un montant de 30 000 € TTC. Vous êtes assujetti à la TVA (à 5,5 %). Le taux de commission est de 20 %.
Commission = (30 000 x 0,9479) x 20 %
= 28 437 x 20 % = 5 687 €

Votre agent est assujetti à la TVA (à 19,6 %). Il vous facture 5 687 + 1 114 = 6 801 €. Il vous reste 23 199 € nets sur la vente de votre toile.
Votre agent travaille en franchise de TVA. Il vous facture 5 687 €. Il vous reste 24 313 € nets sur la vente de votre toile.

d'œuvres plus diversifié, il est assuré de satisfaire un nombre de clients plus élevé. À vous seulement de veiller que vous ne soyez pas délaissé. Une autre possibilité consiste à engager un(e) attaché(e) de presse.

Engager un(e) attaché(e) de presse

Vous ne souhaitez pas confier la vente de vos œuvres à un agent d'art. Vous vous en chargez. Vous recherchez seulement une personne pour promouvoir votre activité, s'occuper de votre publicité et organiser votre communication ou intervenir à l'occasion d'une exposition ou d'un salon particulier. Pour toute opération de promotion ponctuelle, vous engagez un(e) attaché(e) de presse. Vous serez lié avec lui par un contrat de prestations déterminées et vous le payerez pour les tâches effectuées.

Les prestations

Un attaché de presse ou un chargé de communication est susceptible de vous proposer des prestations plus ou moins sophistiquées, selon ce que vous en attendez. Il a vocation à s'occuper de votre promotion, dans son entier. Cela peut aller de l'organisation de votre publicité, à l'orchestration de votre promotion en passant par la création d'évènements particuliers ou d'actions ciblées. Il peut s'occuper de la réservation d'encarts dans des revues ou annuaires bien diffusés ou de l'écriture d'articles pour les journaux qui se font votre écho. Il est en général bien placé pour alerter les journalistes spécialisés ou les critiques d'art d'une exposition organisée ou d'un événement à ne pas manquer. Ce sont d'ailleurs ses missions de prédilection. Il communique à votre place pour augmenter votre notoriété et inciter les amateurs d'art à venir vous rencontrer, découvrir votre œuvre et l'acheter.

Si vous souhaitez vous lier à un attaché de presse, il est préférable d'établir un contrat écrit pour définir les modalités de son intervention et de sa rémunération. Pour cela, le plus aisé est de prévoir un contrat adapté[1].

Le contrat de prestations

Le contrat de prestations sert à déterminer les engagements de chacun : la prestation délivrée et le prix que vous vous engagez à payer. Il scelle l'accord des deux parties. C'est indispensable pour bien travailler. Et prévenir les difficultés. Si vous avez la totale liberté sur le contenu de votre contrat de prestations, il doit être avant toute chose bien adapté à votre activité. Un peintre n'a pas les mêmes besoins qu'un photographe ou un graphiste. Il peut prendre la forme d'une simple lettre présentant la mission et le montant de la rémunération ou faire l'objet

1. *Cf.* François Terré, Philippe Simler et Yves Lequette, *Droit civil, les obligations*, Dalloz, 1996.

d'un contrat plus développé. Mais il est important d'au moins préciser[1] :

L'objet du contrat/de la mission

Pour éviter toute confusion, vous avez intérêt à définir précisément son intervention, son contenu, ses modalités, ses limites. C'est un point crucial. Déterminez et définissez bien la prestation. C'est ce que votre prestataire doit vous fournir et ce que vous êtes en droit d'attendre de lui.

Les garanties

Elles concernent les modalités d'exercice de son activité, dans son cadre déontologique. C'est le rappel du secret professionnel auquel il est tenu en tant qu'indépendant et la limitation de votre engagement.

La durée du contrat/de la mission

Votre contrat précise la durée de l'intervention. C'est une clause obligatoire. Vous ne vous engagez pas à vie. Et le défaut de terme au contrat marque trop souvent le glas du règlement. Il est aussi prudent de prévoir les conditions de dépassement de la durée du contrat. Vous y ajoutez éventuellement une clause de résiliation, avec ou sans condition, préavis ou dommages-intérêts.

La rémunération/prix

La rémunération est fixée dès la signature du contrat. C'est indispensable. Sans accord sur le prix, il n'y a pas d'accord, même si vous vous êtes entendus sur la prestation. Il vous faut donc prévoir le montant des honoraires à payer, les modalités de règlement, le remboursement de frais engagés et éventuellement des intérêts de retard en cas de non-paiement.

Quelle que soit la forme retenue pour votre contrat, les deux parties doivent aussi le signer pour s'engager. Et vous prévoyez et ajoutez autant de clauses particulières que vous souhaitez. Mais il

1. Les clauses contractuelles proposées ci-après constituent des exemples ne pouvant être utilisés tels quel sans l'avis d'un conseil spécialisé dans votre domaine d'activité.

vous faut veiller à ne pas faire trop compliqué. Vous ne sauriez plus vous y retrouver. Et d'une bonne garantie, votre contrat deviendrait votre pire ennemi. Consulter à ce sujet un conseil spécialisé vous évitera de vous engager dans des subtilités juridiques inutiles voire dangereuses si vous ne savez les maîtriser.

Entre les soussignés
(nom et prénom de l'artiste) demeurant (adresse),
dénommé ci-après l'artiste et
(nom et prénom du prestataire) demeurant (adresse),
dénommé ci-après l'attaché de presse, il est convenu ce qui suit :

1 - Objet du contrat
L'attaché de presse s'engage à effectuer les prestations suivantes :
(description)

2 - Garanties
L'attaché de presse intervient dans le respect du secret professionnel le plus strict et en toute indépendance. Il s'engage à apporter tous les soins à la protection des intérêts de l'artiste et à l'accomplissement de sa mission prévue au présent contrat.
Toutefois, n'intervenant qu'à partir des éléments qui lui ont été confiés, il ne peut être tenu à une obligation de résultat.
Il s'engage à remettre les photos, négatifs des œuvres confiés à la fin de sa mission et de n'en garder aucune copie par-devers lui.

3 - Durée
Le contrat prend effet au jour de sa signature. La durée de la mission est fixée à (durée).

4 - Rémunération
La rémunération se fait par honoraires fixés d'un commun accord par les parties au montant de (montant) euros HT (au taux de TVA en vigueur au moment de l'émission de la facture).
Les honoraires sont payables pour un tiers au jour de la signature du présent contrat et pour le solde à la fin de la mission.
Les frais que l'attaché de presse doit engager pour assurer ses obligations en application du présent contrat (notamment ceux liées à la réservation de publicité dans les revues susmentionnées) sont à la charge du client, avec son accord préalable et écrit.

En cas de litige, les tribunaux du domicile de l'artiste sont seuls compétents.

Fait à (lieu), le (date)
en deux exemplaires.

Signature de l'artiste (avec la mention manuscrite : lu et approuvé)
Signature de l'attaché (avec la mention manuscrite : lu et approuvé)

Contrat d'engagement d'un attaché de presse

Recruter un salarié

Vous avez besoin de quelqu'un pour tenir votre galerie, vous aider à organiser vos expositions ou prospecter vos clients. Vous envisagez de recruter un salarié, à la place d'un agent ou en complément. Mais vous vous interrogez sur cette opportunité. Vous vous demandez combien cela va vous coûter ou si c'est plus intéressant. C'est en fait très différent. Un agent d'art est mandaté pour vous trouver des clients et va être rémunéré sur les ventes réalisées. Un salarié est plus disponible et vous pouvez lui confier des tâches plus variées. Mais vous devez assumer les coûts plus élevés d'un contrat salarié. En argent et en temps.

L'embauche

Le fait de recruter un salarié ne change rien à votre statut d'artiste. Mais il va générer de nouvelles obligations à assumer. Ainsi vous devez déclarer votre nouveau salarié auprès de l'administration, avant même qu'il commence à travailler et lui proposer un contrat de travail.

La déclaration unique d'embauche

Votre salarié sélectionné et recruté, vos démarches sont simplifiées. Il s'agit seulement d'accomplir la déclaration unique d'embauche. La déclaration est une obligation. Vous l'obtenez auprès de l'Urssaf dont vous dépendez. C'est assez aisé. Le formulaire est transmis à l'Urssaf au plus tard au moment où le salarié est embauché. Puis vous devez prévoir un contrat de travail adapté.

Le contrat de travail

Le contrat de travail est le contrat par lequel une personne s'engage à effectuer une prestation de travail pour le compte et sous la direction d'une autre moyennant une rémunération. Établir un contrat de travail écrit est une garantie. Cela vous permet de déterminer tous les aspects de la relation de travail et d'envisager ses moindres modalités. À l'embauche, vous avez le choix entre le CDD (contrat à durée déterminée) et le CDI (contrat à durée indéterminée).

Le contrat à durée indéterminée

Le contrat à durée indéterminée est le contrat à proposer dans le cadre de votre activité permanente. Il précise les fonctions et attributions de votre salarié, la durée du temps de travail et la rémunération. Et il prévoit les différents aspects de la collaboration[1], sans toutefois en fixer le terme. Le salarié est embauché pour une durée indéterminée, jusqu'à ce qu'il soit mis fin au contrat.

La période d'essai vous permet d'apprécier les compétences et l'appétence de chacun dans la relation. Elle doit être expressément stipulée dans le contrat. Sinon, le salarié est supposé directement embauché. Sa durée résulte des usages en vigueur dans chaque profession. Elle ne peut être contestée que si elle est jugée inhabituelle et excessive par rapport à l'emploi occupé[2].

Pendant la période d'essai, chaque partie a la possibilité de rompre le contrat de travail, à tout moment, sans justification, sans délai de préavis, ni indemnisation. Après la période d'essai, le contrat s'applique jusqu'à ce survienne un incident (démission, licenciement, force majeure) qui provoque la rupture du contrat entre les parties.

La durée hebdomadaire du temps de travail est limitée à 35 heures[3]. Vous ne pouvez prévoir une durée supérieure. Mais il est possible d'embaucher à temps partiel. La durée s'entend du temps de travail effectif[4]. Les horaires peuvent être modulés, sans que la durée quotidienne dépasse dix heures. Le régime des heures supplémentaires se déclenche à partir de la 36e heure[5].

La rémunération est la contrepartie de la prestation de travail. Elle figure impérativement au contrat de travail. Si son montant est librement négocié, il doit respecter les contraintes du salaire

---

1. Notamment le lieu de travail ou sa zone géographique.
2. Cass. soc. 7 janvier 1992. Un employé est le plus souvent mis à l'essai pendant un mois.
3. Loi n° 98-461 du 13 juin 1998.
4. C'est-à-dire le temps pendant lequel le salarié est à la disposition de l'employeur et doit se conformer à ses directives, sans pouvoir vaquer librement à ses occupations personnelles.

minimum (Smic). La rémunération comprend le salaire de base et ses compléments (heures supplémentaires, indemnité de congés payés ou avantages en nature). Ces derniers sont assimilés au salaire et sont soumis aux cotisations sociales.

> Entre les soussignés, (nom, prénom de l'employeur), domicilié (adresse de l'employeur), dénommé ci-après l'employeur et (nom, prénom du salarié) (numéro de sécurité sociale), demeurant (adresse), dénommé ci-après le salarié, il a été convenu ce qui suit.
> L'employeur engage le salarié à compter du .../.../..., en qualité de (fonctions) sous réserve des résultats de la visite médicale d'embauche.
> Le présent contrat est régi par (convention collective ou règlement), dont le salarié a pris connaissance et par les dispositions spéciales ci-après.
>
> Le lieu du travail est situé (adresse de l'employeur) ou en tout autre lieu situé en France.
> Les horaires de travail sont de (heure) à (heure) le matin et de (heure) à (heure) l'après midi, soit une durée hebdomadaire de travail de (nombre d'heures). En rémunération de ses fonctions, le salarié reçoit un salaire mensuel brut de (montant), plus (commission ou intéressement) perçu sur (nombre de mois).
> Il bénéficie de congés payés, calculés conformément à la réglementation en vigueur.
> Le présent contrat est conclu pour une durée indéterminée.
> Chacune des parties a la faculté d'y mettre fin à tout moment, dans le respect des dispositions légales et conventionnelles. Il est notamment fait obligation de prévenir l'autre partie de son intention par lettre recommandée avec accusé de réception avec un préavis qui ne peut être inférieur à (nombre jours).
>
> Les parties conviennent d'une période d'essai de (nombre jours), que chacune peut interrompre, sans préavis, ni justification, ni indemnité.
>
> Fait en deux exemplaires, à (lieu), le ..../..../....
>
> *Signature de l'employeur* *Signature du salarié*

Contrat de travail à durée indéterminée

Le préavis représente le délai qu'employeur et salarié respectent avant de mettre fin au contrat de travail. Sa durée est

5. Vous pouvez demander à votre salarié de travailler au-delà de sa durée d'embauche, dans la limite d'un contingent de 130 heures par an. Ces heures sont mieux payées. Au cours d'une même semaine, les huit premières heures supplémentaires sont rémunérées à 125 % du tarif contractuel. Les suivantes sont rémunérées à 150 % ou donnent lieu à un repos compensateur.

fonction de la nature de la rupture. En cas de démission, elle est au moins d'un mois pour les employés et de trois mois pour les cadres. En cas de licenciement, la durée du préavis dépend de l'ancienneté du salarié dans l'entreprise. Jusqu'à deux ans d'ancienneté, le préavis ne peut être inférieur à un mois. Et au-delà de deux ans d'ancienneté, il est au moins de deux mois.

Votre salarié embauché, vous pouvez apporter des modifications au contrat signé, pour des raisons économiques ou des motifs personnels. Mais il s'agit de ne pas changer un élément déterminant du contrat. Quand la modification vise le lieu de travail, les horaires, les fonctions ou la rémunération, elle est considérée comme substantielle et elle ne peut intervenir qu'avec l'accord du salarié. En revanche, les autres modifications sont prises de manière unilatérale par l'employeur.

Le contrat à durée déterminée

Si vous ne voulez ou ne pouvez vous engager pour une durée indéterminée, il vous reste à embaucher pour une durée déterminée. Mais le recours au CDD est limité[1]. Il n'est prévu que pour l'exécution d'une tâche précise et temporaire. Ainsi, vous êtes autorisé à le proposer seulement pour faire face à un accroissement temporaire de votre activité habituelle[2], c'est-à-dire notamment :

- l'exécution d'une tâche occasionnelle, définie et non durable qui ne relève pas normalement de votre activité,
- la survenance d'une commande exceptionnelle pour l'exportation,
- l'accroissement temporaire d'activité correspondant à une période de pointe (fêtes de fin d'année, exposition),
- le remplacement d'un salarié absent, sur une longue période (maladie, maternité, etc.),
- les contrats de formation en alternance (contrat d'apprentissage ou le contrat de qualification)[3].

1. Loi n° 90-613 du 12 juillet 1990.
2. C. trav., art. L. 122-1.
3. Vous êtes exonéré de charges patronales sur le montant du salaire inférieur au Smic, pendant la durée du contrat.

Hors ces possibilités, la loi interdit le recours à un contrat à durée déterminée pour un emploi permanent. Si vous embauchez un salarié en CDD pour un motif non autorisé, vous encourez une amende de 3 811 € (25 000 F)[1].

La conclusion d'un CDD est formalisée. Le contrat doit être remis par écrit au salarié, au plus tard dans les deux jours suivant l'embauche. À défaut, il risque d'être considéré comme un CDI. La durée de la période d'essai varie en fonction de la durée du CDD. Elle est d'un jour par semaine d'embauche, dans la limite de deux semaines pour un CDD de six mois. Elle passe à un mois pour les contrats d'une durée initiale de plus de six mois. Au cours de la période d'essai, le contrat peut être rompu à tout moment, par le salarié ou l'employeur, sans formalité, ni indemnité.

Outre les mentions qui figurent sur tout contrat de travail, le CDD précise avec soin son motif. À défaut, il est considéré comme conclu pour une durée indéterminée. Il s'agit donc de décrire la tâche précise et temporaire pour laquelle le salarié est embauché. Vous devez aussi en indiquer le terme précis.

La durée maximale du CDD dépend du motif de recours au contrat. Pour les contrats conclus en vue de faire face à une tâche précise et temporaire, la durée est fixée à dix-huit mois, renouvellement compris. Elle est ramenée à neuf mois dans l'attente de l'entrée en service d'un salarié. Elle est exceptionnellement limitée à trois mois en cas d'accroissement temporaire d'activité. Et il n'est possible de renouveler un CDD qu'une seule fois et dans la limite de la durée maximale légale. Au-delà, votre CDD est considéré comme étant abusif. Et il est requalifié en CDI. Vous avez aussi l'obligation de respecter un délai de carence entre deux embauches. À l'expiration d'un CDD, vous devez au moins laisser passer une période égale au tiers de sa durée.

La rupture d'un CDD en cours est très difficile. Si vous le faites, vous devrez verser la rémunération qui était prévue jusqu'au terme du contrat[2], sauf en cas de force majeure (fait imprévisible et inévitable) ou si votre salarié est responsable d'une faute grave.

1. C. trav., art. L. 152-1.4.
2. C. trav., art. L. 122-3.8.

Au terme du CDD, le contrat prend fin sans préavis, ni procédure particulière. Vous êtes libre de proposer la poursuite de la collaboration en CDI ou de l'arrêter, sans vous justifier. Mais le salarié a droit à une indemnité de fin de contrat, d'un montant égal à 6 % des rémunérations brutes versées. Vous vous en acquittez au moment du paiement du dernier salaire. L'indemnité est due même en cas de rupture anticipée du contrat, lorsque celle-ci intervient d'un commun accord. En revanche, elle n'est pas due en cas de rupture anticipée pendant la période d'essai, de rupture pour faute grave ou force majeure ou de poursuite de la relation avec la signature d'un contrat à durée indéterminée à la fin d'un CDD.

Mais indépendamment du contrat signé, des charges vont peser sur le salaire que vous versez.

Les charges sur le salaire

Recruter un salarié entraîne des charges et des contraintes supplémentaires, à la fois financières et matérielles, en sus du salaire à payer. Vous devez évaluer le surcroît de chiffre d'affaires que vous espérez et le coût réel que cela va occasionner, en charges sociales et en impôts, en tenant compte des allégements ou exonérations auxquels vous avez droit quand vous embauchez.

Les charges sociales

Embauché, votre salarié est affilié au régime général de la Sécurité sociale. Il bénéficie des prestations d'assurance maladie-maternité, d'allocations familiales, d'accidents du travail, d'assurance chômage et de vieillesse de base. Il vous faut payer les cotisations correspondantes. Sans compter la retraite complémentaire, la CSG et la CRDS.

À l'occasion du paiement de chaque salaire, vous remettez un bulletin de salaire. Si celui-ci n'est soumis à aucune condition de présentation, il comporte un certain nombre de mentions imposées et les cotisations que vous acquittez[1]. En cas de contestation, il permet au salarié de faire valoir ses droits, pour le chômage ou la retraite.

---

1. Par exemple, pour un salaire brut de 1 000 €, il vous en coûte en tout 1 374 €. Et vous rémunérez votre collaborateur 801 €.

Bulletin de salaire et taux de cotisations salariales et patronales

Salarié Nom Adresse N° SS Emploi	**Employeur** Société Adresse N° Siret APE N° Urssaf
Salaire de base Heures supplémentaires **Total brut**	Période du .... au ..../..../2002 Repos compensateur acquis Mode de règlement

Libellé	Base	**Charges salariales**		**Charges patronales**	
		Taux	**Montant**	**Taux**	**Montant**
CSG CRDS (non déductible)	95 % S	2,9 %			
CSG (déductible)		5,1 %			
Cotisations sociales					
SS maladie maternité	S	0,75 %		12,8 %	
SS veuvage	S	0,10 %			
SS vieillesse	TA	6,55 %		8,2 %	
SS vieillesse déplafonnée	S			1,6 %	
Allocations familiales	S			5,4 %	
Accidents du travail	S			variable	
Retraite complémentaire					
Non cadre ARRCO	TA	3 %		4,5 %	
	TAx3	5 %		7,5 %	
Chômage					
Assedic	TA	1,9 %		3,5 %	
	TAx4	2,4 %		3,5 %	
AGS	TAx4			0,1 %	
Autres charges					
Fonds aide logement	TA			0,1 %	
Taxe d'apprentissage	S			0,5 %	
Formation professionnelle	S			0,15 %	
Participation construction	S			0,45 %	
Versement transport	S			0,25 %	
Total des charges					
Net imposable					

Indemnités de transport Acompte		Cumul plafond Cumul base
Net à payer		

Dans votre intérêt, conservez ce bulletin sans limitation de durée.

Les avantages à l'embauche

Il existe diverses mesures pour faciliter l'embauche et alléger le poids des charges sociales. Ce coup de pouce financier peut vous aider. Mais il ne doit pas être le seul argument pour vous décider. Car au terme de la durée d'exonération, vous êtes soumis au régime commun des cotisations.

L'exonération de charges pour l'embauche du premier salarié

Si vous embauchez votre premier salarié, vous bénéficiez d'une exonération de charges patronales pendant deux ans si vous concluez un CDI ou pendant douze à dix-huit mois s'il s'agit d'un CDD[1]. Pour en profiter, il est impératif de ne pas avoir embauché et débauché pendant les douze derniers mois.

Cette mesure vous dispense de payer la part patronale des cotisations maladie, maternité, invalidité, vieillesse, accidents du travail et allocations familiales sur la fraction du salaire inférieure au Smic. Vous restez redevable des cotisations de retraite complémentaire, des cotisations Assedic et des impôts sur le salaire.

Pour un salaire brut de 1 000 €, grâce aux exonérations de charges, il vous en coûte 1 095 € au lieu de 1 374 €, soit une économie de 279 € par mois.

L'allégement des cotisations sur les bas salaires

Si vous rémunérez votre salarié moins de 130 % de 169 fois le Smic horaire, vous vous avez droit à une réduction spéciale de vos cotisations patronales. Ce seuil s'applique quel que soit le nombre d'heures rémunérées ou effectuées. Le montant de la réduction ne peut excéder 169 fois le Smic horaire multiplié par 0,182. Pour un salaire compris entre le Smic et la limite, elle se calcule comme suit :

(1,3 Smic mensuel – salaire) x 0,607

---

1. Vous ne pouvez recruter ni votre conjoint, ni votre concubin, ni aucune personne fiscalement à votre charge. Le CDD doit être d'une durée d'au moins douze mois pour bénéficier de cette exonération.

Pour une rémunération brute de 1 000 €, la réduction se chiffre à (1 214 – 1 000) x 0,607, soit 129 €.

L'embauche à temps partiel

Avec le travail à temps partiel, vous pouvez trouver une solution adaptée à vos besoins, tout en bénéficiant d'une exonération de charges sociales. Si vous embauchez pour une durée de travail comprise entre 18 et 32 heures par semaine, vous diminuez votre facture de 30 %, sur la part patronale des cotisations maladie et vieillesse, au prorata de la réduction du temps de travail accordée.

Tous les avantages ne sont pas cumulables. La réduction de charges pour emploi à temps partiel exclut le bénéfice de l'exonération pour l'embauche du premier salarié. Et pour en profiter, aucun licenciement économique ne doit être intervenu au cours des six derniers mois. À vous de calculer votre avantage entre les exonérations proposées et les charges à payer.

Les impôts sur le salaire

Au coût des charges sociales, vous ajoutez les impôts sur le salaire. Il vous faut donc compter avec la taxe sur les salaires, la taxe d'apprentissage et la participation à la formation professionnelle continue. Toutes sont assises sur les salaires que vous payez.

La taxe sur les salaires est due si vous versez des rémunérations entrant dans la catégorie des traitements et salaires et si vous n'êtes pas assujetti à la TVA. Si vous bénéficiez de la franchise spéciale de TVA, vous en êtes exonéré[1]. L'assiette de la taxe sur les salaires est constituée par le montant brut des rémunérations payées y compris les avantages en nature, hors part patronale. Le taux normal d'imposition est de 4,25 %. Ce taux est majoré :

- à 8,50 % pour la fraction de chaque rémunération individuelle annuelle comprise entre 5 000 € et 10 000 €,
- et à 13,60 % pour la fraction excédant 10 000 €. La taxe sur les salaires est payable dans les quinze jours suivant le paiement des salaires.

1. CGI, art. 231-1.

La taxe d'apprentissage est à acquitter si vous exercez une activité artisanale. Les activités libérales en sont exonérées, comme les artisans qui emploient un ou plusieurs apprentis (en contrat d'apprentissage). Elle est calculée sur les salaires versés. Le taux est de 0,5 %. La déclaration et le paiement de la taxe d'apprentissage intervient plus tard le 5 avril de l'année suivant le paiement des salaires, à la recette des impôts.

La participation à la formation professionnelle continue est payée par tous les employeurs, quelle que soit l'activité. Le taux de participation applicable diffère selon que vous employez plus ou moins dix salariés. À moins de dix salariés, votre participation légale est établie à 0,15 % du montant des salaires versés sur une année civile. Et vous devez vous en acquitter avant le 5 avril de chaque année.

La fin de la collaboration

Il peut toujours être mis fin à un contrat de travail, même à durée indéterminée. Celle-ci intervient dans différentes circonstances, telles que la démission, le départ à la retraite ou le licenciement. Mais la rupture doit toujours être justifiée par un motif réel et sérieux. Et le responsable de la rupture en assume les conséquences financières. Ainsi, en cas de licenciement, vous devrez des indemnités à votre salarié. Mais en cas de démission, il ne peut rien réclamer.

La démission

La démission est l'acte par lequel le salarié vous fait connaître son intention de rompre la relation de travail. Elle met fin au contrat de travail, à l'initiative du salarié et ne lui donne droit à aucune indemnité. Pour prendre effet, la démission doit résulter d'une volonté sérieuse et non équivoque. Une simple absence non justifiée n'est pas suffisante.

Même si le salarié n'est pas obligé de vous notifier sa décision par lettre, un écrit permet de lever les ambiguïtés. La démission n'a pas besoin d'être motivée, ni acceptée par l'employeur. Mais elle n'exonère pas le salarié d'effectuer son préavis, tel qu'il est prévu par son contrat de travail. Vous pouvez l'en dispenser si vous lui versez le salaire qu'il aurait perçu s'il l'avait normalement accompli. Si le salarié part sans effectuer son préavis, il peut se voir condamné à réparer le préjudice qu'il vous cause et devoir vous verser une indemnité d'un montant en principe égal au salaire brut perçu durant le préavis.

Le licenciement

Le licenciement est la procédure par laquelle vous prenez l'initiative de vous séparer de votre salarié, soit pour un motif économique (si vous connaissez de réelles difficultés financières), soit pour un motif personnel (si vous reprochez à votre salarié une faute professionnelle)[1]. Dans ce cas, votre motif doit être légitime et sérieux et présenter une gravité telle qu'elle rend impossible la continuation de la collaboration[2]. Il est admis dans l'hypothèse d'une faute grave ou lourde.

La *faute grave* est un fait imputable au salarié qui constitue une violation des obligations découlant du contrat de travail ou des relations de travail (par exemple, des absences non autorisées ou non justifiées). Le caractère intentionnel n'est pas requis. Elle implique la rupture immédiate du contrat de travail, sans préavis, ni indemnité de licenciement.

La *faute lourde* a en revanche un caractère intentionnel, avec une volonté de vous nuire (par exemple agression, vol, détournement de fonds.). Elle prive le salarié de toute indemnité.

Quelle qu'en soit la cause, la procédure de licenciement est contraignante et il est impératif que vous la respectiez, sous peine d'être condamné pour licenciement irrégulier et devoir verser des dommages et intérêts[3].

1. C. trav., art. L. 122-14.
2. L'invocation de l'incapacité professionnelle n'est justifiée qu'après avoir proposé au salarié de suivre une formation qu'il a refusée.
3. Le licenciement est irrégulier si vous n'avez pas observé les procédures légales ou conventionnelles requises. Vous pouvez payer jusqu'à un mois de salaire d'indemnité si le salarié prouve que cela lui a causé un préjudice. Mais la nullité du licenciement ne peut pas être prononcée. Et le licenciement est abusif s'il n'a pas de motif réel et sérieux. Dans ce cas, vous risquez de voir votre salarié réintégré ou d'être condamné à payer une indemnité comprise entre un mois et deux années de salaire.

Ainsi vous devez :

- convoquer votre salarié à un entretien préalable par lettre recommandée avec accusé de réception, en laissant passer au moins cinq jours ouvrables avant de procéder à l'entretien. Votre lettre avertit votre salarié de la possibilité de se faire assister d'un conseil.
- réaliser l'entretien et informer votre salarié des motifs de votre intention de le licencier. Vous devez recueillir ses propres explications. S'il ne répond pas à la convocation, la procédure suit son cours. La procédure est irrégulière si vous avez fait part de votre décision définitive de licencier à la fin de l'entretien.
- notifier le licenciement par lettre recommandée expédiée au plus tôt un jour franc après l'entretien préalable. Votre lettre contient obligatoirement les motifs du licenciement, ainsi que le délai de préavis et la date de fin de fonctions du salarié.

Licencié, votre salarié a droit à des indemnités. Le motif du licenciement détermine leur montant et leur nature. *L'indemnité compensatrice de congés payés* correspond à la rémunération des congés que, faute de temps, le salarié n'a pas pu prendre avant son départ. Elle est due sauf en cas de faute lourde. *L'indemnité compensatrice de préavis* est à payer si vous avez libéré votre salarié de son obligation d'accomplir son délai-congé, sauf en cas de faute lourde ou faute grave. Elle est soumise aux cotisations sociales, dans les mêmes conditions que le salaire[1].

L'indemnité de licenciement constitue l'essentiel des sommes dues en cas de rupture de contrat de travail. Elle est versée à tout salarié licencié ayant au moins deux ans d'ancienneté, sauf en cas de faute lourde ou faute grave. Elle est égale au minimum à un dixième de mois de salaire (payé au cours des douze derniers mois) par année travaillée dans l'entreprise, plus un quinzième de mois au-delà de dix ans d'ancienneté.

Pour finir, vous avez toujours l'obligation de donner au salarié qui vous quitte un certificat de travail et une attestation Assedic pour qu'il puisse faire valoir ses droits à l'allocation chômage. L'usage veut aussi que vous lui fassiez signer et remettiez un reçu

---

1. C. trav., art. L. 122-6.

pour solde de tout compte[1]. Cela n'a rien d'obligatoire. Mais vous y avez intérêt dans la mesure où ce document a pour vous un caractère libératoire. Il mentionne le détail des sommes versées au salarié à la fin de son contrat (salaires, congés payés, treizième mois, primes, dommages-intérêts, etc.).

Le reçu est établi en deux exemplaires, daté et signé de la main du salarié, avec la mention « reçu pour solde de tout compte ». Le reçu approuvé en bonne et due forme vous libère de toute réclamation au-delà d'un délai de forclusion de deux mois. Mais l'effet libératoire ne concerne que les sommes consignées dans le reçu. En cas de contestation, c'est au salarié d'apporter la preuve qu'il a été lésé, ses prétentions à l'appui, auprès du tribunal des prud'hommes.

> Je, soussigné(e), (nom, prénom du salarié), (numéro de sécurité sociale), demeurant (adresse), reconnais avoir reçu la somme de (somme en lettres) de (nom, prénom de l'employeur), exerçant (adresse de l'employeur), ce jour.
>
> Cette somme vaut solde de tout compte, en paiement de (détails des montants) dus au titre de l'exécution et de la cessation de mon contrat de travail signé le ../../...
>
> En application de l'article L. 122-17 du code du travail, je suis informé que je peux dénoncer le présent reçu, dans un délai de deux mois, à compter de ce jour, à peine de forclusion.
>
> Fait en deux exemplaires, dont un m'est remis
> à (lieu), le ../../..
>
> « Pour solde de tout compte »
>
> *Votre signature* *Signature du salarié*

Reçu pour solde de tout compte

Vous le voyez, la relation salariée est soumise à des formalités mais elle offre davantage de possibilités. Un salarié vous est tout attaché et zélé. Et selon le temps que vous l'employez, il peut

1. C. trav. art. L. 122-17.

accomplir les activités les plus diversifiées, de la tenue de votre galerie à la prospection et la négociation avec vos clients.

Cela peut s'avérer très intéressant.

Mais vous ne devez l'envisager qu'à la condition d'avoir des moyens financiers estimables et de prévoir de lui offrir une rémunération appréciable. Si vous souhaitez qu'il vous soit vraiment dévoué.

Chapitre 9
Utilisez la fiscalité de l'amateur d'art

Artiste et amateur occupent une position majeure sur le marché de l'art. Le premier le nourrit, le second le réjouit. Et quand ils interviennent, c'est toujours avec considération, dans une réciproque attention. Car si les amateurs s'essayent parfois à la création, les artistes entreprennent aussi des collections. Au gré des occasions. Suite à une donation. Grâce à une transaction. Si vos proches et amis ont pieusement collectionné votre production, si vous détenez des œuvres d'art réalisées par d'autres artistes, vous êtes concernés par de nombreuses dispositions fiscales favorables qui envisagent l'art dans sa dimension patrimoniale (et non entrepreneuriale). Elles visent sa détention, sa cession et sa transmission. Et elles sont une autre manifestation des particularités de la fiscalité appliquée aux œuvres d'art, dont vous et vos amateurs acheteurs ou collectionneurs pouvez profiter.

Au cours de son existence, une œuvre d'art peut être achetée, donnée, détenue à titre d'objet de collection ou de décoration, exposée, vendue ou léguée. Vous aurez intérêt à garder le contact avec les amateurs qui achètent votre production, non seulement pour suivre leur collection mais aussi pour les orienter sur les bonnes incidences fiscales de leur action. Et les inciter à réaliser d'autres acquisitions.

La détention d'œuvres d'art

La détention d'œuvres d'art est encouragée par la fiscalité. Elle ouvre droit à une exonération d'impôt de solidarité sur la fortune, pour que tout un chacun entame sa collection personnelle. Et une réduction d'impôt est accordée en cas de don à une association culturelle.

La réduction d'impôt pour les dons aux associations culturelles

Vous avez créé une association de promotion de votre œuvre ou de votre art. La fiscalité vous aide à la développer. Car vous pouvez solliciter vos amateurs et défenseurs pour la financer. En contrepartie de leur soutien, ils bénéficient d'une réduction d'impôt. De quoi les encourager à donner.

En effet, les dons effectués aux œuvres, aux fondations ou associations reconnues d'utilité publique, aux organismes d'intérêt général, aux associations ayant notamment un caractère éducatif, scientifique ou culturel ou concourant à la mise en valeur du patrimoine artistique ou à la diffusion de la culture procurent une réduction d'impôt.

Celle-ci s'élève à la moitié des sommes versées dans la limite de 10 % du revenu imposable[1]. Pour autoriser la réduction fiscale, votre association doit avoir un véritable objet culturel et non se limiter à votre soutien personnel. Son activité doit être dévolue à la création, la diffusion ou à la protection des œuvres de l'art et de l'esprit ou développer des actions en faveur de la formation artistique ou de l'information sur le patrimoine artistique. La notion de patrimoine artistique est entendue au sens large. Elle va des œuvres d'art aux biens qui ont une valeur artistique.

Les dons reçus par votre association sont déductibles à la condition qu'ils soient réalisés à titre gratuit, sans contrepartie. Ainsi, le don se distingue de la cotisation. Cette dernière est

---

1. CGI, art. 200-1.

souvent assortie d'une contrepartie (accès à des locaux, tarifs préférentiels, informations privilégiées, pouvoirs institutionnels, etc.) et son montant est tarifé. Au contraire, le don est réalisé sans contrepartie directe ou indirecte et son montant fixé librement. En sus, les dons doivent donner lieu à reçu, selon le modèle prévu par arrêté attestant le total des sommes versées, la date des versements et l'identité des bénéficiaires[1]. Ce sont les conditions pour profiter de la réduction et encourager vos défenseurs et amateurs à donation en votre faveur.

L'exonération d'ISF des œuvres d'art

Les œuvres d'art, les objets de collection et d'antiquité ne sont pas compris dans la base d'imposition de l'impôt de solidarité sur la fortune. Ils sont exonérés[2]. Cela vous intéresse si vous êtes collectionneur. Cela intéresse aussi vos amateurs, si leur patrimoine excède la valeur de 720 000 € (4 722 900 F).

Cette exonération est un heureux argument. Un amateur d'art a intérêt à investir une somme d'argent dans une œuvre d'art plutôt que dans n'importe quel autre placement. Le revenu n'est pas assuré. Mais la plus-value est escomptée et la détention exonérée.

L'exonération s'applique également aux parts de sociétés civiles à concurrence de la valeur des parts représentatives des objets d'antiquité, d'art ou de collection. Les biens exonérés sont définis aux rubriques 97 01 à 06 du tarif douanier européen. Il s'agit notamment des tableaux, peintures, dessins, tapis, tapisseries, gravures, estampes, lithographies originales, statues et sculptures originales, céramiques et émaux.

Si la promotion de l'art est encouragée et la détention protégée, la cession des œuvres d'art fait l'objet d'une taxation différenciée selon que le vendeur est un particulier ou un artiste gérant son patrimoine privé[3].

1. CGI, art. 200-5.
2. CGI, art, 885 I. *Cf.* infra, chapitre 5.
3. Pour des œuvres dont il n'est pas l'auteur.

La cession d'œuvres d'art

La vente d'œuvres d'art jouit d'un traitement fiscal particulier quand le vendeur est un amateur ou le créateur et qu'il agit à titre personnel et non professionnel. Quelles qu'en soient les modalités, toute vente rend exigible un impôt sur la plus-value effectuée, sous la forme soit d'une taxe forfaitaire, soit de l'IR. Et lorsque la vente est réalisée aux enchères, elle est soumise au paiement d'un droit d'enregistrement.

La taxe sur les enchères

Lorsque la vente aux enchères est initiée par l'artiste ou par un professionnel assujetti à la TVA, elle est soumise à la TVA. Sinon, dans les autres cas, elle est soumise à un droit d'enregistrement. Ainsi quand un amateur vend l'une de vos œuvres aux enchères, une taxe est exigible, et cela à chaque fois que le vendeur est un particulier et que la vente revêt un caractère occasionnel.

Le montant de la taxe sur les enchères s'élève à 1,1 % de l'adjudication plus 0,9 % pour les taxes additionnelles (0,5 % pour les taxes départementales et 0,4 % pour les taxes communales), soit un total de 2 % de droits. La cession est également taxée pour la plus-value réalisée, réelle ou supposée.

La taxe forfaitaire sur les objets d'art

Les ventes d'objets d'art, qu'elles soient de gré à gré ou aux enchères, sont soumises à une taxe forfaitaire. Celle-ci est proportionnelle au prix de vente et tient lieu d'imposition des plus-values. C'est un régime fiscal adapté, qui tient compte des difficultés à trouver ou prouver la valeur d'acquisition ou la durée de détention des œuvres et objets.

Les biens imposables sont, d'une part, les métaux précieux (or, argent, platine) et d'autre part, les bijoux, objets d'art, de collection ou d'antiquité[1]. La vente doit néanmoins excéder la

1. Tels que définis par le tarif douanier.

valeur de 3 050 € pour être taxée[1] et être réalisée par un particulier. Le fait générateur de la taxe est la vente, qu'elle soit intervenue en France ou à l'étranger, pourvu que le vendeur ait son domicile fiscal en France. Cette disposition profite aux étrangers qui viennent acheter de l'art sur le territoire français. Sont également assimilés à une vente les échanges, les apports ou les exportations effectuées hors de la Communauté européenne. Mais sont exonérées les cessions aux musées et bibliothèques publiques et l'exportation par un artiste de ses propres œuvres quand il en a eu la propriété continue, depuis la réalisation de l'œuvre[2].

La taxe forfaitaire est calculée sur le prix de vente[3]. Une décote est prévue pour les bijoux et objets d'art, de collection ou d'antiquité lorsque leur prix est compris entre 3 050 et 4 600 €. Elle est égale à la différence entre 4 600 € et ce prix. La taxe est due aux taux de :

- 7,5 % pour les métaux précieux,
- 4,5 % pour les ventes et exportations de bijoux, d'objets d'art et de collection. Et vous ajoutez 0,5 % au titre de la CRDS, acquittée par le vendeur domicilié en France[4].

Le calcul de la taxe forfaitaire

Soit un tableau vendu au prix de 7 000 €, la taxation se chiffre à :
(7 000 x 4,5 %) + (7 000 x 0,5 %) = 315 + 35 = 350 €

Soit une sculpture vendue au prix de 4 000 €, la décote est de
4 600 – 4 000 = 600 €
Le montant imposable devient 4 000 – 600 = 3 400 € et la taxation se chiffre à
(3 400 x 4,5 %) + (3 400 x 0,5 %) = 153 + 17 = 170 € (au lieu de 200 €)

1. CGI, art. 150 V bis à 150 V sexies.
2. Ainsi que la cession des meubles meublants et des voitures automobiles. CGI, art. 150 D.
3. Ou sur sa valeur en douane.
4. CGI, art. 1600-0 K.

La taxe est payée par le vendeur. Mais la responsabilité de son versement incombe à l'intermédiaire (galeriste, antiquaire ou commissaire-priseur) ou, à défaut, à l'acheteur. Elle est versée dans un délai de trente jours en cas de vente réalisée en France ou dans un autre État de la Communauté européenne. Le vendeur a toujours la possibilité d'opter pour le régime d'imposition de droit commun, si celui-ci est plus intéressant[1].

L'imposition des plus-values

L'imposition des plus-values à l'impôt sur le revenu est le régime de droit commun. Il est possible de le choisir chaque fois que vous pouvez justifier de la date et du prix d'acquisition de l'œuvre vendue. Il est intéressant lorsque le gain est faible ou inexistant ou lorsque vous détenez l'œuvre depuis longtemps.

Les plus-values sur biens meubles réalisées par les particuliers dans la gestion de leur patrimoine privé sont soumises à l'impôt sur le revenu, lorsque le montant des ventes excède 3 050 € (20 000 F) par an[2]. Le calcul de la plus-value imposable résulte de la différence entre le prix de cession et le prix d'acquisition, majoré des frais d'acquisition[3].

La plus-value réalisée plus d'un an après l'acquisition du bien est considérée comme étant à long terme. Cela implique qu'elle est corrigée par application du coefficient d'érosion monétaire. Et le montant de la plus-value est réduit de 5 % par année de possession au-delà de la première. La plus-value est donc exonérée à l'expiration d'un délai de vingt et un ans de détention. S'applique enfin un abattement de 915 € (6 000 F) sur le total obtenu[4].

La plus-value réalisée moins d'un an après l'acquisition du bien est considérée comme étant à court terme. Elle est ajoutée au revenu global et taxée comme telle à l'impôt sur le revenu. La plus-value à long terme peut être taxée selon le système du quotient, qui atténue les effets de la progressivité[5]. Il s'agit de

1. Sauf pour la vente des métaux précieux.
2. CGI, art. 150 A et 150 D.
3. Frais et dépenses éventuelles de restauration et de remise en état.
4. CGI, art. 150 Q.

La *plus-value imposable*

Plus-value imposable =
prix de cession – (prix d'acquisition x coefficient d'érosion monétaire)
– abattement de détention (5 %/ an)
– abattement de 915 €

diviser par cinq le total net des plus-values imposables de l'année et d'ajouter ce cinquième au revenu global net. L'impôt correspondant à la plus-value égale cinq fois le supplément d'impôt obtenu.

L'option pour la taxation de la plus-value est surtout favorable si vous détenez les œuvres vendues depuis longtemps. En cas de vente aux enchères d'objets reçus par succession depuis plus de deux ans, l'option peut aussi être intéressante dans la mesure où la valeur d'acquisition est celle retenue pour la déclaration de succession. Si cette dernière égale le prix de vente, la plus-value est réduite ou nulle.

La transmission d'œuvres d'art

La transmission d'œuvres d'art intervient par donation ou par succession. Elle rend exigible les droits d'enregistrement correspondant (droits de donation ou de succession). Ceux-ci sont calculés selon la valeur des biens transmis et le lien de parenté, après un abattement[1].

La spécificité de la taxation de la transmission d'œuvres d'art tient aux méthodes pour évaluer les biens et pour payer les droits. En effet, l'œuvre d'art requiert une évaluation particulière et elle autorise, éventuellement, la dation en paiement.

5. CGI, art. 150 J et 150 R.

1. De 76 000 € sur la part du conjoint survivant ou de 46 000 € sur la part des descendants. CGI, art. 779.

Le calcul de plus-value imposable sur la vente d'un tableau

Prix de cession en 2001	75 000 €
Prix d'acquisition en 1987	12 000 €
achat	15 000 €
frais	1 500 €
restauration	1 500 €
Application du coefficient d'érosion monétaire	
12 000 x 1,27 =	15 240 €
Plus-value	59 760 €
Abattement de 5 % x 13 ans = 65 %	38 844 €
Abattement annuel	915 €
Plus-value imposable	20 001 €

Le calcul de l'impôt[1]

Pour un revenu imposable de 53 400 €, l'impôt sur le revenu dû est de 13 000 €

la plus-value obtenue est divisée par cinq (20 001 : 5 = 4 000) et ajoutée au revenu net global (53 400 + 4 000 = 57 400). Elle entraîne un supplément d'impôt de 1 800 €.

Impôt total dû au titre de la plus-value
1 800 x 5 = 9 000 €

1. Pour un foyer fiscal comptant deux parts.

L'évaluation particulière de l'œuvre d'art

En cas de donation ou de succession, les biens transmis sont en principe évalués à leur valeur vénale. Pour les œuvres d'art, compte tenu de la difficulté à l'appréhender, il est d'usage d'appliquer soit les dispositions générales concernant les meubles meublants, soit les dispositions spéciales concernant les objets d'art et de collection. Et pour la mutation par décès, l'évaluation est toujours réalisée dans l'ordre fixé par le code général des impôts[1].

1. CGI, art. 764.

Lorsqu'une œuvre a été vendue publiquement dans les deux années du décès, il est fait référence au prix exprimé dans l'acte de vente. Lorsqu'un tableau a été vendu aux enchères publiques, le prix d'adjudication sert pour l'évaluation. Si un tableau a été mis aux enchères et estimé par des experts, sans que le prix de réserve ne soit atteint, c'est ce dernier qui va être sélectionné[1]. À défaut de vente, c'est aussi l'estimation retenue dans l'inventaire notarié élaboré pour écarter le forfait mobilier de 5 % dans les cinq ans précédents qui peut être conservée. À défaut de ventes publiques ou d'inventaires, c'est la récapitulation détaillée et estimative faite dans la déclaration de succession qui sert de base d'évaluation. Si la déclaration estime la valeur des œuvres, l'administration doit s'y conformer.

Si la déclaration ne les évalue pas, celles-ci font l'objet d'une estimation forfaitaire de 5 % de la valeur des autres biens mobiliers et immobiliers, correspondant à la valeur des meubles meublants. Dans ce cas, l'administration n'a pas à en justifier l'existence. La notion de « meubles meublants » comprend les meubles destinés à l'usage et à la décoration d'une habitation, par exemple les tableaux, statues, tapisseries, glaces ou pendules[2]. Un tableau est un meuble meublant dès lors qu'il est destiné à l'ornement d'un appartement et qu'il ne fait pas partie d'une collection de tableaux située dans une pièce particulière[3]. Un Poliakoff, acheté peu de temps avant le décès de son acquéreur pour un prix de 60 000 €, a été considéré comme meuble meublant et intégré dans le forfait mobilier de 5 % dans la mesure où il décorait les murs de l'appartement du défunt, sans faire partie d'une collection particulière. L'administration fait depuis la distinction entre les œuvres de décoration qui entrent dans le forfait et les œuvres de collection qui y échappent[4].

Enfin l'évaluation des biens peut résulter de la valeur déclarée dans les contrats d'assurance contre le vol ou l'incendie conclus moins de dix ans avant l'ouverture de la succession. Les héritiers, donataires ou légataires sont tenus de porter à la connaissance de

1. Cass. com. 8 juillet 1997, Mme de la Bruslerie, n° 1850, Bull. IV n° 225.
2. C. civ., art. 534.
3. Cass. com. 17 octobre 1995, n° 95-10196, DF 1996-116.
4. BOI 7 G-6-98 du 8 avril 1998.

l'administration l'existence de contrats d'assurance portant sur les bijoux, les objets d'art et de collection[1]. Cette obligation incombe aussi aux compagnies d'assurance[2]. Sous réserve du prix réalisé lors d'une vente aux enchères intervenue dans les deux années, la valeur imposable des œuvres d'art ne peut être inférieure à celle qui figure dans les contrats d'assurance[3].

Droits d'enregistrement pour la succession en ligne directe

Part taxable	Imposition[1]
moins de 7 600 €	5 %
de 7 600 € à 11 400 €	10 %
de 11 400 € à 15 000 €	15 %
de 15 000 € à 520 000 €	20 %
de 520 000 € à 850 000 €	30 %
de 850 000 € à 1 700 000 €	35 %
plus de 1 700 000 €	40 %

1. CGI, art. 777.

Une fois l'évaluation des œuvres établie, la transmission est frappée par les droits d'enregistrement correspondant au montant transmis, après application de l'abattement adapté à la qualité du bénéficiaire. Et pour payer, héritier et donataire peuvent recourir à une dation en paiement, à la condition qu'elle soit acceptée.

La dation en paiement

La dation en paiement permet de s'acquitter d'une dette fiscale par la remise de certains biens à caractère historique, culturel ou artistique au Trésor public[4]. Ainsi des œuvres d'art, des objets de

1. CGI, art. 798.
2. CGI, art. 805.
3. Pour les successions, la valeur est évaluée à 100 % du montant assuré. Pour les donations, elle est évaluée à 60 %. CGI, art. 776.

collection ou des documents de haute valeur artistique ou historique peuvent être remis en paiement des droits de donation, de succession ou de partage et de l'impôt de solidarité sur la fortune. Elle est exclue pour le paiement de l'impôt sur le revenu. Ce mode exceptionnel de règlement est néanmoins soumis à l'agrément des services fiscaux.

Les biens susceptibles d'être proposées à l'agrément sont seulement les meubles corporels ou les immeubles par destination pouvant être déplacés[1]. Ils doivent être d'une haute valeur artistique ou historique et correspondre à la politique muséale de la commission d'agrément.

Cela vise les chefs-d'œuvre reconnus, les œuvres apportant un témoignage artistique patent, les œuvres d'artistes du passé méconnues ou les œuvres des artistes contemporains. Leur point commun est de revêtir un caractère exceptionnel, ou d'être « de réputation internationale » (en Belgique) ou « de qualité remarquable » (en Grande-Bretagne). La procédure de la dation en paiement se déroule en quatre étapes :

- l'offre de dation. Elle est effectuée par le contribuable et suspend le versement des droits d'enregistrement. Héritier, donataire ou légataire, vous déposez une offre de dation, à la recette des impôts, dans le délai imparti au dépôt de votre déclaration de mutation (succession, dotation ou partage) ou d'imposition (ISF). Elle contient toutes les informations relatives aux œuvres présentées à l'agrément (description, évaluation, etc.). L'offre est contrôlée pour la forme par le ministère de l'Économie et transmise pour instruction ;
- l'instruction de l'offre. Votre offre est examinée par la Commission d'agrément[2]. Celle-ci consulte le Comité consultatif des musées et le conseil artistique de la Réunion des musées nationaux. Son avis est transmis au ministre de l'Économie ;

4. CGI, art. 1716 bis.
1. Les immeubles en sont exclus.
2. Composée de cinq membres: un représentant du Premier ministre (qui la préside), deux représentants du ministre chargé du Budget et deux représentants du ministre chargé de la Culture.

- la proposition d'agrément du ministre de l'Économie. Elle suit le plus souvent la position adoptée par la Commission d'agrément. Une proposition chiffrée vous est adressée. Il s'agit d'une valeur libératoire et non de la valeur vénale des biens proposés en échange de la dette fiscale. L'absence de réponse notifiée dans le délai d'un an[1] est considérée comme un refus ;
- l'accord du contribuable. Vous devez faire connaître votre accord concernant la proposition d'agrément transmise par le ministère de l'Économie. Si la proposition correspond à l'offre de dation, vous n'avez rien à payer en plus. En revanche, l'acceptation d'une valeur libératoire inférieure à votre offre de dation vous oblige au versement d'un complément de droits[2]. Et une valeur libératoire supérieure au montant des impôts à payer n'a pas pour effet de vous voir verser une soulte.

Votre accord ne peut être assorti d'aucune condition. Il implique le transfert effectif des œuvres d'art faisant l'objet de la dation dans le domaine public de l'État.

La donation d'œuvres d'art à l'État

Si vous donnez une œuvre d'art à une personne de votre choix, elle va payer des droits[3]. Si vous recevez une œuvre d'art et la donnez à l'État, vous évitez d'avoir en payer. En effet, les dons et legs à l'État permettent d'éluder les droits d'enregistrement, lorsque vous recevez des œuvres d'art par donation ou succession, ou les taxes lorsque vous en faites l'acquisition en vente publique[4]. Seuls les œuvres d'art, les livres, les objets et

1. À compter de la date de l'envoi de l'offre.
2. Dans le délai d'un mois.
3. Au taux maximum de 60 %.
4. Aux États-Unis, les dons et legs aux musées font l'objet d'une réduction d'impôt sur le revenu équivalente. Ainsi 90 % des œuvres d'art exposées dans les musées sont le résultat de dons privés. L'État encourage la générosité. *Cf.* Gilbert Edelson, Le libre choix des collectionneurs, in Comité des galeries d'art, Les galeries d'art en France aujourd'hui, L'Harmattan, 1997.

documents de collection font l'objet de ces dispositions[1], à la condition de présenter une haute valeur artistique ou historique.

Pour bénéficier de ces dispositions, la donation ou le legs à l'État[2] doit intervenir dans le délai prévu pour l'enregistrement de l'acte constant la mutation[3] ou pour la déclaration de succession[4]. Elle est soumise à la même procédure d'agrément que la dation en paiement[5]. L'utilité de la donation ou du legs à l'État est d'échapper à l'obligation de payer des droits de mutation[6]. Son originalité résulte du fait que le donataire ou légataire peut émettre des conditions à la mutation et se réserver la disposition des œuvres données ou léguées.

Ainsi vous pouvez demander que les œuvres soient exposées selon certaines modalités ou qu'un musée soit spécialement édifié. Vous avez aussi la faculté de vous en réserver la jouissance pendant toute votre existence et en faire profiter votre conjoint, après votre disparition. Lorsque la jouissance est transmise à une personne morale, cette réserve prend fin à sa dissolution. Et elle ne peut excéder vingt-cinq années, à moins que le bien donné ne soit accessible au public[7]. Si les œuvres sont attachées à un immeuble, en raison de motifs historiques ou artistiques, lorsque le donateur prend l'engagement de les conserver dans cet immeuble et d'autoriser le public à les visiter, le donateur a la possibilité de stipuler que la réserve de jouissance bénéficie aux personnes auxquelles l'immeuble est transmis, tant qu'elles respectent l'engagement.

Lorsque la valeur d'un don ou legs fait à l'État excède la quotité disponible[8], l'État peut réclamer la totalité du bien, à condition qu'il présente un intérêt pour le patrimoine histori-

1. CGI, art. 1131. Loi n° 68-1251 du 31 décembre 1968.
2. Et aux collectivités territoriales. CGI, art. 794 et 795.
3. Soit un mois. CGI, art. 635-2-6°.
4. Soit six mois. CGI, art. 641.
5. CGI, ann. II, art. 310 G.
6. Cela présente surtout un intérêt en cas de donation ou de succession entre personnes non-parentes pour lesquelles les droits d'enregistrement atteignent 60 % du patrimoine reçu.
7. Le non-respect de cette condition entraîne la cessation de la réserve de jouissance et la remise immédiate des biens à l'État. CGI, art. 1840 G bis A.
8. La part réservée aux héritiers.

que, artistique ou culturel de la nation. Mais il est tenu d'indemniser les héritiers.

La donation n'est réalisée qu'à la condition que la décision d'agrément soit acceptée par le donataire ou le légataire.

En cas de refus d'agrément ou de non-acceptation par le donateur dans les délais impartis par la décision d'agrément, les droits ou taxes sont exigibles dans le délai d'un mois.

La dation suit parfois des chemins sinueux. Ne donne pas à l'État qui veut. Aussi, vous avez intérêt à bien développer votre activité pour pouvoir en profiter et pour que votre art trouve toute la reconnaissance méritée.

Chapitre 10
Développez votre activité artistique

Vous souhaitez développer votre activité artistique. Pour cela, vous allez entreprendre de faire monter votre cote et de trouver de nouveaux débouchés. Outre les techniques de communication ou d'exposition déjà évoquées[1], vous pouvez envisager de créer d'une association dédiée à votre promotion, d'éditer un ouvrage consacré à votre création ou d'entrer dans un musée. Ce sont des moyens d'accroître votre notoriété et donc l'envie de vous acheter. Rapidement votre cote ne tardera à monter. Ensuite, il vous faut chercher de nouveaux débouchés. Vous pouvez tenter de vendre vos œuvres aux enchères, trouver un mécène pour vous financer, solliciter l'amateur d'art public pour vous aider ou exporter vos œuvres à l'étranger.

Créer une association

Créer une association peut être une excellente solution pour votre promotion[2]. Vos amateurs ne manqueront pas d'apprécier. C'est un bon moyen pour fédérer les énergies et solliciter les appuis. Pour que l'opération soit réussie, l'association doit réunir des amateurs bien motivés et se charger de tous les aspects de votre activité qui ne dégagent pas de rentabilité. Car c'est, par définition, une structure à but non lucratif. Ainsi, vous pouvez,

1. *Cf.* supra, chapitre 3 et 8.
2. Association régie par la loi du 1er juillet 1901.

par exemple, lui demander de gérer les relations avec la presse ou les critiques d'art, de démarcher les salons, d'éditer un catalogue que vous donnez ou une plaquette sur votre œuvre que vous distribuez ou d'organiser des réunions dont vous êtes l'invité privilégié. Mais il n'est pas approprié qu'elle se charge de vendre vos œuvres, sous peine d'être fiscalement requalifiée. Elle peut seulement vous représenter, vous aider et, par conséquent, travailler à votre notoriété.

L'intérêt de l'association est qu'elle est habilitée à recevoir des dons[1] et à demander des subventions[2]. Mais attention, pour ne pas être assimilée à une organisation lucrative, l'association doit se consacrer à une activité désintéressée, ne pas concurrencer le secteur commercial et avoir une vocation culturelle, scientifique ou sociale. Et c'est toute la subtilité. Il faut la doter d'un objet d'intérêt général : la promotion de l'abstraction, la défense de la figuration, la restauration de l'image informelle ou la diffusion de la connaissance des techniques monochromes. Bien entendu, il est préférable que cet objet cadre avec votre inspiration ou votre création, pour que l'association ait sa cohérence et sa pertinence. Le but n'est pas de créer une organisation à tout prix mais que vous en retiriez quelque profit.

Les formalités de création d'une association sont très simples. Il vous suffit de réunir au moins deux personnes, de rédiger des statuts, de désigner un président et un secrétaire général ou un trésorier et d'en déclarer la constitution à la Préfecture. Celle-ci se charge de publier un avis au Journal officiel.

Une assemblée générale annuelle est réunie pour rendre compte des activités et approuver la comptabilité. Les seules exigences concernent l'objet de l'association et votre situation. L'objet doit demeurer associatif et d'intérêt général. Et il est recommandé que vous restiez en dehors de l'association, pour que cela ne prête pas à confusion.

---

1. Qui autrement sont imposés si vous les recevez directement.
2. Les demandes de subventions sont à adresser à la Drac de votre région ou à la Délégation aux arts plastiques si votre projet a un caractère national. Elles doivent comporter la description détaillée de votre projet, sa nature et sa durée ainsi que son budget, le bilan financier et les statuts de votre association et un compte rendu d'activité.

Armelle ou l'association sacrée

Armelle est peintre religieux. Son art est heureux. Elle peint croix, calvaires et églises de son pays, la Bretagne. Se sentant un peu isolée dans sa vocation, elle a eu l'idée de créer une association. Il s'agissait de regrouper les artistes qui se consacrent à cet art inspiré et les amateurs de ces œuvres engagées. Contre toute attente, elle en a beaucoup trouvé. L'association leur permet de rassembler les moyens financiers et les idées et de monter des projets. Ils ont ainsi réalisé une série d'expositions hébergées par des églises et chapelles bretonnes. Et ils envisagent de perpétuer leur association sacrée pour développer leur renommée.

Si l'association dégage des bénéfices, elle est soumise à l'impôt (IS, TVA, taxe professionnelle, taxe sur les salaires). Elle en est exonérée si vous démontrez que sa gestion est totalement désintéressée[1] ou si les recettes commerciales sont inférieures à 38 120 € par an[2].

Écrire et éditer un livre sur votre œuvre

Un livre va vous aider à augmenter votre notoriété et donc à développer votre activité. Qu'il s'agisse d'une monographie illustrée, d'un catalogue raisonné ou d'une théorie exposée, vous en tirez de nombreux intérêts. Cela vous permet de présenter votre création et d'expliquer votre œuvre. Que votre propos soit élevé ou réservé, cela vous pose aussi aux yeux de votre public amateur, heureux d'être conforté dans ses raisons de s'être porté acquéreur. Vos proches et amis sont contents. L'effet d'un livre est plaisant et valorisant, pour peu que vous en ayez un usage intelligent. Vendu ou donné à des personnes bien sélectionnées, il peut vous

1. Cela signifie que les dirigeants (président, secrétaire général ou trésorier) ne reçoivent aucune rémunération, ne tirent aucun profit, ne se partagent aucune recette de l'association.
2. CGI, art. 206-1 bis et art. 261-7 1°.

permettre de les approcher d'une manière inusitée. Certes, vous devrez prendre sur votre temps pour vous livrer à un exercice auquel vous n'êtes pas trop habile. Mais le résultat est souvent payant. N'hésitez pas à vous faire aider ou conseiller. Un livre donne toujours une image distinguée et vous serez récompensé de vous être adonné à cet exercice inaccoutumé.

Ensuite, pour l'édition, vous avez plusieurs solutions. Vous éditez votre ouvrage vous-même. C'est coûteux mais les frais engagés sont déductibles de votre bénéfice imposable. Et vous pouvez recourir au parrainage voire à la souscription. Dans le premier cas, une entreprise vous achète un certain nombre d'exemplaires de votre ouvrage, moyennant quoi vous mentionnez sa qualité et sa participation. Dans le second cas, vous vendez votre livre, avant son édition, avec une réduction. Si vous en diffusez suffisamment, les frais sont remboursés voire dépassés. Et vous allez même en tirer un bénéfice.

Vous pouvez aussi chercher un éditeur pour publier votre livre. Pour le décider, sachez que les maisons d'édition bénéficient d'une aide du Centre national des arts plastiques pour l'édition d'ouvrages monographiques, anthologiques ou thématiques sur l'art contemporain et dites-lui qu'il peut en profiter. Les livres, écrits ou catalogues d'artistes vivants sont aussi aidés. Le montant de la subvention représente la moitié des dépenses engagées. Ce peut être suffisant pour décider un éditeur hésitant. Pour les ouvrages dont le coût est exceptionnellement élevé (par exemple, les catalogues raisonnés), il est possible d'obtenir une aide sous la forme d'avance remboursable, dans la limite de 40 % du coût total des dépenses. Et l'aide peut être sollicitée en cas d'édition électronique (cédérom ou site Internet). La demande doit émaner d'un professionnel de l'édition. Elle est à adresser au Fiacre. La date limite de dépôt des dossiers est fixée à la fin janvier de chaque année.

Si vous êtes auteur et que vous travaillez sur l'art contemporain, vous pouvez également percevoir une aide à l'écriture. Votre ouvrage doit consister en une recherche théorique ou une critique d'art ou aborder tout autre thème artistique. Il doit donner lieu à une publication par un éditeur. La date limite de dépôt des dossiers est fixée à la fin janvier.

En contrepartie de l'aide consentie, l'éditeur s'engage à assurer à l'ouvrage une distribution et une promotion optimale et de le proposer à un prix attractif, pour en élargir la diffusion potentielle.

Entrer dans un musée

Entrer dans un musée apparaît souvent comme une consécration, un signe de légitimation. Et c'est donc une source de félicité. Qui n'en a pas rêvé ? Ce n'est pas un secret. Tous les artistes se prennent à y songer. Car figurer parmi les collections d'un musée autorise à en parler. Vous mentionnez sur votre curriculum arte que vous êtes présent dans tel musée. Vous allez en user, avec une satisfaction non dissimulée. Vos amateurs sont rassurés sur votre cote qui va sans doute grimper. Car si un musée a acheté ou vous a accroché, c'est que votre œuvre est distinguée.

Mais si vous attendez d'être sollicité par les conservateurs de musée pour vous exposer ou acheter, vous risquez de vous démoraliser et d'attendre un temps inconsidéré. La meilleure façon de procéder est de leur proposer. Il ne vous faut pas hésiter à les démarcher pour organiser une exposition ou suggérer une acquisition. Utilisez pour cela vos amis, vos relations ou votre association. Bien sûr, quelques conservateurs vont résister et invoquer leur impécuniosité. Mais leurs moyens financiers ne sont pas aussi limités. À vous de bien cerner les musées où vous souhaitez vous montrer. Solliciter un musée de votre ville ou de votre région ou une organisation consacrée à votre spécialité peut être plus couronné de succès que de démarcher le Centre Pompidou ou le musée Guggenheim. Vous avez davantage de chance d'être acheté, exposé ou mentionné dans les collections du musée. Vous en serez toujours récompensé. Proposez une toile, une sculpture, un dessin. Votre œuvre a d'autant plus de chance d'être acceptée que la dépense va être limitée pour le musée. Consentez à modérer vos prétentions. Envisagez cela comme un investissement et une action de promotion. Vous pourrez ensuite l'exploiter. Cela a réussi à des artistes très renommés.

Vendre vos œuvres aux enchères

La vente aux enchères connaît un attrait et un succès grandissants. Pour vous, elle a un intérêt évident. Elle vous permet de vendre vos œuvres, directement et rapidement et de toucher un public d'amateurs toujours croissant. C'est une méthode un peu impertinente mais qui peut se révéler probante. Car elle est efficace. Elle fait l'économie de l'exposition dans une galerie. Le bénéfice secondaire que vous en tirez est d'évaluer ou d'augmenter votre cote, ce qui ne peut que renforcer votre position sur le marché.

La vente aux enchères concerne les biens d'occasion ou les biens neufs issus directement de la production du vendeur[1]. Si vous êtes artiste auteur ou artiste libéral, vous pouvez donc proposer vos œuvres aux enchères. Mais vous devez prendre un certain nombre de précautions pour que la démarche demeure intéressante.

L'intérêt de la vente aux enchères

La vente aux enchères est organisée et réalisée par une société de ventes volontaires de meubles aux enchères publiques, qui intervient comme mandataire[2]. Elle est publique et ouverte à tout amateur averti. Et comme elle fait souvent l'objet d'une vaste publicité, elle vous autorise à toucher un public élargi.

Vendre vos œuvres aux enchères présente deux avantages principaux : la production d'un revenu et l'évaluation de votre cote. Cela vous permet d'abord d'obtenir un revenu substantiel, même si vous n'êtes pas encore très connu. Pour peu que vous ne demandiez pas des prix exagérés, vous trouverez acquéreur sans difficulté. La vente intervient sous la responsabilité du vendeur. Aussi si votre œuvre a trouvé acheteur, quoi qu'il arrive, vous avez

1. Si celui-ci n'est ni commerçant, ni artisan.
2. Elle est encadrée par la loi n° 2000-159 du 11 juillet 2000 portant réglementation des ventes volontaires de meubles aux enchères publiques. Elle peut être organisée par tout ressortissant européen, dès lors qu'il est agréé par le Conseil des ventes volontaires de meubles aux enchères publiques.

la garantie d'être payé. Et vu que les achats se paient au comptant, en espèces ou par chèque, vous êtes assuré d'en obtenir le paiement assez rapidement.

Vendre vos œuvres aux enchères permet aussi d'évaluer votre cote et de vous situer sur le marché de l'art. En effet, toutes les ventes réalisées dans le cadre des ventes publiques sont publiées et répertoriées dans les annuaires et argus spécialisés. Vendre aux enchères publiques est considéré comme un passage obligé pour sortir de votre atelier. Vous devenez connu et vous pouvez vous prévaloir des résultats d'enchères obtenus. Cela présente un réel intérêt. Mais vous devez veiller à ne pas vous laisser piéger. Car si la vente aux enchères reste dans l'absolu une bonne stratégie, elle doit être pratiquée avec parcimonie.

L'organisation de la vente aux enchères

Pour réussir votre vente aux enchères, vous devez prendre certaines précautions et y consacrer beaucoup d'attention. Il est d'abord important de bien choisir les ventes dans lesquelles vous allez apparaître. C'est une affaire de choix mais aussi de chance. Il y a toujours beaucoup d'aléa dans le résultat. La présence ou l'absence d'artistes connus peut augmenter ou faire baisser les prix. Tout va se jouer à l'accueil de vos œuvres par la société de vente et au choix du moment où elle vous propose aux enchères. Tout l'art est de vous mettre en valeur pour trouver meilleur preneur. Ensuite, vous devez faire attention à ne pas vous brader. Si vous apparaissez trop souvent, votre cote va décliner, au lieu d'augmenter. Votre public amateur va être saturé. Sachez vous faire désirer. Enfin, il est recommandé de toujours indiquer un prix de réserve, c'est-à-dire un prix en dessous duquel la vente ne peut être réalisée. Pour vous, c'est une double garantie : celle de ne pas vous dévaloriser et celle de ne pas voir votre cote baisser.

La société de ventes volontaires que vous choisissez doit au moins compter en son sein un commissaire-priseur diplômé. Celui-ci réalise la prisée (l'évaluation) de votre œuvre et il est le seul habilité à procéder à l'adjudication (le transfert de propriété). Il orchestre le bon déroulement de la vente. Votre œuvre est mise à prix. La somme servant de point de départ à la vente est alors demandée au public, qui va formuler des offres d'achat de plus en plus élevées. Il y a enchère quand un amateur offre une somme supérieure à la mise à prix ou aux offres précédentes. Votre œuvre est adjugée lorsqu'il n'y a plus d'enchère. Elle est effectivement vendue et la propriété est transférée, à la condition que le prix de réserve[1] ait été atteint. Si votre œuvre n'a pas atteint ce prix, elle n'est pas vendue (elle est rachetée ou ravalée). La société de ventes volontaires peut aussi vous garantir un prix d'adjudication minimal, versé en cas de vente du bien.

En tout état de cause, votre œuvre ne peut être délivrée à son acheteur que lorsque le prix en a été payé. La société de ventes a sur ce point une responsabilité et une obligation de résultat. Elle organise la vente et est responsable de l'encaissement et du paiement du prix. À défaut de paiement, après mise en demeure restée infructueuse, l'œuvre est remise en vente à la demande du vendeur[2] sur folle enchère[3] de l'adjudicataire défaillant. Et si le prix n'est pas payé, l'adjudication est annulée et l'œuvre vous est restituée.

Alexis ou la sculpture de verre à l'enchère

Alexis est sculpteur. Il réalise des sculptures en verre broyé. Il garde une pensée amusée de sa première apparition à l'enchère. Il s'agissait d'une œuvre de petite dimension. Lorsqu'elle a été adjugée pour 500 F, il a manqué de s'étrangler. Ce n'était pas le tiers de sa valeur en atelier ! Il avait omis d'en indiquer le prix de réserve et un amateur avisé en a profité. Depuis, il s'est aguerri. Il participe régulièrement à des enchères, en France ou à l'étranger, avec profit. Et, même s'il a acquis une certaine notoriété, il ne manque plus jamais de préciser le prix minimum qu'il souhaite toucher, pour éviter toute enchère dépréciée.

1. Si le bien a été estimé, le prix de réserve ne peut être fixé à un montant supérieur à l'estimation la plus basse figurant dans la publicité.
2. Dans le délai d'un mois à compter de l'adjudication.
3. Enchère imprudemment portée par une personne qui ne peut effectivement pas payer.

Les enchères de biens culturels[1] réalisées par voie électronique, à distance, sont soumises à la même réglementation lorsque le prestataire agit comme mandataire ou comme courtier, même sans qu'il y ait d'adjudication ou d'intervention d'un tiers dans la conclusion de la vente[2].

La tarification de la vente aux enchères

La vente aux enchères reste soumise à une tarification particulière. Les honoraires et frais de vente sont supportés à la fois par le vendeur et l'acheteur. Ils sont en principe détaillés dans le mandat de vente que vous avez signé avec la société de ventes volontaires.

Les honoraires de vente payés par le vendeur sont fixés à 7 %, plus TVA (à 19,6 %), soit 8,372 %. Vous y ajoutez les frais pour la publicité et la parution dans un catalogue (5 %) et éventuellement les frais pour une expertise (3 %), calculés sur le prix d'adjudication[3].

Les frais d'adjudication

Pour un tableau adjugé à 4 000 €, les frais pour le vendeur s'élèvent à 4 000 x 7 % = 280 € HT (334,88 € TTC).
Les frais pour l'acquéreur s'élèvent à 4 000 x 9 % = 360 € HT (430,56 € TTC).

Les honoraires de vente payés par l'acquéreur s'élèvent à 9 % du montant de l'adjudication, plus la TVA (à 19,6 %), soit 10,764 %[4]. La vente aux enchères est néanmoins exonérée de droits d'enregistrement lorsque le vendeur est un artiste[5].

1. Tels que les œuvres d'art.
2. *Cf.* loi n° 2000-642 du 10 juillet 2000, art. 3.
3. Ils ne supportent pas la TVA dans la mesure où ils correspondent à des remboursements de débours réels.
4. Décret du 24 mars 1993.

Trouver un mécène

L'idéal est de trouver une personne très fortunée qui, par goût des arts en général et du vôtre en particulier, va vous aider. Qui n'a pas rêvé d'avoir son mécène attitré ? Imaginez qu'un esthète éclairé, qu'un collectionneur passionné (et très aisé) témoigne d'un engouement immodéré pour votre création. Il va vous encourager, se piquer pour tout ce que vous créez et arriver avec régularité dans votre atelier vous rafler votre production, sans discussion. Et en sus, vous serez invité tous les étés dans sa demeure ensoleillée, pour que vous puissiez trouver de nouvelles inspirations. Malheureusement, de tels mécènes ne sont pas légions. Dans la réalité, il vous sera plus assuré de vous rapprocher d'entreprises dont les budgets autorisent de telles opérations et notamment de celles qui mènent des actions d'aide à la culture ou des actions de mécénat.

Les actions de mécénat

Le mécénat est le soutien matériel à une œuvre ou à une personne pour l'exercice d'activités qui présentent un intérêt général. Les arts sont tout à fait désignés. À l'occasion d'une telle action, la générosité de l'entreprise concernée est récompensée par un avantage fiscal. Elle peut déduire le don de son bénéfice imposable, qu'elle soit imposée à l'impôt sur le revenu ou à l'impôt sur les sociétés. Le don est déductible dans la limite de 2,25 pour mille de son chiffre d'affaires annuel[1]. Si le don est effectué à une association ou une fondation reconnue d'utilité publique[2], il est déductible dans la limite de 3,25 pour mille du chiffre d'affaires.

---

5. (appel page 221) CGI, art 773. Lorsque le vendeur est un particulier et que la vente revêt pour lui un caractère occasionnel, le montant des droits d'enregistrement s'établit à 1,1 % de l'adjudication, plus 0,5 % pour les taxes additionnelles départementales et 0,4 % pour les taxes additionnelles communales.

1. CGI, art. art. 238 bis. Loi n° 87-571 du 23 juillet 1987.

2. Ou à des établissements d'enseignement artistique publics ou privés à but non lucratif et agréés par les ministères chargés du budget et de la culture.

Pour être admis, le don est réalisé à titre gratuit, c'est-à-dire sans contrepartie. Il ne peut être effectué en échange de l'acquisition ou de la disposition d'une œuvre d'art. D'ailleurs, il ne vous est pas versé directement. Il n'a vocation qu'à profiter à un organisme d'intérêt général ayant un caractère philanthropique, éducatif, culturel ou concourant à la mise en valeur du patrimoine artistique ou à la diffusion de la culture[1]. Votre association peut donc recevoir un don si elle se consacre, à titre prépondérant, à la création, la diffusion ou à la protection des œuvres de l'art et de l'esprit ou mène une activité propre en faveur du développement de la vie culturelle.

L'achat d'œuvre d'art d'un artiste vivant

L'entreprise mécène ne souhaite pas seulement soutenir votre création par l'intermédiaire de votre association. Elle veut acquérir votre production. Elle peut bénéficier de certaines dispositions, à la condition d'être une société. C'est un autre moyen de vous aider. En effet, l'achat d'une œuvre d'art originale est déductible de ses résultats. L'acquisition ouvre droit à une déduction fiscale, par fractions égales, pendant dix années[2]. Seulement, il doit s'agir d'une œuvre d'art contemporain[3] et l'entreprise doit s'engager à exposer l'œuvre achetée. De plus, l'acquisition doit être enregistrée dans son actif immobilisé. La déduction effectuée au titre de chaque exercice ne peut dépasser la limite de 3,25 pour mille du chiffre d'affaire. Elle égale le dixième du prix d'achat augmenté par les frais accessoires éventuels et diminués de la TVA récupérable. Et les frais supportés lors de l'acquisition[4] qui ne sont pas inclus dans le prix de revient sont exclus de la base de déduction. Ils sont immédiatement et intégralement déductibles (et non fractionnés). Mais toute déduction non pratiquée au titre d'une année est définitivement perdue.

1. Associations déclarées ou associations ou fondations reconnues d'utilité publique.
2. CGI, art. 238 AB.
3. L'artiste doit être vivant au moment de l'achat.
4. Par exemple les commissions versées aux intermédiaires.

Si le prix d'achat de l'œuvre d'art est inférieur à 7 600 €, l'entreprise peut constituer une provision, pour palier à son éventuelle dépréciation. Si le prix d'achat est supérieur, la dépréciation ne donne lieu à la constitution d'une provision qu'à la condition que la perte de valeur ait été constatée par un expert agréé près les tribunaux. La provision ne peut être constituée que lorsque la dépréciation excède le montant des déductions déjà pratiquées.

Dans les mêmes conditions que la déduction des acquisitions d'œuvres d'art originales, l'entreprise est autorisée à déduire de son bénéfice imposable le prix des œuvres d'art qu'elle s'engage à donner à l'État, dans un délai maximum de dix années[1]. La donation est proposée et acceptée dans les mêmes conditions que la dation en paiement. Mais la proposition doit intervenir dans le délai d'un mois après l'acquisition. Lorsque l'offre de donation est acceptée, l'entreprise peut conserver la disposition de l'œuvre d'art et doit l'exposer ou la faire exposer[2]. L'intérêt de ce dispositif est de pouvoir déduire de son bénéfice imposable le prix d'acquisition, et ce pendant la durée de détention de l'œuvre, soit 10 % par an si la durée de détention est de dix ans (durée maximale). À l'expiration du délai prévu, l'œuvre d'art revient à l'État[3].

La création d'une fondation d'entreprise

Pour organiser des activités permanentes de mécénat dans le domaine artistique et culturel[4], les entreprises ont la possibilité de créer une fondation d'entreprise[5]. C'est une personne morale de droit privé distincte des entreprises dont elle émane. Elle est constituée pour une durée d'au moins cinq années afin de poursuivre un but d'intérêt général de façon désintéressée[6]. La

1. CGI, art. 238 bis OA.
2. Dans un musée communal, départemental ou régional.
3. En cas de mauvaise fortune, si l'entreprise est liquidée, la propriété de l'œuvre d'art est transférée à l'État.
4. Mais aussi social, humanitaire ou social.
5. Régie par la loi n° 90-559 du 4 juillet 1990.
6. *Cf.* CGI, art. 238 bis.

dotation initiale et les sommes versées au titre des programmes d'action pluriannuels[1] sont déductibles du bénéfice imposable des entreprises fondatrices, dans la limite de 2,25 pour mille du chiffre d'affaires[2]. La fondation peut porter le ou les noms des entreprises fondatrices, ce qui introduit une dérogation à l'obligation d'absence de contrepartie pour la déductibilité des dons. Mais elle ne peut pas faire appel à la générosité publique, ni recevoir de dons ou de legs.

Solliciter l'amateur d'art public

L'État et les collectivités décentralisées aiment l'art et le prouvent. Acquisition, dotation, dation, les pistes sont variées. Et par l'intermédiaire de leurs administrations culturelles (Fnac, Drac, CNAP, DAP, etc.), leurs interventions sont diversifiées. Il est difficile de toutes vous les présenter. Mais vous pouvez toujours tenter de les solliciter pour obtenir soit un achat public, soit une commande publique.

L'achat public

Vous pouvez tenter de contacter le Fnac, le CNAP, la DAP ou les Frac pour vous faire acheter une œuvre déjà réalisée. Au plan national, vous sollicitez le Fnac (Fonds national d'art contemporain). Son rôle est d'aider la création par l'acquisition d'œuvres d'artistes en activité. Comme il ne dispose pas d'espace d'exposition, il diffuse les œuvres appartenant à ses collections. Il les prête aux expositions, les dépose dans les musées ou les expose dans les administrations (ministères, ambassades, Assemblée nationale, Sénat, préfectures, etc.). À ce titre, il réalise de nombreux achats. Et vous pouvez proposer vos œuvres pour les faire acheter. Il vous suffit pour cela d'adresser un courrier de demande de candidature six semaines avant la date de réunion

1. De 150 à 760 000 €.
2. CGI, art. 238 bis.

de la commission des achats[1]. Vous recevez alors un dossier de candidature et vous êtes convoqué pour présenter trois œuvres. Elles vous sont rendues quelques jours plus tard si elles ne sont pas sélectionnées. Sinon elles sont achetées. Les commissions se réunissent deux ou trois fois par an, dans chaque discipline (peinture, sculpture, photographie, vidéo, etc.). N'hésitez pas à les solliciter. Et si vous n'êtes pas accepté, osez récidiver[2].

Il est une autre voie à explorer : celle de la DAP (Délégation aux arts plastiques) ou du CNAP (Centre national des arts plastiques). Ils sont responsables de la mise en œuvre la politique de l'État dans le domaine des arts plastiques par l'incitation à la création et l'aide aux créateurs. Ils sont aussi chargés de l'acquisition d'œuvres d'art contemporain puis de leur diffusion.

Au plan local, vous contactez le Frac de votre région. Les Frac (Fonds régional d'art contemporain), conçus dans le cadre de la politique de décentralisation, se chargent des acquisitions d'œuvres d'art contemporain dans chaque région. Ils sont dotés de réels moyens pour enrichir leurs collections qu'ils diffusent dans leur circonscription. Si votre création est très ancrée ou ciblée, vous avez une chance de les intéresser. Mais vous pouvez aussi approcher les services culturels d'autres collectivités (région, département, municipalité) car elles sont souvent dotées de budgets. Ils sont peut-être plus limités mais sans doute plus aisés d'accès.

La commande publique

Le fonds de la commande publique, géré par la DAP, finance des réalisations artistiques destinées à être exposées hors des musées. Celles-ci concernent principalement l'animation d'espaces publics et de monuments historiques. Pour vous renseigner sur ces possibilités, vous contactez la DAP, au bureau de la commande publique ou le conseiller pour les arts plastiques de votre Drac (Direction régionale des affaires culturelles)[3]. Vous

1. *Cf.* Carnet d'adresses.
2. Une seule candidature est autorisée tous les deux ans.
3. *Cf.* Carnet d'adresses.

pouvez aussi répondre à un appel offre dans le cadre du « 1 % culturel » pour obtenir une commande. Le principe de ce financement consiste à réserver 1 % du montant des travaux effectués à l'occasion de la construction, de la rénovation ou de l'extension de constructions publiques pour la réalisation d'une œuvre d'art contemporain, spécialement créée pour le lieu considéré. Deux financements coexistent, le 1 % d'État et le 1 % décentralisé. Le premier est réservé aux opérations financées par l'État. Le second résulte du transfert de certaines compétences de l'État aux collectivités locales. Vous avez intérêt à prendre contact directement avec les architectes, les maîtres d'ouvrage des constructions publiques ou les conseillers pour les arts plastiques des Drac pour obtenir des commandes de 1 %.

Exporter son art

Vous êtes libre d'installer votre atelier où vous le désirez, pour être plus inspiré. Le traité de Rome garantit cette liberté[1]. Si vous êtes ressortissant d'un État membre de l'Union européenne, vous allez travailler dans un autre pays européen sans formalité[2]. L'exercice de votre activité dans un État membre de l'Union vous donne droit d'y séjourner, d'y circuler, d'y transférer le matériel et l'argent qui vous sont nécessaires. Ensuite vous êtes soumis aux règles fiscales et sociales de l'État qui vous accueille.

Sans songer à vous délocaliser, vous pouvez envisager d'exporter votre art. Cela peut être un excellent moyen de développer votre activité en étendant votre marché. C'est pour beaucoup d'artistes un passage obligé pour accroître leur notoriété. Mais que vous vendiez vos œuvres à des étrangers ou vendiez votre art à l'étranger – à l'occasion de la participation à des salons-, vos transactions vont être soumises à conditions et l'exportation de vos œuvres à restrictions.

1. *Cf.* Traité de Rome du 25 mars 1957, art. 52.
2. Si dans votre pays d'origine, vous pouvez exercer votre activité, vous êtes présumé qualifié pour vous installer et travailler dans un autre pays européen. Vous devez néanmoins obtenir un titre de résidence et accomplir les formalités imposées aux artistes nationaux.

La circulation des œuvres d'art

Si les personnes, les marchandises et les capitaux profitent de la libre circulation au sein de l'Union européenne, les œuvres d'art font l'objet de certaines restrictions. Car elles sont considérées comme des biens sensibles et leurs détenteurs sont soumis à certaines limitations.

Les restrictions à la circulation

Toutes les œuvres d'art ne peuvent pas être exportées librement. Ces restrictions sont justifiées par la protection des trésors nationaux ayant une valeur artistique, historique ou archéologique[1]. Sont notamment concernées par cette limitation de circulation, les œuvres qui n'appartiennent pas à leur auteur, qui ont plus de cinquante ans et sont[2] :

- d'une valeur supérieure à 150 000 € pour les tableaux et peintures,
- d'une valeur supérieure à 50 000 € pour les statues,
- d'une valeur supérieure à 30 000 € pour les aquarelles, gouaches et pastels,
- d'une valeur supérieure à 15 000 € pour les mosaïques, dessins, gravures, estampes, lithographies.

Les critères sont cumulatifs. Un tableau de moins de cinquante ans et d'une valeur de plus de 150 000 € peut être exporté vers un pays membre de l'Union, après contrôle préalable. Et vous pouvez librement circuler avec vos œuvres ou les faire circuler même si elles ont une valeur supérieure à 150 000 € si elles ont moins de cinquante ans.

L'autorisation de circulation

Le contrôle tend à vérifier que l'œuvre exportée, temporairement ou définitivement, ne constitue pas un trésor national[3]. Il prend la forme, pour les œuvres d'art, d'un certificat délivré par la Direction des musées de France[4], dans un délai de quatre

---

1. *Cf.* Traité de Rome du 25 mars 1957, art. 36.
2. Loi n° 92-1477 du 31 décembre 1992.

mois. Il est valable vingt ans et a une validité illimitée pour les œuvres de plus de cent ans d'âge. Il permet, pendant cette durée, la circulation sur le territoire communautaire et vaut licence d'exportation. Cela signifie qu'il autorise la sortie de l'œuvre hors de l'Europe. Il est accordé d'office aux biens régulièrement importés depuis moins de cinquante ans, sauf s'ils ont fait l'objet d'une procédure de classement. Le certificat est refusé aux biens culturels considérés comme trésor national, c'est-à-dire présentant un intérêt majeur pour le patrimoine national au point de vue de l'histoire, de l'art ou de l'archéologie[1]. En cas de refus du certificat, une nouvelle demande n'est recevable qu'à l'expiration d'un délai de trois ans. Ensuite, le refus ne peut être maintenu qu'à la condition que l'œuvre ait fait l'objet d'un classement au titre des monuments historiques ou des archives[2] ou d'une acquisition par l'État. Et le propriétaire de l'œuvre en est indemnisé.

Les œuvres d'art dont la valeur n'excède pas les seuils fixés circulent donc librement dans l'Union[3]. Si vous souhaitez les exporter hors de l'Union, vous devez vous livrer à un contrôle douanier et remplir un DAU (document administratif unique) en précisant bien la destination de l'envoi, sa description, son classement tarifaire et sa valeur en douane[4].

3. Il a pour corollaire le droit de préemption de l'État en vente publique. À l'occasion d'une vente aux enchères, l'État peut exercer son droit de préemption sur les œuvres d'art adjugées, et ce dans un délai de quinze jours. L'État est alors subrogé à l'adjudicataire. Il va prendre possession du bien et en payer le prix. Loi du 31 décembre 1921.

4. Bureau du mouvement des oeuvres et de l'inventaire.

1. Après avis motivé d'une commission composée de six membres de droit, directeurs des ministères de la Culture et de l'Éducation nationale, et de cinq membres nommés par le ministre de la Culture pour une période de quatre ans. Elle est présidée par un membre du Conseil d'État.

2. Sur le fondement des dispositions de la loi du 31 décembre 1913.

3. Sous réserve du dispositif de restitution des biens culturels illicitement transférés d'un État membre à un autre. *Cf.* directive 93/7/CEE du 15 mars 1993.

4. Les oeuvres d'art bénéficient d'un traitement particulier. Elles sont rangées dans la catégorie des marchandises prohibées au sens du Code des douanes. À ce titre, les services des douanes disposent de deux prérogatives : le droit de consignation pour effectuer des investigations et l'autorisation de contrôle de la régularité du transport ou de la détention des biens culturels.

La vente de vos œuvres à l'étranger

Si vous vendez ou expédiez vos œuvres à l'étranger, vous n'omettez pas de préciser la nature du bien transporté et sa valeur déclarée. Cela vous permettra d'engager la responsabilité du transporteur si par malheur votre colis venait à s'égarer ou à être endommagé[1]. Et il est particulièrement important d'exiger d'être payé à l'avance, avant l'enlèvement du colis. C'est une mesure pas toujours appréciée mais elle vous permet de vous protéger. Mais que vous vendiez une œuvre à un étranger ou à l'étranger, le principal est de déterminer si elle va quitter le territoire de l'Union européenne ou y rester. Cela a en effet une conséquence sur la TVA à payer.

Les ventes intracommunautaires

Vous vendez directement une œuvre à un client résident dans un pays européen. Cette vente est assimilée à une vente à distance, à la condition que la livraison de l'œuvre achetée soit effectuée au départ de la France, à destination d'un autre État membre[2]. Le régime de TVA dépend du statut fiscal de votre client. Si votre client est un professionnel, assujetti à la TVA[3], la vente est taxée à l'arrivée, dans le pays de résidence du client[4]. Vous vendez hors taxe, à charge pour votre client de payer la TVA dans son pays de résidence, au taux pratiqué pour lui. Si votre client est un particulier, non assujetti à la TVA, vous lui facturez la TVA au taux réduit à 5,5 %.

Lorsque la vente est effectuée par un professionnel du marché de l'art[5], elle est soumise à la TVA en France dès lors que les œuvres s'y trouvaient au moment de l'expédition ou du transport par le vendeur, quelle que soit la qualité de l'acquéreur.

1. C.A. Paris 1re ch. B du 7 mai 1999, Dalloz, 2000 n° 9, p198.
2. CGI, art. 258 A.
3. Galerie, marchand d'art ou entreprise.
4. CGI, art. 259 A.
5. Imposé à la TVA selon le régime de la marge bénéficiaire.

Le transfert

Si vous participez à une foire ou à un salon, la circulation de vos œuvres d'art dans l'Union, sans qu'il y ait vente, constitue un transfert. Il est assimilé à une livraison suivie d'une acquisition par vous-même[1]. Mais comme la différence entre la valeur de transfert et le prix d'acquisition est nulle, la base d'imposition est inexistante. Cela ne donne donc pas lieu à taxation à la TVA.

Les ventes extracommunautaires

Les exportations de biens d'occasion, d'œuvres d'art, d'objets de collection vers des pays tiers à l'Union européenne sont exonérées de TVA[2]. La vente est faite hors taxe. Si la vente est réalisée par une galerie, la TVA déjà supportée par les biens est déductible, quel que soit son régime d'imposition[3], à condition que la taxe figure sur la facture[4].

Vous ne devez pas vous laisser impressionner par l'apparente complexité de ces questions d'exportation. À ce stade de votre activité, vous trouvez toujours un spécialiste pour vous y aider. Vous ouvrir au monde entier reste une opportunité rêvée. C'est le gage que votre entreprise s'est heureusement développée, que votre art est justement consacré et que vous avez rencontré le succès.

1. CGI, art. 297 A.
2. CGI, art. 262-I.
3. Imposition sur la marge ou sur le prix de vente.
4. Les importations d'œuvres d'art, en provenance d'États tiers à l'Europe, sont soumises à la TVA au taux de 5,5 %, sur leur valeur en douane (CGI, art. 278-1.). Elles bénéficient d'un régime suspensif de paiement de TVA si elles sont effectuées sous un régime douanier communautaire ou sous un régime d'entrepôt fiscal. Elles sont exonérées si les œuvres d'art sont destinées à un établissement agréé par le ministère de la Culture (CGI, art. 291 II. 8°).

Conclusion

Votre entreprise artistique est une véritable œuvre d'art. Vous prenez un cadre juridique assuré, un châssis solide et bien adapté à la taille de vos créations. Vous choisissez un statut fiscal et un régime social bien accordé, montez une toile bien ajustée, capable de soutenir la tension de votre art. Enfin, vous utilisez tous les moyens juridiques et fiscaux à votre disposition, les exonérations et les dérogations, les techniques de promotion et de communication comme autant de matériaux, de couleurs, de formes à travailler pour obtenir la plus réussie des compositions.

Que l'art soit votre vocation ou votre passion, qu'il soit votre profession ou une occupation, il est primordial de prendre au plus tôt les décisions les plus judicieuses pour que votre entreprise soit fructueuse.

La loi génère en effet des droits et des obligations pour l'artiste et ses créations. C'est pour vous autant d'opportunités à utiliser pour favoriser votre activité.

Vous avez maintenant les repères utiles pour choisir les bonnes solutions, vous entourer des précautions nécessaires et réussir votre gestion, de la déclaration de votre activité à son imposition, son organisation, sa promotion ou sa protection.

Vous êtes armé pour décider et vous organiser au mieux de vos intérêts et vous défendre contre les propositions et les accords infortunés.

Ainsi vous pouvez créer, développer et profiter de votre activité artistique dans la durée. Et vivre de votre art. En toute sérénité.

Remerciements

C'est avec un immense plaisir que je saisis l'occasion de remercier les artistes et les amateurs d'art qui m'ont aidé par leurs suggestions et leurs questions. À tous, ces pages sont dédiées, notamment au peintre Dabmach. Sans ses encouragements, son enthousiasme stimulant, ce livre n'aurait pas été entrepris et accompli.

Par ailleurs, je souhaite rendre hommage à Alice Debruyne, l'animatrice de la galerie d'art www.artcomaoca.com, pour son amicale disponibilité et sa totale générosité.

Enfin, je tiens à exprimer ma gratitude à Marie-Laure Cahier, mon éditeur, pour la confiance qu'elle m'a témoignée et à Hélène de Castilla, pour la patience et la bienveillance enjouée qu'elle m'a toujours exprimées.

Bibliothèque de l'artiste

Luc BOUILLER, *Guide international Art et concours*, Epithème éditions, 2001.

Véronique CHAMBAUD, *Guide juridique et fiscal de l'artiste et de l'entreprise artistique*, Dunod, 2002.

Véronique CHAMBAUD, *Guide fiscal et social du créateur d'entreprise*, Dunod, 2e édition, 2001.

Françoise CHATELAIN, Christian PATTYN, *Œuvres d'art et objets de collection en droit français,* Berger-Levrault, 1997.

Claude COLOMBET, *Propriété littéraire et artistique*, Dalloz, 1999.

Pascale DESJONQUIERES, *Les droits d'auteur*, AGEC, 1997.

Aleister FAURE, *Faire soi-même son bilan comptable et savoir arrêter ses compte*s, Top Edition, 1999.

Jacques FINGERHUT, *Fiscalité des œuvres d'art*, Economica, 1995.

Pierre-Yves GAUTIER, *Propriété littéraire et artistique*, PUF, 1999.

Jacques GROSCLAUDE et Philippe MARCHESSOU, *Droit fiscal général*, Dalloz, 2001.

Gilles LAMARQUE, *Droit et fiscalité du marché de l'art*, PUF, 1992.

Carnet d'adresses

Fiscalité, comptabilité

Ministère des Finances
www.minefi.gouv.fr

Fédération des centres de gestion agréés FCGA
2 rue Meissonnier
75017 Paris
Tél. 01 42 67 80 62
Fax 01 43 80 78 04
www.fcga.fr

Union nationale des associations de gestion agréées UNASA
36 rue de Picpus
75012 Paris
Tél. 01 43 42 38 09.
Fax 01 43 42 56 14
unasa@wanadoo.fr

Ordre des experts-comptables
45 rue des Petits-Champs
75001 Paris
Tél. 01 55 04 31 31
Fax 01 55 04 31 71
www.experts-comptables.fr

ARTAGA Association de gestion agréée des créateurs en arts graphiques et plastiques
11 rue Anatole-de-la-Forge
75017 Paris
Tél. 01 55 37 20 35
Fax 01 55 37 20 60
www.artaga.fr

CREARTIST (Aga)
31 boulevard Malesherbes
75008 Paris
Tél. 01 42 66 18 54
Fax 01 42 66 57 53
creartist@libertysurf.fr

Protection sociale obligatoire

Maison des artistes
90 avenue de Flandre
75019 Paris
Tél. 01 53 35 83 63
Fax 01 53 35 83 64

AGESSA
21 bis rue de Bruxelles
75009 Paris
Tél. 01 48 78 25 00
Fax 01 48 78 60 00
www.agessa.org

Union de recouvrement des cotisations de Sécurité sociale et d'allocations familiales URSSAF
www.urssaf.fr

Caisse nationale d'assurance maladie CANAM
Centre Paris Pleyel
93521 Saint-Denis cedex
Tél. 01 49 33 38 00
Fax 01 49 33 38 03
www.canam.fr

Caisse nationale des allocations familiales CNAF
23 rue Daviel
75363 Paris cedex 13
Tél. 01 45 65 52 52
Fax 01 45 65 53 77
www.cnaf.fr

Caisse autonome nationale de compensation de l'assurance vieillesse des artisans CANCAVA
28 boulevard de Grenelle
75737 Paris cedex 15
Tél. 01 44 37 51 00
Fax 01 44 37 52 05
www.cancava.fr

Caisse nationale d'assurance vieillesse des professions libérales CNAVPL
102 rue de Miromesnil
75008 Paris
Tél. 01 44 95 01 50
Fax 01 45 61 91 37
www.cnavpl.fr

Caisse nationale d'assurance vieillesse des travailleurs salariés CNAV
110 rue de Flandre
75019 Paris
Tél. 01 55 45 50 00
Fax 01 55 45 51 99
www.cnav.fr

Caisse de retraite de l'enseignement et des arts appliqués CREA - IRCEC
21 rue de Berri
75008 Paris
Tél. 01 44 95 68 32
Fax 01 45 95 68 09

Assurances, protection personnelle

Centre de documentation et d'information de l'assurance CDIA
26 boulevard Haussmann
75311 Paris cedex 09
Tél. 01 42 46 13 13

Association pour la protection des patrons indépendants APPI
25 rue de Courcelles
75008 Paris
Tél. 01 45 63 92 02
Fax 01 45 61 02 43

Garantie sociale des chefs d'entreprise GSC
42 avenue de la Grande Armée
75017 Paris
Tél. 01 45 72 63 10
Fax 01 45 74 25 38

Institut national de la propriété industrielle – INPI
26 bis rue de St-Petersbourg
75008 Paris
Tél. 01 53 04 53 04

Fax 01 42 93 59 30
www.inpi.fr

Protécréa
23 rue de Choiseul
75002 Paris
Tél. 01 44 56 08 10
Fax 01 44 56 08 16
www.protecrea.org

Société civile des auteurs multimédia SCAM
5 avenue Vélasquez
75008 Paris
Tél. 01 56 69 58 58
Fax 01 56 69 58 59

Société des auteurs dans les arts graphiques et plastiques ADAGP
11 rue Berryer
75008 Paris
Tél. 01 43 59 09 79
Fax 01 45 63 44 89
www.adagp.fr

Syndicat international pour la protection littéraire et artistique
255 rue St-Honoré
75001 Paris
Tél. 01 48 98 30 06
Fax 01 49 81 03 12

Soutiens à la création, subventions

DAP Délégation des arts plastiques – CNAP Centre national des arts plastiques
27 avenue de l'Opéra
75001 Paris
Tél. 01 40 15 73 00
Fax 01 40 60 74 14
www.culture.gouv.fr

CIPAP Centre d'information et de promotion des arts plastiques
17 avenue d'Italie
75013 Paris
Tél. 01 45 84 01 16

DAP Bureau de la commande publique
27 avenue de l'Opéra
75001 Paris
Tél. 01 40 15 74 65
Fax 01 40 15 74 14

FNAC Fonds national d'art contemporain
Bureau des achats
70 voie des Sculpteurs
92800 Puteaux-La Défense 9
Tél. 01 46 93 02 50
Fax 01 49 00 01 12

PEJA Pépinières européennes pour jeunes artistes
9-11 rue Paul-Leplat
BP 13, 78160 Marly-le-Roi Cedex
Tél. 01 39 17 11 00
Fax 01 39 17 11 09
www.art4eu.net

DRAC Directions régionales des affaires culturelles
Alsace
2 place de la République
67082 Strasbourg cedex
Tél. 03 88 15 57 00
Fax 03 88 75 60 95
Aquitaine
54 rue Magendie
33000 Bordeaux
Tél. 05 57 95 02 02
Fax 05 57 95 01 25

Auvergne
4 rue Pascal
63010 Clermont-Ferrand
Tél. 04 73 41 27 00
Fax 04 73 41 27 69
Bourgogne
41 rue Vannerie
21000 Dijon
Tél. 03 80 72 53 53
Fax 03 80 72 53 99
Bretagne
6 rue du Chapitre
35044 Rennes cedex
Tél. 02 99 29 67 67
Fax 02 99 29 67 99
Centre
6 rue de la Manufacture
45043 Orléans cedex
Tél. 02 38 78 85 00
Fax 02 38 78 85 99
Champagne-Ardenne
3 rue du Faubourg St-Antoine,
51037 Chalons-en-Champagne
Tél. 03 26 70 36 50
Fax 03 26 70 43 71
Corse
19 cours Napoléon BP 301
20176 Ajaccio cedex
Tél. 04 95 51 52 00
Fax 04 95 21 20 69
Franche-Comté
9 bis rue Charles-Nodier
25043 Besançon cedex
Tél. 03 81 65 72 00
Fax 03 81 65 72 72
Guadeloupe
14 rue Maurice Marie-Claire
97100 Basse-Terre
Tél. 00 (0590) 81 48 82
Fax 00 (0590) 81 72 30
Guyane
95 rue Général De Gaulle
97300 Cayenne
Tél. 00 (0594) 25 54 00
Fax 00 (0594) 25 54 10
Ile-de-France
98 rue de Charonne
75011 Paris
Tél. 01 56 06 50 00
Fax 01 56 06 52 48
Languedoc-Roussillon
5 rue de la Salle l'Évêque
34026 Montpellier cedex
Tél. 04 67 02 32 00
Fax 04 67 02 32 04
Limousin
6 rue Haute de la Comédie
87036 Limoges cedex
Tél. 05 55 45 66 45
Fax 05 55 45 66 44
Lorraine
6 place de Chambre
57045 Metz cedex
Tél. 03 87 56 41 47
Fax 03 87 75 28 28
Martinique
Route de l'Ermitage
97200 Fort de France
Tél. 00 (0596) 60 05 36
Fax 00 (0596) 63 55 19
Midi-Pyrénées
1 place Alphonse-Jourdain
BP 811, 31080 Toulouse cedex 6
Tél. 05 62 30 31 00
Fax 05 61 23 12 71.
Nord-Pas-de-Calais
1 rue du Lombard
59800 Lille
Tél. 03 28 13 35 00
Fax 03 28 13 35 06
Nouvelle Calédonie
45 avenue Maréchal-Foch
BP 05, 98844 Nouméa cedex
Tél. 00 (0687) 24 21 81
Fax 00 (0687) 24 21 80

Basse-Normandie
13 bis rue Saint-Ouen
14052 Caen cedex
Tél. 02 31 38 39 40
Fax 02 31 23 84 65
Haute-Normandie
2 rue St-Sever
76032 Rouen cedex
Tél. 02 35 63 61 60
Fax 02 35 72 84 60
Pays de la Loire
1 rue Stanislas-Baudry
44035 Nantes cedex 1
Tél. 02 40 14 23 00
Fax 02 40 14 23 01
Picardie
5 rue Henry-Daussy
80044 Amiens cedex 1
Tél. 03 22 97 33 00
Fax 03 22 97 33 56
Poitou-Charentes
102 Grand-rue
86020 Poitiers cedex 1
Tél. 05 49 36 30 30
Fax 05 49 88 32 02
Provence-Alpes-Côte d'Azur
21 Boulevard Roi-René
13617 Aix-en-Provence cedex
Tél. 04 42 16 19 00
Fax 04 42 38 03 22
Réunion
18 rue Rontaunay
97466 St-Denis de la Réunion
Tél. 00 (0262) 21 91 71
Fax 00 (0262) 41 61 93
Rhône-Alpes
6 quai St-Vincent
69001 Lyon
Tél. 04 72 00 44 00
Fax04 72 00 43 30
Saint-Pierre et Miquelon
Rue du 11 Novembre
97500 Saint-Pierre et Miquelon
Tél. 00 (0508) 41 17 70
Fax 00 (0508) 41 17 72

FRAC Fonds régionaux d'art contemporain
Alsace
1 route de Marckolsheim
67600 Sélestat
Tél. 03 88 58 87 55
Fax 03 88 58 87 56
Aquitaine
81 cours Anatole-France
33000 *Bordeaux*
Tél. 05 56 24 71 36
Fax 05 56 24 98 15
Auvergne
13 avenue de Fontmaure
63402 Chamalières Cedex
Tél. 04 73 31 85 00
Fax 04 73 36 73 45
Bourgogne
49 rue de Longvic
21000 Dijon
Tél. 03 80 67 18 18
Fax 03 80 66 33 29
Bretagne
3 rue de Noyal
35410 Chateaugiron
Tél. 02 99 37 37 93
Fax 02 99 37 62 26
Centre
12 rue de la Tour neuve
45000 *Orléans*
Tél. 02 38 62 52 00
Fax 02 38 62 21 80
Champagne Ardenne
1 place Museux
51000 Reims
Tél. 03 26 05 78 32
Fax 03 26 05 13 80
Corse
Citadelle de Corté
20250 Corté

Tél. 04 95 46 22 18
Fax 04 95 46 03 03
Franche-Comté
85 rue des Arènes
39100 Dôle
Tél. 03 84 72 27 72
Fax 03 84 79 79 80
Ile-de-France
4 rue de la Michodière
75002 *Paris*
Tél. 01 42 65 43 93
Fax 01 40 17 05 59
Languedoc-Roussillon
20 rue de la république
34000 Montpellier
Tél. 04 67 22 94 04
Fax 04 67 58 49 80
Limousin
Impasse des Charentes
87000 *Limoges*
Tél. 05 55 77 08 98
Fax 05 55 77 90 70
Lorraine
11 place de la Cathédrale
57000 *Metz*
Tél. 03 87 74 20 02
Fax 03 87 74 20 56
Martinique
Rue Carlos Finlay
97200 Fort de France
Tél. 00 (596) 60 05 36
Fax 00 (596) 63 55 19
Midi-Pyrénées
Musée Abattoirs
76 allée Charles-de-Fitte
31300 Toulouse
Tél. 05 62 48 58 00
Fax 05 62 48 58 01
Nord-Pas-de-Calais
930 avenue Rosendaël
59240 Dunkerque
Tél. 03 28 63 63 13
Fax 03 28 63 63 39
Basse-Normandie
9 rue Vaubenard
14000 Caen
Tél. 02 31 93 09 00
Fax 02 31 95 54 26
Haute-Normandie
46 rue St-Hilaire
76000 Rouen
Tél. 02 35 88 68 22
Fax 02 35 89 82 09
Pays de la Loire
7 rue Frédéric-Kuhlmann
44100 *Nantes*
Tél. 02 40 69 87 87
Fax 02 40 69 15 57
Picardie
45 rue Pointin
80000 Amiens
Tél. 03 22 91 66 00
Fax 03 22 92 97 84
Poitou-Charentes
15 rue Cloche verte
16000 *Angoulême*
Tél. 05 45 92 87 01
Fax 05 45 95 94 16
Provence-Alpes-Côte d'Azur
1 place Francis-Chirat
13002 Marseille
Tél. 04 91 91 27 55
Fax 04 91 90 28 50
Rhône-Alpes
IAC, 11 rue Docteur-Dolard
69100 Villeurbanne
Tél. 04 78 03 47 00
Fax 04 78 03 47 09

Promotion, exposition

Art dead line (concours, exposition)
www.artdeadline.com

Comité des galeries d'art
83 rue Faubourg-St-Honoré
75008 Paris
Tél. 01 42 66 66 62
Fax 01 42 66 66 21
www.french-galleries.org

Fédération nationale des agents commerciaux
30 avenue de l'Opéra
75002 Paris
Tél. 01 44 94 05 00
Fax 01 44 94 05 10

Foires et des salons de France
11 rue Friant
75014 Paris
Tél. 01 53 90 20 00
Fax 01 53 90 20 19
www.foiresalon.com

Compagnie d'organisation des salons
22 avenue Franklin-Roosevelt
75008 Paris
Tél. 01 40 76 45 00
Fax 01 45 63 78 24

AICA Association internationale des critiques d'art
15 rue Martel
75010 Paris
Tél. 01 48 00 00 20
Fax 01 48 00 03 02

Chambre nationale des commissaires-priseurs
13 rue de la Grange-Batelière
75009 Paris
Tél. 01 47 70 89 33
Fax 01 48 00 06 83

Exportation

Direction des Musées de France – Bureau du mouvement des œuvres et de l'inventaire
6 rue des Pyramides
75001 Paris
Tél. 01 40 15 73 00

Direction générale des douanes
23 bis rue de l'Université
75007 Paris
Tél. 01 55 04 65 10
Fax 01 55 04 65 30
www.admifrance.gouv.fr

Associations, syndicats

ADMICAL Association pour le développement du mécénat d'entreprise
16 rue Girardon
75018 Paris
Tél. 01 42 55 20 01
Fax 01 42 55 71 32
www.admical.fr

APCE Agence pour la création d'entreprise
14 rue Delambre
75014 Paris
Tél. 01 42 18 58 58
Fax 01 42 18 58 00
www.apce.com

Association des artistes peintres, sculpteurs, architectes, graveurs et dessinateurs
1 rue La Bruyère
75009 Paris
Tél. 01 48 74 85 24

Chambre syndicale des photographes professionnels
11 rue du Faubourg-Montmartre
75009 Paris
Tél. 01 42 82 72 04

Syndicat des designers textiles
121 rue Vieille du Temple
75003 Paris
Tél. 01 42 71 55 85

Syndicat national des artistes auteurs
2 rue de la Michodière
75002 Paris
Tél. 01 47 42 35 86

Syndicat national des artistes peintres sculpteurs professionnels
11 rue Berryer
75008 Paris
Tél. 01 48 97 23 39

Syndicat national des artistes plasticiens
14 rue des lilas
75019 Paris
Tél. 01 42 49 60 13

Syndicat national des artistes professionnels
11 rue Berryer
75008 Paris
Tél. 01 45 70 79 23

Syndicat national des créateurs en arts graphiques et plastiques
61 rue Beaubourg
75003 Paris
Tél. 01 42 74 73 42

Syndicat national des graphistes
8 rue St Jean
75017 Paris
Tél. 01 43 87 23 18

Syndicat national des sculpteurs et plasticiens
11 rue Berryer
75008 Paris
Tél. 01 42 89 34 14
www.sculpteurs.org

Union des photographes créateurs
121 rue Vieille du Temple
75003 Paris
Tél. 01 42 77 24 30

Union nationale des peintres illustrateurs
11 rue Berryer
75008 Paris
Tél. 01 45 70 79 23

Si vous souhaitez des conseils pour développer et gérer votre activité artistique, si vous avez une suggestion à donner ou une question à poser, vous pouvez contacter l'auteur à l'adresse suivante :

vchambaud@aol.com

Abréviations

AGA	association de gestion agréée
art.	article
BIC	bénéfices industriels et commerciaux
BNC	bénéfices non commerciaux
CFE	centre de formalités des entreprises
CA	Cour d'appel
CAA	Cour administrative d'appel
C. civ.	code civil
CDD	contrat (de travail) à durée déterminée
CDI	contrat (de travail) à durée indéterminée
CGA	centre de gestion agréé
CGI	code général des impôts
CPI	code de la propriété intellectuelle
CSG	contribution sociale généralisée
CSS	code de la Sécurité sociale
CRDS	contribution au remboursement de la dette sociale
C. trav.	code du travail
DRAC	direction régionale des affaires culturelles
FRAC	fonds régional d'art contemporain
IR	impôt sur le revenu
IS	impôt sur les sociétés
ISF	impôt de solidarité sur la fortune
LF	loi de finances
RCS	registre du commerce et des sociétés
SA	société anonyme
SS	Sécurité sociale
SARL	société à responsabilité limitée
TIPP	taxe intérieure sur les produits pétroliers
TS	traitement et salaires
TVA	taxe sur la valeur ajoutée
VHMS	valeur horaire moyenne du Smic

Annexes

Liasse I

La liasse doit être adressée dans son intégralité au CFE, elle est indissociable sauf cas particulier prévu par le décret n° 81-257 du 18/03/81 (à voir avec le CFE).

Po cerfa **N° 90-0192**
déclaration présentée au CFE le :
réservé au CFE compétent

DÉCLARATION DE
DÉBUT ■ ou de REPRISE D'ACTIVITÉ NON SALARIÉE ■
Décret n° 81-257 du 18 mars 1981 modifié créant des Centres de Formalités des Entreprises
NUMÉRO(S) DE L'IMMATRICULATION PRINCIPALE
RCS. . . RM . .
Registre du Commerce et des Sociétés — SIREN — Répertoire des Métiers

PERSONNE PHYSIQUE
réservé au CFE compétent
M G U I D A B E F H J K T
Doc. sociaux joints : Intercalaires joints :

QUELLE QUE SOIT LA FORMALITÉ, LES RUBRIQUES SUR **FOND VERT** DOIVENT OBLIGATOIREMENT ÊTRE REMPLIES

1er feuillet CFE compétent
2e feuillet Déclarant
3e feuillet INSEE

NOM PATRONYMIQUE M., Mme, Mlle :
PRÉNOMS :
SIEGE (PRINCIPAL ETABLISSEMENT s'il se confond avec le siège) ADRESSE y compris, s'il y a lieu, l'**IDENTITÉ DU DOMICILIATAIRE** (Nom, Prénoms ou Dénomination) A :

NOM D'USAGE facultatif : PSEUDONYME :
DOMICILE PERSONNEL A :
NÉ(E) le : . . à . dépt . commune ou pays .
NATIONALITÉ : . si étranger, références du titre de séjour ou, s'il y a lieu, de la carte de commerçant .
SITUATION MATRIMONIALE : célibataire ☐ veuf(ve) ☐ divorcé(e) ☐ marié(e) ☐ le : . . à . dépt commune ou pays .
NOM DU CONJOINT s'il y a lieu :
RÉGIME MATRIMONIAL :

PRINCIPALES ACTIVITES DE L'ENTREPRISE :
EFFECTIF SALARIE de l'entreprise :
NOM COMMERCIAL :

- Le cas échéant, CONJOINT COLLABORATEUR déclarant collaborer à l'activité de l'entreprise sans être rémunéré et sans exercer aucune autre activité professionnelle.
- Pour le **Principal Etablissement**, Personne(s) ayant le pouvoir d'engager par sa (leur) signature la responsabilité de l'entreprise (FONDÉ(S) DE POUVOIR), EXPLOITANT(S) EN COMMUN, PROPRIÉTAIRES INDIVIS DU FONDS.

ou NOM Prénoms DÉNOMINATION :
ou DOMICILE ADRESSE DU SIÈGE :
. qualité . B . date de naissance . dépt commune ou pays de naissance nationalité .

ou NOM Prénoms DÉNOMINATION :
ou DOMICILE ADRESSE DU SIÈGE :
. qualité . B . date de naissance . dépt commune ou pays de naissance nationalité .

Liste à suivre sur intercalaire(s) : OUI ☐ NON ☐

PRINCIPAL ÉTABLISSEMENT ADRESSE :
si différente du siège et relevant du ressort du même greffe
ENSEIGNE :
éventuellement
Préciser l'ORIGINE : création ☐ achat ☐ prise en location-gérance ☐ reprise après location-gérance ☐ autre (préciser) ☐
Identité du PRÉCÉDENT EXPLOITANT :
nom, prénoms ou dénomination
n° RCS ou SIREN : Date de radiation ou de modification au RCS : . .
En cas d'ACQUISITION par ACHAT ou PARTAGE, journal d'annonces légales ayant publié la cession : du : . .
En cas de prise en LOCATION-GÉRANCE, contrat du : . . au . . ; renouvellement par tacite reconduction : OUI ☐ NON ☐
Identité du LOUEUR du FONDS :
nom, prénoms, domicile ou dénomination, adresse du siège

ACTIVITÉS EXERCÉES dans cet établissement : permanentes ☐ saisonnières ☐ ambulant ☐ forain ☐ date de début d'activité : . .
ACTIVITE PRINCIPALE :
ACTIVITÉS SECONDAIRES :

Préciser les PRODUITS FABRIQUÉS, VENDUS OU EXTRAITS :

NATURE DES ACTIVITÉS : ☐ trav. de bâtiment ☐ trav. publics ☐ extraction ☐ fabrication ☐ montage ☐ réparation ☐ transport ☐ import-export ☐ com. de gros ☐ com. détail ☐ prof. libérale ☐ prest. de services ☐ locat. de meubles ☐ autre (préciser) :

LIEU D'EXERCICE : ☐ expl. agricole ☐ mine, carrière ☐ usine, atelier ☐ dépôt, entrepôt ☐ magasin, surface : . . m² ☐ bureau, cabinet ☐ sur chantiers ☐ sur marchés ☐ en clientèle ☐ autre (préciser) :

EFFECTIF SALARIE AU SIÈGE : **AU LIEU D'EXERCICE DE L'ACTIVITÉ** s'il y a lieu : ; date d'embauche du 1er salarié : . au siège . à l'établissement exploité .
dont : femmes : mineurs : trav. à domicile : handicapés : salariés de 65 ans et plus : VRP multicartes : apprentis sous contrat : conjoint :

en cas de REPRISE D'ACTIVITÉ non salariée, rappeler l'ancien N° SIREN attribué :

RÉGIME FISCAL pour les entreprises assujetties de plein droit à la TVA (voir notice) :
- Régime dont relève normalement l'entreprise : micro ☐ forfait ☐ réel simplifié ☐ réel normal ☐
- Vous pouvez opter pour un autre régime (voir notice). Si vous êtes déjà en mesure de vous décider, préciser j'opte pour le régime du : forfait ☐ réel simplifié ☐ réel normal ☐ ou réel normal (exclusivement pour la TVA) ☐

NOTA : sauf renonciation adressée au Service des impôts dans les trois mois du début de l'activité, l'option ci-dessus mentionnée vaut jusqu'au 31 décembre de l'année suivante et se reconduit tacitement par période biennale.

CONDITIONS DE VERSEMENT de la TVA, si l'entreprise relève :
- du **forfait** : je choisis des versements **trimestriels** d'acomptes
  - **fixes** (à déterminer avec les services fiscaux) : OUI ☐
  - **proportionnels** au montant des opérations réalisées (avec déclaration) : OUI ☐
- du **régime simplifié**, les versements avec déclaration seront **trimestriels** ☐ ou par option ☐, **mensuels**
- du **régime réel normal**, les versements avec déclaration seront
  - ☐ **mensuels**, si montant TVA ≥ 12 000 F/an
  - ☐ **trimestriels**, si montant TVA < 12 000 F/an

ADRESSE PERMANENTE : pour la correspondance
bât., esc., entrée, bloc, tour — voie : n° type — libellé
commune — code postal — bureau distributeur ou cedex — tél. :

LE SOUSSIGNÉ :
nom patronymique, nom d'usage, prénoms – en cas de mandataire, préciser également ses qualités et adresse
demande que ce document constitue demande d'**IMMATRICULATION**
au **REGISTRE DU COMMERCE ET DES SOCIÉTÉS** ☐, au **RÉPERTOIRE DES MÉTIERS** ☐, au **RSAC** ☐, au **REBA** ☐,
et déclaration aux Services Fiscaux, aux Organismes de Sécurité Sociale, à l'INSEE, et s'il y a lieu, à l'Inspection du Travail et à l'ASSEDIC

Fait à : C D
le :
signature :

A: Si vous êtes NON SÉDENTAIRE et SANS DOMICILE FIXE, indiquer votre commune de rattachement et votre numéro de titre de circulation.
B: Préciser sauf pour les propriétaires indivis du fonds : Date et lieu de naissance. Nationalité.
C: Ajouter le cas échéant la signature du conjoint qui désire adhérer.
D: En cas de demande d'affiliation au régime social des travailleurs non salariés, joindre un document social TNS.

La loi n° 78-17 du 6 janvier 1978 relative à l'informatique, aux fichiers et aux libertés, s'applique aux réponses faites à ce formulaire pour les personnes physiques. Elle leur garantit un droit d'accès et de rectification pour les données les concernant auprès des organismes destinataires de ce formulaire. Les déclarations inexactes peuvent, dans certains cas, exposer leurs auteurs à des sanctions pénales.

Po - IMPRIMERIE NATIONALE 8 473325 D - Mai 1988 - 8 011762 1 C B

DECLARATION DE DEBUT D'EXERCICE
D'UNE ACTIVITE CREATRICE D'OEUVRES
ORIGINALES GRAPHIQUES ET PLASTIQUES

Attention : Cette déclaration doit être complétée en lettres majuscules, datée et signée. A défaut de lisibilité des informations produites, aucune suite ne pourra être donnée à votre démarche.

☐ Monsieur ☐ Madame ☐ Mademoiselle

NOM : |_|_|_|_|_|_|_|_|_|_|_|_|_|_|_|_|_|_|_|_|_|_|_|_|_|_|

Nom Marital : |_|_|_|_|_|_|_|_|_|_|_|_|_|_|_|_|_|_|_|_|_|_|_|_|_|_|

PRENOM : |_|_|_|_|_|_|_|_|_|_|_|_|_|_|_|_|_|_|_|_|_|_|_|_|_|_|

PSEUDONYME : |_|_|_|_|_|_|_|_|_|_|_|_|_|_|_|_|_|_|_|_|_|_|_|_|_|_|

NUMERO DE SECURITE SOCIALE : |_| |_|_| |_|_| |_|_| |_|_|_| |_|_|_|

ADRESSE : ....
....
....

☎ |_|_| |_|_| |_|_| |_|_| |_|_|

Date de Naissance |_|_| |_|_| |_|_|_|_| Lieu de Naissance : ....

ACTIVITE ARTISTIQUE PRINCIPALE [cocher la case correspondante] :

☐ Peintre
☐ Dessinateur
☐ Graveur
☐ Illustrateur
☐ Graphiste
☐ Dessinateur Textile
☐ Sculpteur
☐ Plasticien
☐ Créateur de tapisseries ou textiles muraux
☐ Créateur de vitraux
☐ Créateur de mosaïques murales

ACTIVITE ARTISTIQUE SECONDAIRE : ....

DATE DE DEBUT D'EXERCICE : |_|_| |_|_| |_|_|_|_|

Je demande que ce document soit instruit en vue de mon recensement par la Maison des Artistes, organisme agréé par l'Etat pour la gestion de la branche des arts graphiques et plastiques des assurances sociales instituées par l'article L 382-1 du code de la sécurité sociale.

Fait à Le

SIGNATURE

LA MAISON DES ARTISTES

Organisme agréé pour la gestion des assurances sociales des artistes auteurs
- branche des arts graphiques et plastiques -

90 avenue de Flandre
75943 Paris cedex 19

Tél : 01.53.35.83.63
Fax : 01.53.35.83.64

PRECOMPTE DES CHARGES SOCIALES, DE LA CONTRIBUTION SOCIALE GENERALISEE ET DE LA CONTRIBUTION AU TITRE DU REMBOURSEMENT DE LA DETTE SOCIALE
CONTRIBUTION DU DIFFUSEUR
BORDEREAU TRIMESTRIEL DE DECLARATION ET DE REVERSEMENT

RENSEIGNEMENTS CONCERNANT LE DIFFUSEUR

Numéro de SIRET : /---/---/---/---/---/---/---/---/---/---/---/---/---/---/
(obligatoire)
Raison sociale et adresse du diffuseur
....

....
Dénomination commerciale (ou enseigne) ....

Téléphone ....Fax ....

N° d'ordre obligatoire (si le diffuseur est inscrit à la Maison des Artistes) /____________________/

A COMPLETER IMPERATIVEMENT SI LE DIFFUSEUR N'EST PAS INSCRIT A LA MAISON DES ARTISTES

Nom du représentant légal ....

Adresse ....

Forme juridique ....
Date de création de la société ....

Numéro d'immatriculation à l'URSSAF au titre d'employeur du régime général de sécurité sociale ....

Numéro d'inscription au registre du commerce ....

Objet social ....Code APE ....

Banque ....Agence.....................................N° de compte ....
CCP centre ....N° de compte ....

Certifié sincère et exact

Cachet du diffuseur

Date

Signature

AFFAIRE SUIVIE PAR :
(Nom et poste téléphonique de notre correspondant dans votre société ou établissement)
....

CODE DE LA SECURITE SOCIALE

LIVRE III TITRE VIII CHAPITRE 2

☞

BORDEREAU EN VIGUEUR A COMPTER DU 01/01/98

CODIFICATIONS (*cocher la case correspondante*) (1)			**IDENTIFICATION DE L'ARTISTE AUTEUR, DES AYANTS DROIT OU HERITIERS DE L'ARTISTE AUTEUR**		
AA	ADH	RHF	Nom - prénom	Adresse de l'artiste auteur	N° identification Maison des Artistes N° sécurité sociale (mention obligatoire) (2)
					N° MDA N° S.S.
					N° MDA N° S.S.
					N° MDA N° S.S.
					N° MDA N° S.S.
					N° MDA N° S.S.
					N° MDA N° S.S.
					N° MDA N° S.S.
					N° MDA N° S.S.
					N° MDA N° S.S.
					N° MDA N° S.S.
					N° MDA N° S.S.
					N° MDA N° S.S.
					N° MDA N° S.S.
					N° MDA N° S.S.
					N° MDA N° S.S.
					N° MDA N° S.S.

<u>Colonne 1</u> : Cocher la codification correspondante - AA : artiste auteur - ADH : ayant droit ou héritier - RHF : artiste résident hors de France.
<u>Colonne 2</u> : Ces numéros figurent notamment sur les appels de cotisations et attestations de versement délivrés par la Maison des Artistes.
<u>Colonne 3</u> : Porter la référence S 2062 en cas de présentation par l'artiste de l'attestation référencée sous ce numéro.
<u>Colonne 4</u> : Inscrire les sommes prélevées pour chaque risque et chaque contribution.
Rappel de la réglementation en page 4.

☞

N° D'ORDRE **obligatoire** (si le diffuseur est inscrit à la Maison des Artistes) :

NATURE DES TRAVAUX REALISES	REMUNERATION VERSEE A L'ARTISTE		COTISATIONS PRELEVEES PAR LE DIFFUSEUR SUR 100% DE LA REMUNERATION BRUTE HORS TAXE DE L'ARTISTE			A	B
	Date du règlement à l'artiste	Montant brut H.T.	Assurance Maladie Veuvage 0,85% (4) *OU S2062 (3)*	CSG 7,50% (4) *OU S2062 (3)*	CRDS 0,50% (4) *OU S2062 (3)*	SOUS TOTAL PAR LIGNE Assurance Maladie-Veuvage + CSG + CRDS	CONTRIBUTION A LA CHARGE DU DIFFUSEUR 1% du montant brut de la rémunération HT de l'artiste (4)
			,00	,00	,00	,00	
			,00	,00	,00	,00	
			,00	,00	,00	,00	
			,00	,00	,00	,00	
			,00	,00	,00	,00	
			,00	,00	,00	,00	
			,00	,00	,00	,00	
			,00	,00	,00	,00	
			,00	,00	,00	,00	
			,00	,00	,00	,00	
			,00	,00	,00	,00	
			,00	,00	,00	,00	
			,00	,00	,00	,00	
			,00	,00	,00	,00	
			,00	,00	,00	,00	
		SOUS-TOTAUX	,00	,00	,00	,00	

TOTAL GENERAL = A + B A PAYER	,00

Certification par le diffuseur du précompte des cotisations de Sécurité sociale sur la rémunération des artistes auteurs

Nom du diffuseur: ______________________________
Adresse du diffuseur: ______________________________
____

Organisme agréé auquel sont versées les cotisations sociales précomptées: ______________
____

Nom et prénom de l'artiste auteur: ______________________________
Adresse: ______________________________
Numéro identification à la Maison des artistes: ______________

Nature de l'activité artistique donnant lieu à rémunération: ______________
____

Montant de la rémunération brute (HT) ______________

		Taux	Montant
Cotisations	maladie-veuvage	____	________ €
	CSG	____	________ €
	CRDS	____	________ €

Montant de la somme perçue par l'artiste, déduction faite du précompte: ______________ €

Date de paiement de ladite somme: __________

Fait le .. / .. / .. , à ______________

Cachet original
et signature du diffuseur*

* Les photocopies ne constituent pas des documents comptables agréés.

Liberté • Égalité • Fraternité
RÉPUBLIQUE FRANÇAISE

Ministère
Culture
Communication

Directions régionales des affaires culturelles

n° dossier **rapporteur**
(réservé à la DRAC)

aide individuelle à la création

domaine (cochez 1 seule case correspondant à la dominante de votre projet)

arts plastiques
☐ Peinture/estampe
☐ Sculpture
☐ Installation

photographie
☐ Photographie

demandeur

Nom Prénom ☐ Mme ☐ M.

Adresse domicile

Code postal Ville

Région Tél. domicile

Adresse atelier (obligatoire si différente)

Code postal Ville

Région Tél. atelier Fax Télex

Date de naissance

Nationalité

Dégagé des obligations du service national ☐ Oui ☐ Non

Situation professionnelle ☐ Fonctionnaire ☐ Salarié ☐ Profession libérale (BNC) ☐ Autre

coordonnées bancaires (joindre obligatoirement un RIB ou RIP)

Banque Domiciliation Code guichet

Code banque N° de compte Clé RIB

intégral concept - néta / 2000

formulaire aides individuelles à la création

☞

bourses/allocations/prix déjà obtenus en France et/ou à l'étranger

Année Intitulé

formation **expositions**

résumé du projet (mention obligatoire, 5 lignes maximum) joindre une note rédigée de 3 à 4 pages maximum sur le contenu du projet

durée

lieu de réalisation prévu (facultatif)

Ville Département

Région

Durée

autres partenaires (facultatif)

Nom	Qualité	Téléphone

budget prévisionnel équilibré du projet (sommes arrondies au franc supérieur)

Coûts prévisionnels (TTC)		Recettes prévisionnelles (TTC)	
		DRAC (aide individuelle à la création)	
TOTAL 1 *		**TOTAL 2 ***	

* Le montant du total 1 doit être égal au montant du total 2.

signature

Je soussigné, déclare assurer la responsabilité des pièces confiées au Ministère de la culture et de la communication (Drac) et ne saurais rendre celui-ci responsable en cas de perte, vol ou dégradation du dossier.

Fait à Le Signature

cerfa
N° 10-0099

N° du Tribunal

INJONCTION DE PAYER

REQUÊTE au Président du Tribunal d'instance (1) de commerce (1) de

N° du Greffe

DEMANDEUR
Nom, profession, domicile et N° RCS
Pour les personnes morales : dénomination, forme juridique, siège social et n° RCS

NOM ET ADRESSE POSTALE DU DEMANDEUR OU DU MANDATAIRE
Nom ou dénomination du mandataire - avocat -

DÉBITEUR
Nom, Prénoms, profession, domicile, siège social, n° RCS
Pour les personnes morales : dénomination, forme juridique, siège social et n° RCS

Le créancier ou son mandataire soussigné a l'honneur de vous exposer que le débiteur nommé ci-contre lui doit les sommes ci-après

SOMMES DEMANDÉES	MONTANT	CAUSES DE LA CRÉANCE — DOCUMENTS JUSTIFICATIFS
— en principal —	....	
— intérêts au taux légal — intérêts au taux contractuel de % l'an à compter du .... / .... / ..... — Clause pénale	....	
— Frais accessoires —	....	

et requiert en application de l'article 1409 du nouveau Code de procédure civile (N.C.P.C.) que soit rendue à l'encontre du débiteur, une ordonnance portant injonction de payer les sommes ci-dessus, demandant que cette ordonnance d'injonction de payer soit revêtue de la formule exécutoire dans les conditions prévues aux articles 1422 et 1423 du N.C.P.C. et que lui soient restitués dès ce moment les documents justificatifs de la créance.

Le

Signature

ORDONNANCE

Nous .... Président du tribunal, assisté de M .... Greffier

Vu la requête qui précède et les articles 1405 à 1425 du nouveau Code de procédure civile,

☐ Attendu que la demande ne paraît pas fondée, rejetons la requête qui précède

☐ Attendu que la demande paraît fondée, totalement ☐ ou partiellement ☐ enjoignons à ....

.... de payer au demandeur :

— .... F, en principal avec intérêts — au taux légal) à compter du
— au taux contractuel de % l'an)

— .... F, au titre de la clause pénale. (1)

— .... F, au titre des frais accessoires. (1)

— ....

— les dépens comprenant les frais de greffe liquidés à la somme de .... F (dont T.V.A. 18,6 %)

Autorisons la signification au débiteur de la présente injonction de payer.

Fait à .... *le* .... LE GREFFIER, LE PRÉSIDENT,

Signification effectuée le .... à personne ☐ domicile ☐ mairie ☐

Vu, sans opposition le .... LE GREFFIER EN CHEF,

feuillet N° (1) - A conserver au rang des minutes du greffe

(1) rayer la mention inutile

Imp. Adm. Melun

95 OM 33

DIRECTION GÉNÉRALE DES IMPÔTS

cerfa

N° 11176 * 03

Formulaire obligatoire (article 40A de l'annexe III au code général des impôts)

Liberté • Égalité • Fraternité

RÉPUBLIQUE FRANÇAISE

REVENUS NON COMMERCIAUX ET ASSIMILÉS RÉGIME DE LA DÉCLARATION CONTRÔLÉE

N° 2035 - (2001)

Jours et heures de réception du service

Adresse du service où cette déclaration doit être déposée

Identification du destinataire

Adresse du déclarant (Quand celle-ci est différente de l'adresse du destinataire)

Recette		N° dossier		Clé		Régime		Insp.

DÉCLARANT n° siret Code activité

Indiquez ci-contre les éventuelles modifications intervenues (ancienne adresse en cas de changement depuis le 1er janvier précédent, rectification des informations préidentifiées sur la déclaration, etc...) :

ADRESSE des cabinets secondaires :

ADRESSE du domicile du déclarant :

NATURE DE L'ACTIVITÉ : Année de début d'exercice de la profession :

RENSEIGNEMENTS RELATIFS A L'ANNÉE 2000 OU A LA PÉRIODE DU AU (si l'activité a commencé ou cessé dans l'année)

Si vous êtes membre : **Dénomination et adresse du groupement, de la société**

- *d'une société ou d'un groupement exerçant une activité libérale et non soumis à l'impôt sur les sociétés*
- *d'une société de moyens*

Renseignements divers (Cochez les cases ci-dessous, si la réponse est oui) :

- résultats déterminés d'après les règles « recettes-dépenses »
- résultats déterminés d'après une comptabilité tenue hors TVA
- résultats déterminés d'après les règles de comptabilité commerciale « créances-dettes »
- si vous participez à la procédure de transfert des données fiscales et comptables (TDFC)

EURO Déclaration souscrite en *(cochez obligatoirement une case, cf page 8 de la notice 2035 NOT)* : Francs Euros

RÉCAPITULATION DES ÉLÉMENTS D'IMPOSITION (Ces résultats sont à reporter sur la déclaration de revenus n° 2042)

BÉNÉFICE IMPOSABLE (report de la ligne 46 de l'annexe n° 2035 B)

DÉFICIT DÉDUCTIBLE (report de la ligne 47 de l'annexe n° 2035 B)

PLUS-VALUE NETTE A LONG TERME imposable au taux de 16 % . . . .

CRÉDIT FORMATION (montant déterminé sur l'imprimé n° 2068) . .

Activité exercée en zone franche urbaine, art. 44 octies (cf. notice 2035 NOT renvois 3 et 22)

- Exonération sur le bénéfice :
- Exonération sur la plus-value nette à long terme taxable à 16 % :
- Revenus de capitaux mobiliers (avoir fiscal ou crédit d'impôts) cf. notice 2035 NOT renvoi 22

CONTRIBUTION REPRÉSENTATIVE DU DROIT DE BAIL (cf. page 4 de la déclaration 2035) :

IMMEUBLES ACHEVÉS DEPUIS PLUS DE 15 ANS		AUTRES LOCATIONS	LOCATIONS DE DROITS DE CHASSE ET DE PÊCHE
Recettes nettes soumises à la CRDB et à la CACRDB de 2,5 % A	Recettes nettes soumises à la seule CACRDB de 2,5 % B	Recettes nettes soumises à la seule CRDB de 2,5 % C	Recettes nettes soumises à la CRDB de 18 % D

Nom, adresse, téléphone du comptable :

du conseil :

de l'association agréée :

N° d'agrément de l'association agréée : A , le

Signature :

CACHET de l'association agréée :

MINISTÈRE DE L'ÉCONOMIE DES FINANCES ET DE L'INDUSTRIE

N° 2035 - IMPRIMERIE NATIONALE 2001 443084 - Février 2001

— 2 —

DIRECTION GÉNÉRALE DES IMPÔTS

2035 (suite)

RÉGIME DE LA DÉCLARATION CONTRÔLÉE

Renseignements relatifs à l'année 20 ______ ou à la période du ______ au ______

NOM et PRÉNOM ou dénomination ______

Adresse ______

SERVICES ASSURÉS de façon régulière et rémunérés par des salaires :

Désignation de l'employeur	Nature des services	Montant des salaires

PERSONNEL SALARIÉ ①

Nombre total des salariés : ______ dont handicapés : ______ dont apprentis : ______

Montant brut des salaires (extrait de la déclaration DADS 1 de 2000) : ______

IMMOBILISATIONS ET AMORTISSEMENTS (Si ce cadre est insuffisant, joindre un état du même modèle) ②

N° d'ordre	Nature des immobilisations 1	Date d'acquisition ou de mise en service 2	Prix total payé T.V.A. comprise 3	Montant de la T.V.A. déductible ② 4	Valeur hors T.V.A. déductible 5	Taux d'amortissement 6	Montant des amortissements antérieurs 7	Montant des amortissements de l'année 8
Récapitulation des valeurs de l'état annexe.								
TOTAL								

à reporter ligne DA — à reporter ligne CH

DÉTERMINATION DES PLUS-VALUES ET MOINS-VALUES ③

N° d'ordre	Nature des immobilisations 9	Date de cession 10	Prix de cession 11	Plus-values et moins-values : Plus et moins-values à court terme 12	Plus-values et moins-values : Plus et moins-values à long terme 13
Solde net (positif ou négatif)					

à reporter lignes CB ou CK

cerfa

N° 11697 * 01

Formulaire obligatoire (article 40 A de l'annexe III au Code général des impôts)

REVENUS 2000

N° 2035-A-K

ANNEXE À LA DÉCLARATION N° 2035

COMPTE DE RÉSULTAT FISCAL pour AJ mois*

Ne portez qu'une somme par ligne

1

Nom et prénom du déclarant ou dénomination

Adresse professionnelle

Activité : nature[1]

N° SIRET

Date de début

Numéro d'agrément de l'association agréée[2]

Année d'adhésion

Montant des salaires perçus

Nombre de salariés

Nombre d'associés (en cas de société)

EURO Déclaration souscrite en *(cochez obligatoirement une case, en confirmant l'option déjà formulée sur la première page de la déclaration 2035)* AH Francs AI Euros

1er EXEMPLAIRE DESTINÉ À L'ADMINISTRATION

2 RECETTES	1	Recettes encaissées y compris les remboursements de frais ❶	AA		
	2	À déduire : Débours payés pour le compte des clients ❷	AB		
	3	À déduire : Honoraires rétrocédés ❸	AC		
	4	Montant net des recettes		AD	
	5	Produits financiers ❹		AE	
	6	Gains divers ❺		AF	
	7	TOTAL (lignes 4 à 6)		AG	
3 DÉPENSES PROFESSIONNELLES	8	Achats ❻		BA	
	9	Frais de personnel : Salaires nets et avantages en nature ❼		BB	
	10	Frais de personnel : Charges sociales sur salaires (parts patronale et ouvrière)		BC	
	11	Impôts et taxes ❽ : Taxe sur la valeur ajoutée		BD	
	12	Impôts et taxes ❽ : Taxe professionnelle		BE	
	13	Impôts et taxes ❽ : Autres impôts		BS	
	14	Loyer et charges locatives		BF	
	15	Location de matériel et de mobilier dont redevance au titre d'un contrat de collaboration ❾		BG	
	16	Entretien et réparations	TOTAL : travaux, fournitures et services, extérieurs	BH	
	17	Personnel intérimaire			
	18	Petit outillage ❿			
	19	Chauffage, eau, gaz, électricité			
	20	Honoraires ne constituant pas des rétrocessions ⓫			
	21	Primes d'assurances			
	22	Frais de véhicules ⓬ : auto / moto	TOTAL : transports et déplacements	BJ	
	23	Autres frais de déplacements (voyages...)			
	24	Charges sociales personnelles ⓭ : dont obligatoires BT — dont facultatives BU		BK	
	25	Frais de réception, de représentation et de congrès		BL	
	26	Fournitures de bureau, documentation PTT	TOTAL : frais divers de gestion	BM	
	27	Frais d'actes et de contentieux			
	28	Cotisations syndicales et professionnelles			
	29	Autres frais divers de gestion			
	30	Frais financiers ⓮		BN	
	31	Pertes diverses ⓯		BP	
	32	TOTAL (lignes 8 à 31)		BR	

N° 2035-A-K – IMPRIMERIE NATIONALE 2001 443225 – Février 2001 – 0 0204911 1 M1

☞

cerfa

N° 11699 * 01

Formulaire obligatoire (article 40 A de l'annexe III au Code général des impôts)

REVENUS 2000

N° 2035-B-K

ANNEXE À LA DÉCLARATION N° 2035

COMPTE DE RÉSULTAT FISCAL

Ne portez qu'une somme par ligne

Nom et prénom du déclarant ou dénomination

Adresse professionnelle

4 DÉTERMINATION DU RÉSULTAT

33	Excédent (ligne 7 – ligne 32)	CA	
34	Plus-values à court terme ⓰	CB	
35	Divers à réintégrer ⓱	CC	
36	Bénéfice Sté Civile de moyens ⓲	CD	
37	**TOTAL** (lignes 33 à 36)	CE	
38	Insuffisance (ligne 32 – ligne 7)	CF	
39	Frais d'établissement ⓳	CG	
40	Dotation aux amortissements ⓴	CH	
41	Provision pour dépréciation des immobilisations non amortissables ㉑	CJ	
42	Moins-values à court terme	CK	
43	Divers à déduire ㉒ dont exonération sur le bénéfice, zone franche urbaine CS	CL	
44	Déficit Sté Civile de moyens ⓲	CM	
45	**TOTAL** (lignes 38 à 44)	CN	
46	Bénéfice (ligne 37 – ligne 45)	CP	
47	Déficit (ligne 45 – ligne 37)	CR	

5

Montant des immobilisations hors TVA déductible (total col. 5 du tableau de la page 2)	DA	
		Comptabilité tenue HORS TAXE
Montant de la TVA afférente aux recettes	DB	
Montant de la TVA déductible afférente aux dépenses	DC	
		Comptabilité tenue TAXE INCLUSE
Montant de la TVA afférente aux recettes	DD	
Montant de la TVA déductible afférente aux dépenses	DE	

1er EXEMPLAIRE DESTINÉ À L'ADMINISTRATION

N° 2035-B-K – IMPRIMERIE NATIONALE 2001 443226 – Février 2001 – 0 024492 1 ▸ M1

Index

045561 - (I) - (2) - OSB 100 - STYL - MMC

Achevé d'imprimer sur les presses de la
SNEL S.A.
rue Saint-Vincent 12 – B-4020 Liège
tél. 32(0)4 344 65 60 - fax 32(0)4 343 77 50
janvier 2002 - 23693

Dépôt légal : février 2002